女子跑步全书

COMPLETE BOOK OF WOMEN'S RUNNING

[美] 达格妮·斯科特·巴里奥斯 著
益跑网编辑部 译

中国发展出版社
CHINA DEVELOPMENT PRESS

图书在版编目（CIP）数据

女子跑步全书 /（美）巴里奥斯 著；益跑网编辑部 译 .
北京：中国发展出版社，2014.9

书名原文：Complete Book of Women's Running

ISBN 978-7-5177-0237-5

Ⅰ . 女… Ⅱ . ①巴… ②益… Ⅲ . 女性—跑—健身运动—基本知识 Ⅳ . G822

中国版本图书馆 CIP 数据核字 (2014) 第 211066 号

书　　名：女子跑步全书

著作责任者：[美] 达格妮·斯科特·巴里奥斯

出 版 发 行：中国发展出版社

（北京市西城区百万庄大街 16 号 8 层 100037）

标 准 书 号：ISBN 978-7-5177-0237-5

经　销　者：各地新华书店

印　刷　者：北京七彩京通数码快印有限公司

开　　本：787mm × 1092mm 1/16

印　　张：15.75

字　　数：260 千字

版　　次：2014 年 9 月第 1 版

印　　次：2014 年 9 月第 1 次印刷

定　　价：58.00 元

咨 询 电 话：（010）68990535 68990692

购 书 热 线：（010）68990682 68990686

网 络 订 购：http://zgfzcbs.tmall.com

网 购 电 话：（010）88333349 68990639

本 社 网 址：http://www.develpress.com.cn

电 子 邮 件：viola_lu@yeah.net

跑步带给女性的
不仅是健康
还有尊严和友谊

跑步的人生没有终点

近二十年前，耐克做了一个以我为主角的广告。画面上，我独自一人奔跑在空旷的道路上，上方写着：“There is No Finish Line(跑步的人生没有终点)。”那时我还年轻，初为人母，在努力为家庭辛苦付出的同时又要克服重重压力，完成专业跑步运动员需要进行的一切训练，在寻求平衡的过程中仍丝毫不减对运动事业的热情。

那时，或许是因为生活繁忙，又或许是因为对跑步的热爱，我没有太多时间来细细品味这则广告的意义。There is No Finish Line，就像我的运动生涯一样，我已经多次冲过终点线，创下了多个纪录，完成了许多人生目标。这些难道还不是终点线吗?

当时我想，事实如此，这就是终点线了吧。可事实绝非如此。

今天距离我冲过 1984 年洛杉矶奥运会首届女子马拉松比赛的终点线，已经整整三十年了。如今回想那次比赛，我意识到其实自己参加比赛并不是为了穿越终点。我对跑步的热情和爱早已比第一个冲过终点线更为重要。我想不断通过长时间跑步或者在某个特定的地方跑步，来给自己一些既鼓舞人心又意义非凡的经历。其他跑者的故事一直激励着我，所以我永远不会厌倦跑步。

每一位跑者的故事都是独一无二又令人振奋的。跑步的原因和目的各有不同，但我们却能以不同的方式从跑步中获益。

1984 年，当我跑进洛杉矶体育场的隧道中时，我暗自发誓，如果我能一路保持领先并最终夺得首枚奥运会马拉松女子金牌，我一定要用一己之力回馈体育事业。这大概就是为什么我的运动生涯没有终点线吧。

我的运动生涯如此之长，要得益于四个基本原则：激情、耐心、毅力和坚持。如果没有这些，我恐怕早就离开了体育界。

我还坚信，每个跑者都有一条属于自己的路。不仅跑步如此，人生亦如是。女性不能唯唯诺诺、亦步亦趋，而要有挑战新领域、寻找新世界的勇气和信心。跑步能给绝大多数女性带来自信、自尊和幸福感。对我个人而言，跑步还能让我更关注于日常事务，分清轻重缓急并明确哪些才是更重要的责任。

同样，成功没有捷径。想要成功，必须努力付出。曾和我一起跑步的人都知道，我训练时从来不抄近道，转弯时总是跑最远的路线。

我读高中刚开始训练跑步时，女生一次跑步不允许超过 1 英里或 1500 米。因为当时人们都说女生长跑对身体有害，会影响生育。现在，我已经有两个孩子，跑步累积 15 万英里（约合 24.1 万公里），至今仍在参加跑步赛事和马拉松，乐趣不减当年。在洛杉矶奥运会 30 年后的春天，我与我的两个孩子 Abby 和 Anders 跑完波士顿马拉松，相互差距不到 30 分钟。就像我前文说的，这一切都是人生的经历和故事。

顺便提一句，我在两次怀孕期间也都适量跑步。

或许无论跑步还是人生，我的最高追求都是平衡。体育运动中人们常常说身、心和灵的三合一，时时保持这三者的和谐平衡是人一生最重要的，诸如至关重要的膳食营养平衡。我很认同“我们吃的东西决定我们自身”的说法，因此总是选择健康新鲜的有机本地食品。我家里有个大花园，每次去花园，总能感到耳目一新。得益于健康平衡的膳食习惯，我的运动生涯中几乎不吃任何保健品。

前方的道路等着你去征服。去抒写你自己的故事吧！去跑步吧，享受当下，激励他人！

自助者助人。健康地跑下去吧！

Just Do It!

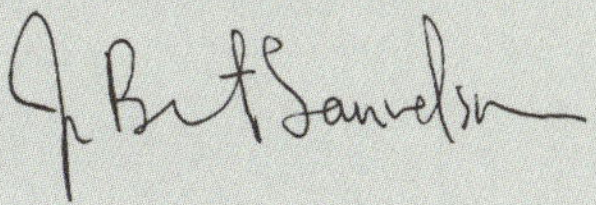

琼·本诺伊特·萨缪尔森

写给女性的跑步经典

《女子跑步全书》（Complete Book of Women's Running）是“益跑丛书”的第二本书。本书由美国跑步类畅销书作者、全球著名跑步杂志 Runner's World 专栏作家达格妮•斯科特•巴里奥斯（Dagny Scott Barrios）女士撰写，为女性开始跑步、保持热情、修身塑形、避免伤病、确保安全以及全面训练提供了权威建议。

女子跑步是融合了时尚与健康的最佳运动。相关研究指出：女性在跑步的时候最为美丽动人。2013 年，美国女性跑者已达到 2100 万人，超过了男性；女性马拉松完成者达到 23 万人，占全体完成者的 43%，其中 18 岁以上者又占到 99%。近年来，跑步在中国亦渐成气候，女性跑者崭露头角，成为跑道上的靓丽风景。出版于 2007 年的《女子跑步全书》英文版提供了丰富的跑步知识和经验，引领并推动了全球女性跑步浪潮的发展，全书内容经过了成千上万女性跑友的验证。我们相信，《女子跑步全书》中文版将能推动这股运动浪潮席卷中国，也能指导更多女性在跑步中绽放魅力、焕发青春。

女性在体型、肌肉与内分泌等方面与男性迥异：在臀围 / 身高比、肌肉 / 体重比、跑步时关节承力状况等方面，两性差异明显；女性的健康水平与成绩表现也更容易受到激素以及生理周期影响。由于这些“男女有别”，女性跑者需要一本专门的跑步指导书。

本书适合各个水平的女性跑者，从入门准备、训练提高、鞋服装备、伤病预防、精神心理、营养保健、生理健康、家庭关系等方面，以女性视角与感悟，为女性跑者提供从“跑起来”到“跑得好”的系统化解决方案。在书中，女性初级跑者亟待解决的问题，都可以找到简单易懂的实用答案；对资深跑者的思索困惑，也有现身说法的解疑释惑。就运动医学最常见问题，作者认真消化艰深的权威文献与专家建议，以通俗生活语言加以阐释。每章的作者心得，以女性特有的细致风格，引发读者共鸣思考。

跑步对女性有哪些益处？医学权威研究证明，跑步运动，可以修身塑形，可以增进健康，可以排解压力，真正让你的美丽由内而外，优雅浑然天成。白驹过隙，韶华易逝。坚持跑步健身，能够延长美好身材与姣好容颜的保质期。比起开销与风险巨大的化妆品与医学美容，性价比高得多。

怎样跑才能修身塑形？会把腿跑粗吗？室外跑一定会损害皮肤与秀发吗？如何避免常见运动损伤？生理期与妊娠期如何运动？本书都给出了答案。女性爱美，除了对形体美的追求，还表现在对服饰的精心选择上。本书教你如何面对“乱花渐欲迷人眼”的跑步装备，穿出舒适、个性、美丽与自信。

跑步，不可能是人生的全部。如何处理跑步与生活中其他方面的关系？怎样看待跑步社交？如何保证安全？仔细翻阅本书，你一定能找到参考建议。如何从小培养孩子对运动的爱好？本书中的相关章节，值得每位将为人母或已为人母者借鉴深思。

在成书过程中，编辑团队利用网络与图书馆资源，认真逐一查证了书中有据可查的人名、机构名与赛事名称，做了近百条脚注。

感谢耐克体育（中国）有限公司对本书出版给予的大力配合。基于对女子跑步潮流的共同认知和在中国推广女性跑步的社会责任，耐克根据本书内容，专门拍摄了大量照片。这些照片与内容相映成趣、相得益彰，能够令女性跑友们得到更直观、更鲜活的阅读体验。

益跑网的每一位成员，都为成书贡献了才智和心血。本书由于博文统筹，赵小钊等执笔翻译。感谢毕业于美国俄亥俄州立大学体育管理专业的谢頔博士对本书前五章文字的悉心修订。感谢耐克体育（中国）有限公司传播部及中国发展出版社尚元经先生与陆淼女士的专业意见与大力协助，感谢摄影师徐争及万博宣伟对本书照片拍摄及处理提供的帮助，感谢美国印第安纳布鲁明顿大学宋心卉、《男士健康》周松先生为本书出版提供的帮助。

我们十分荣幸地邀请到首枚奥运会女子马拉松金牌获得者暨 1984 年洛杉矶奥运会女子马拉松冠军琼·本诺伊特·萨缪尔森女士 (Joan Benoit Samuelson) 专门为《女子跑步全书》中文版本撰写序言，特此致谢。她的个人历程和职业生涯令人感动并充满能量。希望女性读者们能够通过她的经历感受到女性跑步对人一生的好处和意义。

女性对身边事物的感知，往往更为敏锐，总是能够迅速地捕捉到来自环境的细小改变，或是自身微妙变化的微小信号，由此产生丰富的联想，引燃思维的火花。尽情奔跑吧，用婉约细腻的心，去体验身心的提升，去觉察风景的多彩！你，可以！

本书编译过程中请教了诸多体育训练与运动医学专业出身的人士，但在名词术语等翻译上难免疏漏瑕疵，敬请谅解。如果您有任何意见、建议或合作渠道，请发送邮件至 info@erun360.com 或联系新浪微博“@ 益跑网 ”，我们敬候指教。

益跑网编辑部
2014 年 9 月

鸣谢

关于跑步，最难忘的应该算是我见过的跑者了。这些年来，我十分有幸结识了许多优秀的跑者、教练、医生以及俱乐部领队。在本书的写作过程中，他们中的许多人十分慷慨地贡献出了自己的时间和智慧。

在这些人中，我首先要感谢莫林・罗本 (Maureen Roben)[1] ——一位有着崇高品格的跑步运动员、教练和母亲。她始终保持着微笑，充满了积极的自然力量，这些年来，她与她的女性跑步训练营一起，将这种力量辐射到了跑步运动当中。她为本书提供了许多建议，并帮忙设计了书中的训练计划单。同样，我要感谢戴安・帕尔玛森（Diane Palmason)[2]，她和莫林一起领导了跑步训练营。她的关于女性跑者的健康知识储备，对成书无比珍贵。十分感谢她们两位允许我将训练营用作同其他女性跑者们共同讨论图书内容的论坛。

感谢美国运动医学足病学院的前院长托马斯・桑卡 (Thomas Shonka)[3] 博士对本书创作给予了极大的帮助，感谢他对我等跑者的伤病进行悉心治疗。他是跑者理想的足病医生：理解跑者们想尽快康复的强烈愿望，千方百计帮助大家早日康复。

还有数不清的专家为本书贡献智慧，其中包括亨利・盖碧尔 (Henley Gabeau)[4]、朱迪・马勒・路特尔 (Judy Mahle Lutter)[5]、林恩・雅菲 (Lynn Jaffee)[6]、苏珊・卡利什 (Susan Kalish)[7]、路易斯・马哈拉姆 (Lewis Maharam)[8]、杰克・丹尼尔斯 (Jack Daniels)[9]、大卫・马丁 (David Martin)[10]、尼尔・皮雷 (Neal Pire)[11]、雷・勃朗宁 (Ray Browning)[12]、艾米・罗伯茨 (Amy Roberts)[13]、斯蒂芬・安格雷德 (Steven Ungerleider)[14]、卡罗・奥蒂斯 (Carol Otis)[15]、

---

1. Maureen Roben，1980 年代美国著名女子马拉松运动员。
2. Diane Palmason，加拿大著名高龄女性跑者。
3. Thomas Shonka，美国运动医学足病学院（American Academy of Podiatric Sports Medicine）。
4. Henley Gabeau，美国路跑者俱乐部（Road Runner's Club of America）主席（1980~1991）。
5. Judy Mahle Lutter，与 Lynn Jaffee 合著 The Bodywise Woman 等女子健身畅销书。
6. Lynn Jaffee，与 Judy Mahle Lutter 合著 The Bodywise Woman 等女子健身畅销书。
7. Susan Kalish，美国运动营养学家、美国跑步协会（American Running Society）前执行董事。
8. Lewis Maharam，美国运动医学专家、多个知名赛事医学顾问。
9. Jack Daniels，跑步类畅销书 Daniels' Running Formula 的作者。
10. David Martin，美国田径队发展部运动科学与医学委员会（USATF - Developmental Group - Sports Medicine & Science Committee）。
11. Neal Pire，美国著名运动教练。
12. Ray Browning，美国科罗拉多州立大学（Colorado State University）副教授、运动生理学专家。
13. Amy Roberts，科罗拉多博尔德运动医学中心（Boulder Center for Sports Medicine in Colorado）研究员、《女性健康》（Women's Health）杂志健身专栏作家。
14. Steven Ungerleider，美国运动心理学家、畅销书作者。
15. Carol Otis，美国运动内科学专家。
16. Nancy Clark，美国运动营养学专家，《南希・克拉克运动营养指南》（Nancy Clark's Sports Nutrition Guidebook）等多部畅销书作者。

南希·克拉克 (Nancy Clark)[16]、苏珊·昆德拉 (Susan Kundrat)[17]、杰瑞林·普瑞尔 (Jerilynn Prior)[18]、道格拉斯·霍尔 (Douglas Hall)[19]、杰瑞·林奇 (Jerry Lynch)[20]、罗伊·班森 (Roy Benson)[21] 以及丽莎·卡拉汉 (Lisa Callahan)[22]。谨此一并致谢。

特别感谢在书中和我们一起分享她们的想法和建议的运动员与朋友们：雪莉·司迪丽 (Shelly Steely)[23]、纳迪亚·普拉沙德 (Nadia Prasad)[24]、简·威尔哲尔 (Jane Welzel)[25]、利比·希克曼 (Libbie Hickman)[26]、金·琼斯 (Kim Jones)[27]、安·博伊德 (Ann Boyd)[28]、罗琳·莫勒 (Lorraine Moller)[29]、安妮·奥黛因 (Anne Audain)[30]、乔安·贝姆·斯科特 (JoAnn Behm Scott)、雪莉·凡·思路特恩 (Shirley Van Slooten)、米娅·琼斯 (Mya Jones)、劳里·麦兹纳 (Laurie Mizener)[31]、玛丽·科斯林 (Mary Kirsling)[32] 以及其他很多人。

还要向我的教练威利·里奥斯 (Willie Rios)[33] 衷心地道一声谢谢。在写这本书时，他是我的精神领袖。虽然我已不再参加比赛，但是他却始终是我的“教练”，就像跑步比赛时一样，他一直陪伴着我。

对本书编辑约翰·里瑟 (John Reeser)，我也欠他一份感谢。感谢他的友好和慷慨，让我在本书的创作中倍感乐趣。

最后，还要感谢我的丈夫阿图罗 (Arturo)[34]，感谢他在成书期间给予我的支持。在世人眼中，他是一位优秀的运动员，而我则有幸了解到他是一位优秀的男人。

---

17. Susan Kundrat，美国运动营养专家。
18. Jerilynn Prior，美国妇科医学专家。
19. Douglas Hall，美国妇科专家。
20. Jerry Lynch，美国运动心理学家。
21. Roy Benson，美国知名健身教练。
22. Lisa Callahan，美国运动医学专家、纽约市特殊外科医院女性运动医学中心（Women's Sports Medicine Center at the Hospital of New York City）联合创办者。
23. Shelly Steely，美国精英跑者，曾多次代表美国队参加 3000 米、一万米距离等国际大赛。
24. Nadia Prasad，法国精英跑者，马拉松最好成绩 2 小时 29 分 48 秒（1995）。
25. Jane Welzel，美国精英跑者，5 次入选美国奥运代表队参赛。
26. Libbie Hickman，美国精英跑者，参加过 2000 年奥运会女子万米赛。
27. Kim Jones，美国精英跑者，马拉松最好成绩 2 小时 26 分 40 秒（1991）。
28. Ann Boyd，美国医学会运动医学分会（American Medical Society for Sports Medicine）运动医学专家。
29. Lorraine Moller，新西兰精英跑者，4 次参加奥运会，1992 年巴塞罗那奥运会女子马拉松季军。
30. Anne Audain，新西兰精英跑者，3 次参加奥运会。
31. Laurie Mizener，美国精英跑者，通过 1996 年美国田径队奥运马拉松选拔赛。
32. Mary Kirsling，生于 1922 年，美国著名高龄跑者。
33. Willie Rios，美国跑步教练，曾于 80 岁之际完成 1996 年纽约马拉松。
34. Arturo Barrios Flores，1980 年代墨西哥精英跑者。

序言

如今，女性已逐渐担当跑界的半边天。不管是体育用品公司的商务调查，还是 Runner's World 杂志的最新订阅数据，甚至是参加比赛的女性人数统计等等，都显示出女性跑者已经占了跑步总人数的 50%，而且还在不断增加。

这绝对是一次变革，25 年前女性跑者才占跑步总人数的 5%。变革之所以发生，因为跑步是符合女性特质的完美运动。

很早之前，我就预测到了女性跑者的数量会大幅增长。简简单单的一句话，根本不需要什么水晶球之类的魔法，你只要想想女性以及女性参与带给跑步运动的价值。

许多女性在社会各方面成功演绎着自己的角色——职场丽人、家务能手、母亲或妻子等等。对于这些女性来说，跑步十分简单，因为跑步所需的就只有纪律、毅力、一点简单的装备以及跑步组织。

此外，跑步不需要特殊的运动技能。你并不需要反手击球、区分三号球杆和九号球杆或猫跳滑雪等技术。你只需要下定决心，坚信自己要跑就行了。

女性的心理特点也适合跑步。相比男性，她们做事更有耐心，也更明白遵循指导与计划的重要性。跑步成功的关键是循序渐进，不管是初步计划、中间计划、高级计划，还是比赛计划。女性心理中的耐心与遵循计划的特质，是她们成为跑者的一大优势；她们也从这种特质中获益良多。

女性还比男性更能体会跑步中的感情因素。男性有时会认为跑步是与秒表对抗的竞赛，唯一目的就是跑得更快。在这期间，不可避免会与疲劳甚至伤病为伴。更糟糕的是，当因为年龄与生理原因而致跑步水平下降时，男性通常会非常沮丧。

女性也想跑快。她们训练的刻苦程度与成为精英跑者的愿望未必不如男性。但是，女性比男性更能接受跑步的本质，将跑步看做一种简单的、给人带来极大满足感的健身运动。跑步，贵在自我思考、感受安静与友情、发泄日常生活压力等等。

这些年来，我很幸运能和一些著名的女性一起跑步。我和琼 • 本诺伊特 (Joan Benoit)[35] 一起跑步，离她成为波士顿马拉松和奥运会冠军要早得多。我和奥普拉 • 温弗里 (Oprah Winfrey)[36] 一起跑步，却是她成为知名电视主持人之后。

以下就是我从琼、奥普拉以及其他成百上千的女性跑者身上学到的：你可以让跑步成为任何一种你想要的样子。你可以跑向金牌，或者只是跑去追寻你认为不可能的某个东西，即使无人留意。

这完全取决于你。我想你可以做到，因为数千万的女性跑者已经做到了。一位明智又富有经验的女性跑者——达格妮 • 斯科特 (Dagny Scott)[37] 已经在这本书中列出了所有的跑步计划、诀窍以及你所需要的智慧。

下一步就看你的了。

安比 • 波夫特（Amby Burfoot）[38]

Runner's World 执行主编

---

35. Joan Benoit，美国精英跑者，1984 年洛杉矶奥运会女子马拉松冠军。
36. Oprah Winfrey，美国著名谈话类电视节目主持人。
37. Dagny Scott Barrios，美国多本女性跑步与运动类畅销书作者。
38. Amby Burfoot，1968 年波士顿马拉松冠军，Runner's World 执行主编。

目录

引子

在坐下来写这个简介之前，我刚刚跑步回来。大汗淋漓的我被 11 月的风吹得满身尘土、蓬头垢面。虽然是周末，但我已经打开了电脑，把跑步后所有神清气爽的时间用于工作——就像我经常做的那样。

今天，我在跑步的路上看到了两位朋友正沿途散步。这是一帧辽远而静谧的景致，广袤无垠的大草原延伸向东，庄严的气势让落基山脉都为之汗颜。贝丝和詹妮弗正和她们的三只狗在一起，阳光为一切镀上了一层香槟金，也呈现出奶油般的甜美温馨。我们聊到了跑步、生活、昨天的锻炼以及狗。她俩说：跑步的时刻，就像神圣的仪式般令人期待；跑步时，不用再为任何家庭或工作的琐事烦心。这番话使我的内心深受震动。

我目送贝丝、詹妮弗和她们的狗，继续我的跑步，享受一天中的美好时刻。我想弄明白为什么跑步这件简单的事情令人如此感慨。很多女性都在这条路上跑步——不管成群结队，还是形单影只，甚至比男性都多。女性跑步发展之迅速，让我感到吃惊。一个世纪以前，跑步只是男性精英跑者才参加的竞技体育运动。直到在第二次跑步热潮，越来越多的女性开始加入进来。在跑步当中，人们不分性别，都可以在强身健体、历练心性的同时广交朋友、相亲相爱、互相信任。跑步，一如脚步那般坚定，一如呼吸那般单纯。

因此，写作本书使我倍感荣幸——我感受到了强烈的责任感。怎样才能更好地去服务跑者和即将上路的初跑者？怎样才能把握住这个机会让更多人参与并享受这项健康快乐的运动，历练身心、提升自我？甚至以此为业？收获友情乃至爱情？

在写作本书的一年里，我的目标始终是揭示跑步对女性的意义。跑步带给女性的，不仅是健康、尊严和友谊。我期待本书能将女性跑步的力量和鼓舞传递给你。

我希望，在阳关大道、乡间小路或是羊肠小道上，都能看见你奔跑的身姿。祝你跑得开心！

千万女性在跑步中，听到了自己的声音，
了解了自己的心意，寻得了自己的梦想。

第一章 女性和跑步

一个需要了解的重要事实：千万女性在跑步中，找到了自己的声音，了解了自己的心意，寻得了自己的梦想。此刻正在翻这本书的你，也可以成为这个幸福群体中的一员。所有跑步的果实，都在这里等着你去收获。

为什么这是一本关于女性跑步的书？女性跑者和男性不一样吗？看上去，跑者们都是先迈一只脚，再迈另一只脚，如此循环往复地跑下去；跑者们都经历气喘如牛的艰辛，也体验健步如飞的快乐，并因此欢欣鼓舞。在这些方面，女性跑者和男性跑者并没有什么区别。但是，稍等一下。

听听那成百上千位女性跑者的故事。听听她们平静地讲述自己的故事：有的人在家人酣睡的黎明时分就开始训练，有的人喜欢在结束跑步后呼朋唤友聚会吃喝。女性跑者们有笑有泪，也会面对困惑与友情，但更多的还是跑步带来的快乐——“我觉得自己充满力量”，“我已经准备好迎接下一个挑战了”，“我从没想过自己可以，但现在的我居然真的做到了”。

通过跑步，女性跑者们会建立特殊的友情。这份友情源自对跑步收获的认可与分享。她们在跑步中感受到了成长、进步以及亲友们的支持和关爱。对不少人而言，跑步是为了体验和分享对生命的感受：不论成群结队，抑或形单影只，更不以快慢论英雄。

女性跑步潮

当越来越多的女性开始跑步时，她们重新定义了跑步，就像跑步重塑了她们。

20 世纪 70 年代第一波跑步热潮来袭时，男性仍然占据着垄断地位。弗兰克•绍特[39]赢得了 1972 年慕尼黑奥运会的马拉松金牌。著名的新西兰田径教练亚瑟•利狄亚德[40]对专业运动员提出了长距离慢跑[41]的理念，将慢跑作为一种运动推广向全世界。美国俄勒冈州的教练鲍尔曼和跑步运动员奈特[42]白手起家创立的运动鞋厂，逐渐成长为国际体育巨头耐克公司。女性跑者，往往只是重大赛事中的点缀和花瓶。

那时，不少人还认为女性不适合跑步，甚至认为跑步对女性是有害的。大部分女性选择高尔夫和排球等较为温和的运动。女性在大街上跑步，在世人眼中，还是罕见的奇观。但是，随着越来越多的女性加入到跑者队伍，人们对女性跑步的观点也逐渐趋向包容与赞许。尽管直到 20 世纪 80 年代男性还是跑步运动的主力，女性跑者的身影却已经越来越常见。

一直以来，跑步都在慢慢地发展，从一项属于精英跑者的竞技项目，发展到全民参与的健身运动。作为一项有氧运动，健身跑对技术与装备的要求简单，男女老少皆可参加，利于心肺，易于安排，而且只需很简单的学习，所以当时跑步便流行起来。20 世纪 90 年代，随着越来越多的美国人意识到跑步的价值，跑步从一项健身运动变成了全面锻炼身心的运动。美国的第二次跑步潮由此诞生，人们愈发发现跑步符合社交、减压、个人成长、贡献社会等现代生活的要求。

新千年以来，女性逐渐成了推动跑步的生力军，并重新定义了这项运动。首先，广大女性跑者的参与直接带动了跑者人数的增长。随着一大批受过高等教育、热爱运动的女性在新千年前后踏入社会，跑步成了她们最简易可行的运动健身方式。相比更为年长的女性，她们更注重健康时尚与生活品质，而跑步恰好包含了这两点。同时，女性要面对个人、家庭与事业间的平衡，在可支配时间有限的约束条件下，跑步因其简单易行，成为了女性的首选健身方式。一如 Runner's World 总编戴维•威利所言。

女性参与跑步的热情也逐渐高涨。女性跑者越来越多，水平越来越高，女性跑步产品和面向女性的跑步赛事与活动也在不断增加。跑步运动变得越来越大众化，不同水平和目的的参加者都能够从中各取所需。

跑步也体现并促进了性别平等。现在的跑步比赛一般会给男女参赛者设置同样的奖项与奖金数额。跑步领域的男女差别远不似其他领域那么突出。女性精英跑者成批涌现，不断刷新和提高比赛纪录。

---

39. Frank Shorter，美国精英跑者，1972 年慕尼黑奥运会男子马拉松冠军（2 小时 10 分 30 秒）。
40. Authur Lydiard，新西兰跑者、跑步教练，著有 Run to the Top 等若干畅销跑步书。
41. Long slow distance running，长距离慢跑。
42. Bowerman 与 Knight 共同创立了体育用品巨头耐克（Nike）公司。

对于业余跑者而言，跑步还是一种相对平等的社交方式。加入一个跑友会，就当是为了周末去享受跑步的乐趣。在跑者们都是平等的，不论年龄与肤色，不分阶层与信仰，也没有性别差异。女性和男性一起跑步，根本就不存在性别的问题，因为他们都是跑者。相遇甚至结伴跑步时，友谊就会自然而然地建立起来。除了跑步，还有美食、图书、旅行，跑友们可供分享的东西太多太多。作为一项自由开放的运动，跑步毫无疑问地吸引了越来越多的女性融入其中。

启程

随着女性跑步的蓬勃发展，相关研究也不断深入。例如，研究发现，男女性跑者之间每存在一处类似，就会有一个差异。一方面，虽然二者提速与健身的训练原则是一样的，但是女性激素分泌的波动意味着她们更不容易维持稳定的竞技状态，这就为她们从事竞技田径比赛增加了难度和不确定性。另一方面，由于女性对疼痛的承受能力和脂肪比都高于男性，她们也更适合从事耐力运动。尽管跑者们的生物力学原理基本相同，但是由于性别及体型差异，同男性跑者相比，女性跑者较宽的臀部增加了膝盖与脚踝受伤的风险。这样的例子不胜枚举。

除这些“生理”与“技术”上的差异，男女跑者对跑步相关事项的关注重点也不尽相同。例如，女性视健身塑形重过追求成绩，对装备花色外观的要求也与男性差别巨大。

总之，每位女性跑者都有自己的故事，一个关于健康、自律、追求和内省的故事。坚持跑步健身所引起的积极变化，并不只是身材健美和成绩提高等外在的表现。

训练记录

虽然没有名留奥运金牌史，也不是琼•本诺伊特或格莱特•维特兹（Grete Waitz） 级别的大牛，但是作为跑者，我仍然很乐意与读者们分享自己的跑步体验。

在跑步这件事上，我还是比多数人有发言权的。当我还是一个小女孩的时候，就梦想通过跑步在运动场上创造辉煌。尽管曾经几度接近梦想，但直到最后，我也没有如愿成为职业运动员。我成了一个用心思与文笔关注跑步的女性，或是女性跑步运动的见证人和记录者。

写作和跑步共同编织了我的生命和事业，二者相辅相成、缺一不可。在跑道上为追逐儿时梦想进行刻苦训练的经验教训，为我的记者生涯奠定了基础；采访与写作中接触到的跑者故事，又为我提供了源源不绝的灵感。

对于每位女性跑者来说，跑步并不仅仅是为了获奖和塑形健身，更重要的是一种人生的体验与探索。

我会在本书的“训练记录”中分享个人的经验与教训，希望能给读者一些启示，激发思考并触动共鸣。当然，这其中教训居多，有的甚至荒诞不经。但是，正是从这些教训中，我学会了如何进步。我情愿读者把我经历的那些荒唐教训当作笑料，更把我在跑步中体会到的快乐当作自己的快乐。我希望与亲爱的读者朋友们共同分享与交流跑步心得，这也是我写作这本书的初衷。

第二章 跑步装备

跑步很简单，
并不需要太复杂的装备。

跑步很简单，并不需要太复杂的装备。

然而，这种“简单”却未必是件好事。惯于勤俭持家的女性可能认为，随便一双什么旧鞋都可以穿去跑步。后果就是，鞋不跟脚增加受伤的风险。因此，最好的选择是买几双合脚的跑步鞋轮替着穿。穿上合适的跑步鞋，可以保护跑者的膝盖与脚踝关节。同时，跳健身操的鞋和帆布休闲鞋也不适合穿去跑步。购置合脚的鞋这件事一定要放在心上，因为很可能今天省下几个买跑鞋的钱，过几天就得成倍地多掏银两去求医问药。贴身的跑步内衣（运动文胸与内裤）亦然。

买了合适的跑步鞋和运动内衣，就具备了健身跑最基本的物质条件。也许，随着跑龄的增长，你会发现还要添置计时器、太阳镜、压缩服等其他装备。

最终，随着经验的积累和对其他跑者的观察，你会发现，购买装备完全是由个人爱好决定的。病入膏肓的装备党们哪怕只跑五公里，也要随身携带足以应付百公里跑的水袋、腰包等全套行头；而一批实力卓越的高手大牛，只凭借最朴素的运动服和最普通的运动鞋就可以在百公里比赛中取得骄人成绩。此外，很多业余跑者发现，购买跑步装备是督促自己坚持跑下去的手段之一，毕竟钱不能白花，东西买来就是要用的。

总之，除了贴身内衣与跑鞋两项基本装备，跑步确实是一项丰俭由人的个性化运动。

跑鞋

跑鞋是脚和地面之间的“保护层”。运动生理学家和生物力学专家蒂姆•希尔登[44]说：“跑步时，你的脚每分钟大概会与地面接触 70~100 次，膝盖要承受约合体重 2~3 倍的冲击力。穿上合适的跑鞋，可以帮助缓解你所受到的冲击。”

知名品牌的跑鞋，都是在数百万美元的研发经费支持下，由专业团队设计并反复测试的。在这一过程中，设计师要调研大量的足部数据，设计各种原料与外观方案。宗旨就是在保护性与轻量化之间力求平衡，减少使用者在跑步中受伤的风险。是否找“对”了鞋子，取决于以下几方面因素：足部的落地方式、步幅、体重以及跑步的距离。

在过去几年中，跑鞋最令人印象深刻的进步是在科技方面。例如，新材料从根本上替代了传统的泡沫鞋底夹层。曾获得世界马拉松冠军的马克•普拉阿特耶斯[45]是博尔德跑步公司[46]的合伙人，他告诉大家：“采用新材料设计制造的鞋中底，比以往的更耐穿。”

使用传统材料制成的鞋，通常最先坏的都是中底，肉眼一般难以发现中底损坏。一双合格公路跑鞋的使用寿命大约是 500~700 公里，而采用新材料支撑的跑鞋还可以多穿 300 公里。你可以在日历上标注买新鞋的时间和每次穿着它跑步的距离，这样就可以及时更换老旧跑鞋。正价知名品牌跑鞋的价位大约在 500 元以上。

有些初跑者会问：“应该买哪个牌子的鞋？”答案：只要穿着舒服合脚、外观还算顺眼，牌子并不重要。然而，需要明白的是，跑者甲感觉合脚的鞋子并不一定适合跑者乙。

各大跑鞋厂商都会生产各种各样的鞋来满足跑者的不同需求，但每个厂商的产品都有它的特定针对人群和设计传统，差异十分明显。你要多试几个牌子的鞋，才能挑出最合脚的。

44. Tim Hilden，运动生理学家和生物力学专家。
45. Mark Plaatjes，美国精英跑者，1991 年洛杉矶马拉松男子冠军（2 小时 10 分 29 秒）。
46. Boulder Running Company。

尤其是对于女性跑者而言，女式跑鞋并不是把男式跑鞋缩小和增加外观花色那么简单，其中玄妙更值得体验。例如，有些女性跑鞋大脚趾根部富余较多，设计初衷就是防止常穿高跟鞋形成的拇囊炎。

购买跑鞋的最简单也最可靠的方式，就是去商场专柜试穿选择。如果你恰好遇上一位熟悉跑者需求与产品功能的销售，他会帮你大忙的，一些高手甚至能根据你走路的步态为你推荐合适的鞋子。特别提示：网上买鞋，收到实物后不合脚或做工有瑕疵的风险和不确定性较大，需慎重。

此外，你还需要了解自己的脚落地姿势是过度内旋、内旋不足还是中性。当你跑步时，脚首先接触地面的是脚后跟外侧，然后依次是脚的中部，最后过渡到脚掌和脚趾。内旋是你在脚掌蹬地是减震的本能反应动作。但如果你的脚内旋严重（比如扁平足），足弓就无法为身体提供足够的支撑，脚在落地时会过度的向足弓方向倾斜。跟腱或膝盖受伤的风险较大。一般而言，女性由于骨盆较宽，过度内旋（即外翻）的发生率较高。与过度内旋相对的是内旋不足（即内翻），内旋不足者往往足弓较高，崴脚的风险较大。但是内翻的情况较为罕见，并且在女性中出现的概率比男性更低。介于内翻与外翻之间的是“中性”（即自然步态）。知道自己的落地姿态是选择合适跑鞋的第一步。以下有两种简单的方式可以帮助你决定你适合那种鞋：

（1）看旧鞋。外翻者的鞋子，后跟外侧和大脚趾一侧的磨损程度较大。内翻者的鞋子，后跟外侧和小脚趾一侧磨损程度较大。

（2）观察足弓。双脚分开，与肩同宽站立，然后屈膝半蹲。此时观察足弓，是否自然向下压？再轻轻地左右转身，再看一看：足弓是否下陷？脚踝是否向足弓方向倾斜？，还是保持原来的状态？足弓越平，脚踝向内压，脚内旋越严重。如果答案为“是”，那就是外翻。

知道了你的落地姿势，就可以购买针对性的跑鞋了。对应以上三种落地姿势，跑鞋也分三类。

• 控制型。适合严重外翻和大体重跑者设计。这种鞋的足弓部位是所有的鞋里最硬的。它们会在足弓或后跟部分采用坚固的支撑垫片或双密度材料（足弓部位最为“坚硬”）。

• 稳定型。专门为一般脚外翻和体重较轻的跑者设计，这种鞋通常也配有一般的缓冲层和支撑组间，但是足弓部位不如控制性跑鞋那么“坚硬”。

• 缓震型。专门为“中性”或是内翻的跑者设计。这种鞋足弓支撑度最低，好给足弓最大的活动空间。有了鞋型的选择方案，你就可以遵循以下建议，选购最适合跑鞋。

除了足型的考量，在选择跑鞋是还应当从跑鞋的具体功能出发，这样有利于达到有针对性的训练目的。在日常的中短距离训练或力量训练中，应当尽可能的全方位锻炼足部、腿部的肌肉力量，那么就可以选择赤足系列的跑鞋来获得最接近赤足状态的步伐；日常上路进行

中长距离的跑步训练时，则可以选择柔缓系列的跑鞋，通过Lunarlon、Zoom Air或Air Max等科技获得适当的缓震，不同的缓震科技脚感不同，女性跑者可以通过自身的喜好来选择合适的缓震技术；而对于扁平足或跑步时脚部内旋过度的女性，稳护系列的跑鞋则更加合适，通过鞋底特殊材质的设计以及鞋面的特殊包裹来提供强大的支撑，以便有效降低内旋率，保证平稳顺畅的步伐；而在正式马拉松比赛时，更加强调轻盈、能够提供适当的缓震、透气性能卓越的竞速系列则能为实现个人最好成绩做出不小的贡献。

多试几个品牌。每个品牌在保护原理、楦宽与用料上都会有所区别，只有多多尝试，才能选出最合适的那双。

跑跑跳跳。试穿新鞋时，只凭走路是看不出它是否适合跑步的。试试在专柜附近或跑步机上跑几步或跳几下，要特别注意鞋是否能够与脚面紧密贴合，脚面左右最宽处与最长脚趾是否感到压迫，以及鞋内是否有磨脚的粘合与缝线突起。

穿厚袜试鞋。在试鞋时，建议穿着自己最厚或是最常用的跑步袜 。

试穿鞋子实物，并请收货员确认尺码合适。美国矫形足踝协会[47]的资料显示，高达90%的女性穿的鞋太小了。脚趾甲挤伤的病例屡见不鲜。孕妇应当尤其注意，一定要穿宽松合脚的鞋子，保证双脚在鞋内有足够的活动空间。

为什么要研发女性跑鞋?

当厂家首次生产女性跑鞋时，只是在生产男性跑鞋的缩小版。随着市场扩大和消费者需求被发掘，女性跑鞋逐渐变得更符合女性的以下需要：

- 体重较轻，足长较短，肌肉较少。
- 脚面较小、较薄，因此鞋内体积较少。
- 拇趾容易肿胀，经常会因为穿尖头鞋和高跟鞋而加剧。
- 更容易脚内翻，因为臀部较宽以及腿与地面接触时产生的角度。

47. American Orthopaedic Foot and Ankle Society。

运动内衣

不是随便一件文胸都能穿出门跑步。运动内衣的设计理念，是减少运动时女性胸部的颠簸。一件称职的运动文胸还可以吸收身体表面的汗，减少皮肤发炎的概率。但是，运动文胸的功能至今还没有被女性跑者充分认识。

跑步对的女性更为“仁慈”，她们可以穿着保护较少的运动文胸。胸部较大的女性需要支撑性较强的运动文胸。但是，许多女性还没有意识到产品功能方面的这种差别。同时，“运动款式”的内衣不能等同于“运动内衣”，你必须买一件真正为运动这个目的而设计的运动内衣。

选购运动内衣，必须亲自试穿，并注意以下几点：

• 围绕在胸廓上的带子要恰好紧身，但不能感到快要窒息。将手臂高举过头，然后弯曲手臂摇晃身体，带子不能移动，否则可能摩擦刺激皮肤。

• 胸前的布料也不能紧到让人感到快要窒息。在身体上下跳动时，胸部在感觉舒适的同时不能弹跳。

• 注意接缝做工。接缝部位必须平整光滑，任何突起都可能导致皮肤磨损受伤。或者考虑选择接缝在外的产品。

• 选择布料能够吸汗速干的产品。棉质内衣会吸汗增重，也不易干燥，会增加与皮肤的摩擦。建议选择聚酯纤维或涤纶制品。而内衣中的罩杯也需合适的面料以便提供单向的水分转移，来保证干爽和舒适。建议选择 Nike Dri-FIT 面料制成的运动内衣。

• 品牌运动内衣的售价约为 300 元人民币左右，但是为了在运动时呵护胸部，这笔钱不能省。

• 如果你穿 C 罩杯或是更大的胸罩，那么分别包裹乳房的内衣会比“抹胸式”的更舒适，并且支撑性强。很多厂商为胸部大的女性生产了特别的内衣。

而即便你已经选择一款适合瑜伽的运动内衣，并不代表可以穿着此款内衣进行跑步训练。因为在不同运动中，对女性胸部需要提供不同强度的支撑，所以跑者需针对自己的需求选择更为细分、个性化的内衣设计。

耐克作为运动内衣等女子运动装备的领先者，其 Nike Pro 系列运动内衣，采用根据生物力学测试研发的 Nike Pro 360 贴合系统，该系列致力于为女性运动爱好者提供精确贴合的穿着感受及支撑感受。为了开发全新的 Nike Pro 360 贴合系统，耐克与拉夫堡学校的研究员共同进行女性在运动中的生物力学测试。研究人员通过使用 200 帧 / 每秒的超慢视频分析系统，跟踪穿着者在跑步机上时胸部的运动轨迹。该高达 600 个小时的生物力学测试，为耐克服装创新工程研究室精准的测量了胸部在运动中的移动，使新一代运动内衣完美贴合、支撑女性胸部。

例如，针对如从事马拉松等高强度运动或胸部较大的女性，Nike Pro Rival 运动内衣采用独立的塑模全罩杯，在最需要的部位提供塑形和最高水平的支撑。而系列中 Nike Pro Fierce、Nike Pro Classic 和 Nike Pro Indy 则分别提供由中高级水平到轻度水平的支撑性。

为了维持运动胸罩的弹性，延长使用寿命，在清洗时要采用手洗和自然风干。老化失去保护功能的运动胸罩应当及时淘汰替换。

短裤和上衣

时下，跑步服装多由化纤的速干布料制成，与传统的棉质产品相比，能够尽量让你的身体保持干燥，即使被汗水浸湿，也不会增加太多的分量。对于短装而言，面料的技术进步尤为重要。应当注意的是，衣服越长，对肢体活动空间的限制就越大。但是，除非你跑得特别快，需要全力抬腿，否则这都不是问题。

棉质服装可以在日常跑步时穿着。但是在湿度极大或是跑步时长超过 30 分钟的情况下，还是建议穿着化纤面料衣物。因为此时的棉质面料容易吸潮且不易干燥，不但增加重量，而且可能摩擦皮肤导致不适。

应对风雨

随着纺织科技的进步，能够提供一定防水透气功能的新型功能面料相继问世，并在跑步服装上得到了广泛的应用。由这些材料制成的服装，可以抵御少许雨雪，并兼顾透气。

在选购秋冬季运动风衣和防风长裤时，不妨留意它们的材质。Gore-Tex、Windstopper、Softshell 等功能面料都具有一定的防水性，同时还可以允许身体在运动时产生的一部分湿气单向排除。里料越重的衣服保暖性越好。但是，如果买来仅在跑步时穿，那么可以选一些重量轻的多功能服装，再根据天气灵活搭配。春秋天小雨天气时，可以把皮肤风衣等套在短裤、背心外面，在跑步时脱下；冬天跑步时，可以贴身穿着紧身服装，中间穿上抓绒衣物保暖，最外面穿防风的软壳外套等。记住：在湿冷环境下运动时，不要穿棉质衣物，因为它吸湿后不易干燥，会让你感觉又潮又冷。细节做工方面，应当注意以下几点：

- 拉链在拉到衣领尽头时不会摩擦下巴。
- 领子要刚刚好围住你的脖子，能将冷空气阻挡在外。
- 衣袖采用收口或松紧设计，防止灌风。
- 肋下、后背以及腋下部位采用通风设计。
- 背部下摆能包住臀部。
- 裤腿上的拉链要便于穿脱。

袜子

跑步袜有各种重量、长度和材料的。但是不要买全棉的，特别是在冬天，棉袜会使脚又湿又冷；在夏天，潮湿的棉袜可能会与脚摩擦起泡，还会引发皮炎。建议买涤纶、腈纶、聚酯纤维，甚至是特氟龙制成的合成纤维袜。像美丽诺（SmartWool）这样的羊毛混纺袜，在冬天穿很好。羊毛混纺或合成纤能够快速干燥，减轻摩擦。双层袜在预防皮炎方面也很有效。

越厚的袜子起到的缓冲作用越大。为了跑得舒服，很多女性都喜欢穿厚一点的袜子，因为它们超级舒适，而且缓冲效果非常好。在快跑项目或是比赛当中，要穿薄一点的袜子。缓冲作用减轻可以让你的脚更好地感受路面。

穿着你跑步时要穿的鞋来试穿袜子，这一点非常重要。一些厚点的袜子可能要配大半码的鞋子。

NIKE ELITE 跑步袜以舒适贴合的中筒设计以及先进的压缩科技打造强力支撑效果。更有排汗面料和透气网布带来出色透气性，穿着更舒适。Dri-FIT 面料可快速吸湿排汗，助你持久保持干爽舒适， 紧密贴合，提供强力支撑，同时带来舒适享受。低摩擦设计减轻足跟与足尖部位的磨损，网布拼接有效提升透气性，足跟采用 Y 形缝线，提升舒适性与贴合度。

电子装备

秒表

现在的运动用表可真是缩小版电脑。它们可以做任何一件事情，在休息时间发出铃声到保存你的锻炼记录，这样你就可以把数据拷到家里的电脑上。当然，如果你每天只跑半个小时，你也可以不用考虑这些小物件以及额外的开销。

不管你决定戴简单的还是复杂的表，最好是买个易于操作查看的，例如具有大大的按键和显示数字的。这样的表在跑步时更方便使用。按按钮时能发出提示音的表也很有用。

很多有经验的女性跑者不喜欢所谓的“女款”表——小个子的外形就意味着更小、更难按的按钮，更不要说那更少的记忆功能了。对大部分女性跑者来说，男表就是非常好的产品。配有塑料或是布表带的表会更耐用，也更舒服。需要更换电池时，把表送到钟表匠那里去换电池。如果勉强自己换，你的表可能在使用寿命到期之前就寿终正寝了。

心率表

直到 20 世纪 90 年代，心率表还是一种复杂设备，基本上只有专业运动员才使用。而现在，作为各类跑者的得力助手，它已经被广泛接受。心率表还可以监测不同训练中的心率变化：在强度练习时保持心率不低于某一数值，在放松跑时心率不低于某个数值。大部分心率表由两部分组成：绑在胸部下面的胸腔上的心率计数器，以及与手表外观类似的显示器。

心率表具十分有广泛的功能和设置。和任何一种电子装备一样，心率表有时候可不仅仅是有用而已。买心率表的原则是在准确的同时简单易用。大部分跑者更喜欢兼具秒表与 GPS 功能，并且能够在你超过或是落后于预定的目标速度时发出警报的产品。一套带有心率监测与 GPS 功能的多用运动手表，价值约为 1500~3000 元。

你应该使用心率表吗？

很多跑者和教练喜欢用心率表，但它适合你吗？心率表是一个检测脉搏计数心跳的仪器。通过显示你的心率，它们会及时反馈跑步的情况，尤其是以心率衡量的运动强度。而后你就可以通过加速或者减速来调整强度，以便将心率控制在目标值左右。

支持者喜欢这种对锻炼情况的客观计量：数据是不会骗人的。所以为什么不好好利用心率表呢？

一些跑者热爱运动，因为运动让她们与自己的身体更加协调。对这些运动员来说，这是一个挑战，也是一个乐趣——去学会体验自己在训练中的肌体反应。

但是，在某些人看来，过分依赖设备是对运动天性与本能的违背，甚至认为“心率训练”事实上就是谎言——你只是唯“表”是瞻，这样就失去了感知自己或是进一步提高强度的机会。

谈到心率表，没有谁对谁错的绝对说法。各类跑者都可以从它的反馈中获益；同样的，没有这些机器，她们完全也可以训练成功。你要试一试吗？一切取决于你个人。

全球定位系统设备（GPS）

如果你想准确地知道跑步的速度和距离，在电脑上标出跑步路线，那就去买一只 GPS 运动手表吧。如果你觉得它纯属多余，也可以把省下来的钱用做参赛盘缠。

有一点很不错，就是你无需为了弄明白怎么使用最新设备而成为一个技术狂人。跑步用品专卖店老板马克•普拉阿特耶斯说：“这些设备都很简单——只需轻按‘开始’、‘停止’等按键即可。”

的确，这就是大部分跑者使用这些设备的方法。你可以轻松设置速度提醒，当你落后或是跑太快时，就会有警报铃声提示你。普拉阿特耶斯指出，GPS 手表还有很多其他功能。“如果你电脑水平不错，你可以上传跑步路线图与高度变化图。你可以据此给训练强度评级打分。”

但它也有一个缺点，就是要依靠卫星。在有很多树和高楼的地方，或是天气不好时，精度可能会受到影响。尽管如此，全球定位系统设备还是能保证大概 95% 的精确度。

一套入门级的 GPS 运动手表大概要 1000 元左右。例如 Nike 的 GPS 运动腕表“Nike+ SportWatch GPS”，能为跑友提供跑步的 GPS 定位、总里程、速度及海拔高度等丰富的数据，带来最具动感和激情的跑步体验。在跑步时，GPS 接收器可以与耐克跑步鞋中的 Nike+ Sensor 协同工作，提供高度精确的数据；并可以兼容心率监测器（需另购）。

毫无疑问，这些小装备都是额外的——一旦开始使用，你就会想到：“在没有它之前，我是怎样跑的？”而且我们真的有必要知道每次跑了多远，在计算跑量时真的要精确到 0.1 公里？凭感觉判断速度难道不是了解自身生理吗？好吧，你可以叫我路德分子[48]、伪君子。

48. Luddite，反对依赖技术达到目的的人群，该词源自 18 世纪英国工人破坏机器设备的抗议。

这么说吧：我没买过。我也不喜欢这种“事无巨细”的想法和做法。跑步可能是我的生活中唯一可能不用想、没有数量和技术要求事情。但是我也承认：如果我的训练伙伴有这么一个小装备，倒是挺好玩的。

智能手机应用（APP）与其他装置

随着智能手机的日益普及，手机 APP 种类也在不断增加。其中，能够提供 GPS 运动轨迹记录与数据分析功能的健身类 APP 产品可谓是百花齐放。耐克研发的 NIKE+ RUNNING 就是其中的一款代表之作。

全新 NIKE+ RUNNING：更智能、更互动、更鼓舞人心

NIKE+ RUNNING（Nike+ GPS 应用程序）让更多跑者在世界范围内记录、测量、对比及分享跑步经历。NIKE+ 社区目前拥有约 1000 万名成员，并已记录了近 10 亿公里的累计跑量。全球拥有智能手机的跑步爱好者都可以免费下载，并通过 nikeplus.com 账户登录 NIKE+ 社区，领略更迅速、更智能，更鼓舞人心的功能。

iPhone 版下载地址：https://itunes.apple.com/cn/app/nike-gps/id387771637?mt=8

Android 版下载地址：http://www.wandoujia.com/apps/com.nike.plusgps

借助 NIKE+ RUNNING，跑者可以：

• 通过 GPS 记录查阅跑步数据，路线地图和天气。

• 累计积 NikeFuel 值，标注跑步心情与跑鞋寿命。

• 教练模式可以根据使用者的相关数据定制日常运动目标和计划，并在定制运动计划之后，还会对使用者进行提醒和推送运动技巧，督促使用者更好的完成每日的训练。

• 和 NIKE+ 跑友进行挑战，在排行榜上一较高下。

• 把记录的运动信息分享到微博等社交媒体，进行约跑，加油助威。

NIKE+ 社区

为跑步而推出的 NIKE+ 社区已经成为了包括不同运动参与者的综合运动体系，形成一个全球联动的运动生态集群。

通过测量步幅和节奏，也可以就能追踪跑步过程。耐克公司和苹果公司合作开发了一款通过苹果音乐播放器 iPod Nano 工作的产品，与电脑搭配使用来进行跑步记录。嵌在指定款式的耐克跑步鞋里的芯片，可以根据步频和脚接触地面的时间来测量步长。这种技术的精确度在不断提高，数据可以上传到耐克公司的网站，跑者们通过数据对比，可以通过相互挑战进行互动。芯片的价格约为 300 元，但需要能够兼容的苹果设备。虽然耐克公司生产的不少鞋子可以用这种设备，但是，你并不是为了买芯片而买芯片。

鞋袜之间——鞋子或许远远不够

跑步鞋的衬垫是用来代替鞋内可拆卸的鞋垫或改善穿着感觉的。衬垫的材料多种多样，包括从足弓垫到后跟垫、从全长度到半长度等多种类型。

美国运动足病医学学院前院长托马斯·桑卡博士说，对很多女性来讲，跑鞋自带的鞋垫效果最好。但是如果你的足弓与"正常"有所偏差——足弓特别高或是过平——那么就要考虑配备特殊的衬垫了。你的足弓与正常足弓之间的偏差越大，你就越需要添置衬垫。此外，训练过度导致运动损伤者，可能也需要额外购置衬垫。桑卡博士还指出："如果经常受伤，就要从生物力学方面找找原因了。购买合适的鞋内衬垫，可以减少这类损伤。"

首先，试试穿着非常适合自己的鞋子跑跑，不添加任何配件。如果你的脚、膝盖、臀部或者背部感觉到疼痛，那么衬垫可能就是一个简单的解决方式。你可以试试它们，不必花咨询医生的费用，有时专业销售人员就能帮你选一双合适的。如果自行选购的产品不合适，那么就需要通过定制衬垫了。向运动医生或专门研究跑步或运动医学的足病医生请教如何依靠衬垫矫正姿势，并去向具备定制资质的商家购买吧。选购衬垫预计会花 800~1900 元。

最常见的衬垫及其功效：

足弓垫。这类衬垫为不同形状的足弓专门设计，提供各种样式来满足不同足弓的需求。首先是为严重足内翻的人设计的衬垫，这类脚在着地时会过度内翻，而衬垫可以固定脚和脚踝。在购买前，你需要同时试穿跑鞋和衬垫。如果这些帮不了你，还可以去定制。

缓震衬垫。这种衬垫主要用于额外缓冲、改善舒适性。当定制衬垫不能提供足够的缓震时，一些跑者还会添置缓震衬垫。这类产品由发泡塑料制成，多为全长度或半长度。例如，缓震后跟垫可以把脚后跟"垫高"，来减轻小腿肌肉紧绷带来的压力。你还可以依据特定需要把衬垫裁剪成任何形状，或是把剪好的小片粘在鞋垫上的特定位置来提供缓震功能。选购时依然要试跑，或是听从医生的指导建议。

后跟杯。这些杯形衬垫包绕支撑着脚后跟，提供缓震功能。后跟杯特别能够减轻足底筋膜疼痛（这种疼痛多发于脚后跟下），但是后跟杯不能解决脚过度内翻的问题。这时，你需要支撑性更好的鞋或者足弓支撑器等。

趾骨垫。趾骨垫可以放置在前脚掌的鞋头处。它能通过提供支撑和缓冲功能，减轻脚趾后方骨头承受的压力和由此导致的疼痛。

替换垫。这是鞋内衬垫的强化版，相当于加强而后延长了鞋子的缓冲性能。在不改变跑鞋外观的情况下，替换垫是对鞋的升级。

巧提示

去跑步用品店或运动专柜去挑选心仪的产品。此外，网上信息也可以作为参考。

例如，耐克是运动内衣等女子运动装备的领先者。你可以去耐克网站查找产品信息。

太阳镜

运动太阳镜可以阻挡强光、风沙和飞虫、树枝等对眼睛的伤害。一些跑者不戴上太阳镜是不会出门的，但是另一些却根本不戴。如果你真要买，就找找那种能提供更多保护的防碎片和紫外线太阳镜，它可以抵御长波紫外线和中波紫外线辐射，以及沙土和树枝等对眼睛的伤害。太阳镜的价格从几十元到上千元不等。廉价产品在功能与耐用性上往往不能与知名品牌相比。

太阳镜要恰好贴合面部，这样在跑步时就不会掉下来，但是如果“箍”得太紧，又有可能引起头疼。试戴太阳镜的时候，把它戴到头顶上看看会不会掉下来：由于外出跑步时天气可能有变，如果常备太阳镜，那你就多了一项便利。

水袋

在大部分气候条件和地区条件下，你无需带水，除非要跑超过一个钟头。在特别潮湿和炎热的天气中跑步，或是进行长距离越野跑，随身带水就是一个安全选项了。

水袋包看似简单，但其实有选购窍门。例如，配备多个水壶的腰带包要比只有一个水壶的佩戴更为舒适稳定。

容量较大的背负式水袋包包括一个水袋和一根吸管，盛满水后足够支撑几小时之用，适合长途越野跑。

此外，水袋包上的小兜还可存放钥匙、能量胶、零钱等随身物品，有的水袋包还有大小尺寸供用户选择。

训练记录

下面这个故事听起来可能像是老奶奶数来宝，冒着这样的风险，我下面就讲讲“我记得那时”的故事。20 世纪 70 年代，我 8 岁，刚开始跑步——这好比是跑步运动的石器时代。没有女性跑鞋，也没有儿童跑鞋。男性跑鞋才刚刚出现，而且并不好买。（那时，网球鞋和高帮鞋几乎覆盖了整个运动鞋市场。）我的父母从一个叫迪克·庞德的开着货车追着越野赛卖跑鞋的人那里给我买鞋。我们会买最小码的鞋，然后我在鞋头塞进纸巾来填满脚趾前的空间。

所以我非常高兴还记得自己的第一双真正的女性跑鞋。浅蓝色的，叫做“悍妇（Tigress）”。这双鞋穿起来很舒服，跑起来很快，看起来很酷。（大概有一周的时间我都是这样觉得的。一个下雨天，活泼的蓝色变成了霉绿色，而且再也没洗干净过。）拥有这双鞋让我觉得自己仿佛成了职业精英跑者，而不再是一个普通的小女孩儿。

当然，我当时还不了解它，但是很多早期的女鞋都是男鞋浅色缩小版，质量也较差，因为那时的人们觉得女性不需要“严肃”运动鞋。

无论如何，女性跑鞋已经取得了长足的进步。事实上，今天所有由知名厂商生产的女性跑鞋都是真正为女性的脚设计生产的，而且鞋的质量也和男鞋一样。事实上，很多厂商甚至认为女性市场是一个热门市场：他们意识到所有女性跑者都代表着利润。厂商们的逐利性对消费者是件好事：现在，女性去跑步用品店时都享受着豪华待遇，她们可以从很多很多的鞋里挑，选择范围超大。你能想象到的不同价位、不同形状、不同风格以及不同号码的鞋应有尽有。希望你选择的跑鞋能够给你带来快乐和鼓舞，就如同我当年那样。

初跑者常见问题指南

走出家门，开始慢跑，然后你也许会慢慢觉得不适应，头脑迟钝、动作笨拙、身体肥胖、行动缓慢，种种感受都会出现，就是不像一个跑者。

先等等。在你踏出下一步之前，记住：每个人都是从某个起点开始的。最好的跑者最初也和你一样步伐缓慢。在第一次跑步时，你会有各种感受，但绝不会感到很正常。你充满了疑惑：我真的能跑下来吗？如果受伤怎么办？

为了帮助你起步，以下是针对跑步初学者最常提出的问题所做出的回答。这个初级读本将帮助你减轻恐惧、增加自信，加快你跑出家门的步伐。

每个人都是从某个起点开始的。
最好的跑者最初也和你一样步伐缓慢。

常见问题答疑

问题：我就走走路不行吗？

回答：确实可以。走路好过其他选择，比如窝在沙发上看一个季度的情景喜剧或者在午饭时间浪漫无目的地上网。和这些以及众多其他选择比起来，走路当然更为健康。对一些女性来说，走路是她们所能想象并尽力做到的运动——这就不错了。但是只要你的身体还健康，那么从更有利健康的角度来看，跑步确实有效。相比于走路，跑步可以燃烧更多的热量，让你的肌肉更加结实，让你的心脏和肺得到更好的锻炼。随着研究的不断深入，科学家们意识到，跑步对生理的益处，与长期精神健康也有关系，所以锻炼的强度也很重要。这并不是说你要快跑，哪怕只是慢慢跑也，比走路有效。

问题：我真的需要去医生那里做一个健康检查吗？

回答：这是在启动任何一项锻炼项目时首先会得到的忠告：进行健康检查。到底要检查什么呢？

任何人开始一个锻炼项目，尤其是像跑步这样的有氧运动，首要关注的就是心脏疾病。

科罗拉多州博尔德运动医学中心的艾米·罗伯茨博士说，每个成年女性的动脉中都会形成一些血管斑块。这并不危险，除非已经发展形成严重的血栓。你之前有所积累——不管是因为节食、缺乏运动还是遗传——而突然进行高强度的锻炼。罗伯茨教授还说，50 岁以下的女性并不存在很高的风险，除非她们超重或者有高血压、高胆固醇或心脏病的家族史。如果你有这其中的任何一项，那么不管你多少岁，都必须去做一个健康检查。

总的说来，即使你没有任何心脏病的征兆，做一个检查都有益无害。根据你的年龄，医生也会为你检查身体的其他状况。西雅图市弗吉尼亚·梅森医学中心运动医学门诊部露丝玛丽·阿格斯蒂尼[49]博士解释说，一个运动项目的额外身体需求有时会引起局部健康状况的恶化。医生可能会检查你的整体营养状况，看看是否有贫血和骨质疏松的症状。如果没有其他的症状，在你开始一项运动前测量一下胆固醇水平、血压、静息心率和体脂比例，可以激励你在这些数字增加时继续跑下去。所以，还是提前预约，做个检查吧！

问题：在跑步前，我要吃些东西吗？

回答：出门跑步时，既不能饿着，又不能吃太饱。对初跑者来说，在跑前半小时到一小时要喝杯水，吃点高糖食物或点心。高营养、高纤维的食物通常会引发胃病，尤其对于初跑者，跑步前不要吃太多油脂、蛋白质、色拉和水果（香蕉是例外，因为大部分人的肠胃可以接受它）。

早晨问题会少一些，因为你起床时接近空腹。吃点吐司、再吃块饼干或是香蕉——如果你喜欢的话，再喝杯咖啡——在跑步之前给自己一点时间。如果你日程忙碌，吃了一顿丰盛油腻的午餐，那么最好休息 2~3 小时再去跑步，否则你可能会感到腹胀。顺便说一句，很多跑者证实，随着跑步水平的提升以及对跑步的逐步适应，胃对食物种类以及饮食时间的敏感程度也会下降。这已经成为保持乐观心态、坚持跑步的又一原因。

问题：我要怎么穿？

回答：查看户外天气。跑起来动动会比闲站着暖和些，所以出发时穿凉快点。如果你没买专门的运动服，那么当你刚开始跑步时，任何舒适短裤和紧身衣都能应付。但是，穿着适合跑步的服装会让你感觉更加舒适，它们的设计思路就是降低衣物与皮肤的摩擦，还会强调速干性能。

如果外面很热，在运动内衣外面套件 T 恤或是运动背心是个好主意。如果稍冷，穿一件合成纤维套头衫或者圆领衫则会很舒服。在大冷天或是大风天，可以外加一层夹克。

尼龙背心代替夹克衫在很多天气都能穿。看看天边的云彩，戴一顶棒球帽会帮助你在骤雨中保持形象。事实上，很多跑者一整个夏天都喜欢戴棒球帽，因为它们可以避免面部受到不必要的日晒。如果天气很冷，就戴上帽子和手套。要知道，身体的很多热量会通过头皮散发。而且很多女性还发现，在跑步时，即使已经锻炼得全身大汗了，手还是会很凉。

---

49. Rosemary Agostini，供职于 Virginia Mason Medical Center Sports Medicine Clinic in Seattle。

问题：我要在运动内衣外面再穿点什么吗？

回答：现在大部分运动内衣可以不用配 T 恤直接穿。（胸部较大的女性的运动内衣是个例外，这种内衣的设计更像传统的内衣。）很多女性喜欢不穿 T 恤跑步，但还是有些朋友不愿意露出肚子。这只是个人喜好问题。夏天时，不要把纯白色短袖运动服穿在外面——在浸透汗水之后极易走光。

问题：如果我感到害羞要怎么办？

回答：如果你真觉得害羞，就意味着你有很多好同伴。我认识的一位女性跑步精英诉苦说，在跑步时经常低头看看自己的大腿“看看它们看起来会不会胖”，然后大家就开始聊起来了。本来预料这种坦诚会招致嘲笑，但是相反的，她却听到了大家异口同声地说：“我也是！”一些人可能会嘲笑这种不自信，但是女性对自己的要求很严格，她们会开始一项新的体育运动来减轻这种担忧。

记住跑步的神奇好处之一就是提高自信心。越早开始跑步，你就会越快对自己的身体、速度以及步法产生自信。

还有，提醒自己没人看你。如今，跑步运动是适合几乎所有女性的运动。到操场或路边看看，你就会发现跑步人群涵盖了各个年龄段、各种体型以及各种水平的女性和男性。大家都在享受运动，没那闲功夫去对你评头论足。

问题：我要去哪里跑呢？

回答：如果你很幸运，那就直接在室外跑。为了方便，很多女性都直接从家中出发去跑步。找找住所附近的公园、自行车道或是林间小路。远离街道总比和车子打交道安全，而且与人互动越少，你会更开心，并且更能放松自己、享受跑步。相比于人行道或是水泥地面，松软的地面更容易跑得舒服，而且可以减轻你第二天的酸痛。如果没有松软的地面，路面也可以，但是要注意以下安全问题：

- 交通流量最小
- 红绿灯最少
- 人行道较宽阔
- 跑道表面松软（最软的是沙地，接着是柏油路，然后是水泥地）
- 车速低

此外，还可以去绿地公园、近郊林间小路或是操场跑步。很多学校的跑道都对公众开放。对于那些想知道自己每天能跑多远的初跑者来说，跑道是个好选择：标准田径跑道一圈长 400 米。如果你经常在跑道上跑，一定要换着方向跑（顺时针和逆时针方向）来确保自己的双腿均衡运动，而且要先从外道跑起，将内道让给速度更快的人。

问题：我要跑多快呢？

回答：没必要担心速度。跑着总比走着快，而跑太快又会有风险。开始时，先走 5~10 分钟，热热身，然后开始慢跑。你可以慢慢地提速，直到你认为达到了能够控制且自然的速度。如果你周围有其他跑者，不要盲目拼速度，否则容易导致运动损伤。即使是专业运动员，在大赛来临前，也仍要进行放松调整。在你第一次跑步时，保持呼吸能持续顺畅的速度就好。如果你发现自己越来越累，或是呼吸困难，那就减速或是走走。

问题：我要怎么呼吸呢？

回答：用嘴呼吸。在跑步的时候，鼻子不能向身体输送足够的氧气。长长的深呼吸有助于吸入更多的氧气，而且可以防止由乳酸堆积引起的岔气。目前，就以你能呼吸顺畅的速度来跑步。一个很好的测试方式，就是看在跑步的时候你能否继续讲话。如果你呼吸困难，有必要的话，就减速或者走走。罗伯茨教授说："在刚刚开始跑步时，大部分人都会有气短现象。"跑步引起的气短不是特别麻烦，但是如果出现胸闷和胸痛症状，就要去医生那里检查一下。

问题：我要怎么跑？我觉得自己和其他人都不像！

回答：跑者大可以根据自己的跑步方式来定义自己的"风格"。每一位女性都有自己独特的跑步风格，就像自己的指纹一样。一般来说，你的身体会逐渐找到跑步的状态。自然的跑步方式是四肢和关节协作的产物，就像肌肉的平衡。如果你不想彻底改变自己的风格，注意下面这些基本的动作要领，关键在于提高跑步的效率：

- 不要向前弯腰或是伸脖子。保持正确的姿势：身体挺拔向上，但不必严格的笔直。
- 前后摆动双臂，在手肘处大概成 90 度角，注意不要让手臂前摆过度甚至超过胸部中线。
- 双脚自由落地。对大部分人来说，脚后跟或足中先着地，慢慢向前推展，然后脚尖先离地是一种平稳的落地方式。
- 不要以蹿跳的方式跑步。如果你的力量有所增强，可以尝试加大步幅，速度自然会加快。

总之，综合运用自己的能力、合理地做出动作向前移动，而不是左右或上下运动。

问题：如果受伤怎么办？

回答：如果你穿了合脚的跑鞋，而且慢慢起步，一开始是不会受伤的。但是初跑者很快就会感觉到轻微的不适，通常是在膝盖、皮肤、脚或胸。运动所引发的轻微酸痛和运动后的不适，会在接下来的几周慢慢消散。需要注意的是，刺痛就绝对是要停下的信号了。走一会儿，看看疼痛会不会减轻。如果跑步时又发作，马上中断跑步，走路回家。冰敷和休息可以缓解大部分的轻微酸痛；再严重，就得去看医生了。

问题：如果我想上厕所怎么办？

回答：欢迎回到跑步的现实。总会有这样的事让女性不得不去做。小小的应对措施对确保快乐的跑步大有助益。如果你想在跑前喝点东西，至少早于跑步前半个钟头。这样就可以在跑前留出上厕所的时间，还能减少大便的几率。跑前没必要喝一大瓶水，抿几口就行。

在吃饭和跑步之间空出至少半个小时到一个小时的时间，跑步前也不要吃水果或是燕麦片等高纤维食品。如果跑步途中非去厕所不可，那就顺其自然吧。不必不停歇地跑完，一口气跑完也未必感觉舒服。

问题：我要跑多远？

回答：作为一个初跑者，先不要关注你跑多远。目前，你只需听从自己的身体，计划跑步时间，而不是距离。这可以消除紧张，你只要尽量按一定的速度跑下来就好。第一次跑步，你可以很舒服地结合走和慢跑来让身体适应这项运动。对大部分女性来说，总共半个小时的运动是一个好的开始。通过走路预热 5~10 分钟，然后换着慢跑或快走，这样你的呼吸会保持顺畅，腿也会感觉舒适。再走 10~15 分钟平静下来。完整的初跑计划参见第五章。

问题：我可以带着音乐播放器跑步吗？

回答：目前为止，便携式音乐播放器被不少人视为必不可少的跑步设备。但是仍有警告的声音：尽量少用耳机，尤其是女性。它会极大降低你对周围情况的观察和判断能力，还可能会逐渐地降低听力，这就意味着我们的警觉性降低了。边听音乐边跑步的确是一个很好的乐趣，它可以帮助女性找到跑下去的动力。但是，如果你想戴耳机，请务必将音量控制在不损伤听力的水平上。与此同时，依然要留意周围的环境。只有在公园、家、健身房与操场等较为安全的场所，才能边听音乐边跑步。不要排斥没有音乐的跑步：无声的安静会给你带来惊喜。

揭开疼痛的神秘面纱

跑步是一项健康的运动，但是人们对它还是有一些议论——“太受打击了！”“你没得上关节炎吗？”“我听说你的胸部受伤了。”

听起来有些恐怖，但事实上，几乎每个人都可以跑得很舒服。

对跑步的“困惑”与“恐惧”，大多来源于初次跑步时的不适感。其实，从事任何一项有氧运动，如果操之过急，都会让你感觉肢体酸痛不适——想想你最近一次在公司甩开膀子打保龄球的感受。因为跑步是如此简单，所以人们在第一次跑步时往往会运动过度。五次通过奥林匹克马拉松预选赛的运动员莫林•罗本说："人们认为自己不能跑的原因，其实是第一次跑得过快过猛。"通过科学合理而又循序渐进的计划开始一项跑步计划，可以避免坠入疼痛陷阱。

膝盖酸痛几乎总是出于两个原因：错误的鞋子和过去几乎不活动。如果你以走路或是慢跑来慢慢开始跑步，肯定不会遭受比轻微疼痛更严重的问题。2~3 周持续运动之后，大部分酸痛都会消退。

其他要注意的，罗本告诉我们："一些女性认为她们的胸部正在下垂。我还听说关于跑步导致子宫脱垂的谣言！"耸人听闻的传闻还包括皮肤松弛、跑成肌肉女汉子、大小便失禁等，但没有一个是真的。这都源自于那个将女性参与运动视为"离经叛道"的黑暗年代。

跑步不仅不会引起上述现象，而且还能带来很多好处——促进女性健康，延缓衰老进程，即使是对老年人。有规律跑步的女性，在老年时能保持更多的活力。她们的骨骼比长期枯坐者要健康，因为负重运动可以强健骨骼。罗本提起了她和跑步教练即她的同事戴安•帕尔马森一起参加的研究：这两位参加了数十年世界级比赛的运动员的腿部骨密度，比得上那些 20 岁的少女；而事实上，罗本已经 40 多岁，帕尔马森已经 60 多岁。

训练记录

我和我的哥哥是在北伊利诺伊州的密林里长大的。我们会绕着院子奔跑，就好像越野课程一样。我们会沿着公路进行 50 米冲刺，绕着院墙跑上 1000 米。我每次都拼尽全力去跑，希望这次自己可以赢过戴恩——但可惜从没赢过。那时我还不了解跑步，但是孩提时代的跑步 记忆，却是开启我终身跑步事业的入门课。它们甚至影响到我在成年时会下意识地跑步。

就像事实证明的，这是一件好事。在接触其他新运动时，我通常都是最低记录的创造者。我很多年前就放弃高尔夫了，认为自己永远也不可能实现"一球进洞"。我也不骑山地自行车，没想过自己可以接受这项运动，遇到铺满碎石的斜坡就只能推车慢行。

即使是跑步这样不复杂的运动，也存在秘密和挑战。在过去的几年里，我也受到其他女性跑者的鼓舞：她们中的一些正在与癌症抗争，一些正在与由于肥胖或是衰老引起的疾病较量，还有一些正在为开启人生的新篇章而强身健体。所有人都站在一个十字路口，然后踏出那关键的一步，之后一天天变得更加自信。如果我现在才开始跑步，恐怕只希望自己可以展现出她们那样的勇气和风度。

第四章 训练准则

当你懂得自己为什么跑步时，就会专注于自己的目标，而这就决定了你要如何训练。

为何而跑？一个很简单的问题，却有上千种答案。跑步的原因不胜枚举：为了独自静心，为了与他人共度时光，为了健身，为了醒脑，为了自由，为了健康，为了吃再多也不会长胖，为了增加自信，为了保持年轻，为了挑战极限，为了打破纪录。

虽然跑步真的只有一种方式，但是成为跑者的方式却很多。当你懂得自己为什么跑步时，就会专注于自己的目标，而这就决定了你要如何训练。每一天跑出家门，你就面临着选择：跑多远，跑多快，以及跑多使劲。你的决定取决于你的目标。

例如，如果你辛苦工作了一天，正想放松放松压力，你可能慢跑，顺便还可以欣赏欣赏自然美景。而如果你野心勃勃，想在即将来临的 5 千米比赛中打败对手，那么你可能会决定在跑道上做一些速度练习。

设定目标是你在实现跑者梦的路上踏出的第一步。学习基本的训练准则就是第二步。结合这两者，你就可以确定自己想跑的类型，以及最适合自己的训练安排和进度。

你想从跑步中获得什么

确定目标，让所有努力都变得有价值。有目标，你会更加强烈地意识到自己获得了什么、还想要什么。但目标也可能使你心生畏惧。一些人因此不想制定目标。为什么？因为承认一个目标，你就有可能面临这个恐怖的“f”开头字母：失败（failure）。但是，坚持记住以下两点，就可以让自己设定的目标不是那么恐怖。

第一，目标是可变的。目标可以而且也将会随着时间而改变。人生是一轴内容丰富的长卷，写满了工作、爱情、家庭、爱好和义务。一年可能会带来自由、轻松以及对冒险的兴趣，但一年也可能会带来严峻的挑战以及对安全的渴望。你的目标——为了工作、跑步或者其他任何东西——都可能会发生改变，即使你没有达到自己的预期。

这就带出了第二点：没有达到目标不是失败。事实上，如果成功是必然的，那么哪还谈得上挑战。设定一个简单、可行且有一个要点的目标。目标是为了激励自己、提振士气。一个必然会达到的目标是毫无价值的。因此，任何有意义的目标都意味着失败的风险。只有在为这样的目标奋斗时，人才能收获学习和成长。

你的个人跑步计划

设定跑步目标时，请记住，速度潜力、有氧潜能和体型基本上都取决于遗传。记住这个常识能为你省去很多麻烦。一些女性可能跑了很多年，也没跑出苗条凌动的身姿。但有些人60岁才开始跑步，却能够轻易拿到老年组的名次，连她们自己都很意外。

这就是遗传。虽然看起来极不公平。不过，跑步对所有人都公平的一点是——不管你是谁，或者你的水平如何，只要认真跑，都会取得进步。你的心脏和肺功能会变得更好。你的腿会变得更健美。跑步可以改善健康状况，挖掘身心潜能。我认识的一位女性长跑教练曾说：“不管怎样，给我一个有心的跑者好过给我一个徒有天赋的跑者。”

所以呢，不要对自己的遗传感到绝望或是惋惜。相反，请承认自己的身体状况是一种运气。浪费时间试图去强行改变它，倒不如学习如何与它协作。你会学到如何利用自己的力气，利用自己的弱点。不要与别人盲目攀比，更不要因为进步有限就妄自菲薄，这样的比较会让你感到挫折、灰心丧气——就好像不合适的训练只会给身体带来问题一样。

每位跑者的训练与营养情况都是独一无二的。甲的成功之道对乙、丙未必适用，因此不能生搬硬套。比方说，素食这件事。

有些书籍和教练经常推销单一的“成功模式”，甚至断言这可以保证结果。这听起来很好，但其实并没有这种事。问题的关键不在于计划本身的对错，而是根本就不存在“放之四海皆准”的训练计划！每一位跑者都需要在不断的摸索与积累经验中逐渐了解自己的身体和心灵。

感受自我是任何成功又舒适的跑步计划的基础。随着时间和跑量的增加，你会越来越了

解自己的身体。这是经验的积累，一刻不停，因为你的身体一直在变化。例如，也许你跑步时每半个小时就要喝一次水，也许你可以滴水不沾地在烈日下跑一上午也不会有任何渴的感觉。在和一群人跑步时，你也许会不由自主地加快速度；独自跑步时，你也许会感到枯燥乏味。

了解身体，你也会因此得到非常有价值的自信感。你知道什么时候要前进，什么时候要后退。你可以预料到如果提高跑步强度会有怎样的感觉；或是在某一配速下自己能坚持跑多远。你知道怎样可以建立自信，怎样又会摧毁自信。简而言之，了解自己的结果，就是你获得了开发自己个性化训练模式的能力。没有什么参考书和教练可以给出这样的信息。这必须是你在跑步过程中关注自己才能获得的。

跑步规则

迈开双脚去跑步并不复杂。你可以认为跑步是一件很容易的事情，也可以把它想成一件很复杂的事情——训练亦然。跑步的动机，决定你对训练采取什么态度。

如果你跑步的目的就是放松、获得乐趣以及保持健康，那么你可能不会想或不需要每次跑都超过 30~40 分钟。很多女性发现，休闲跑可以很好地释放压力并改善健康。她们无需测试自己的耐力，而且她们也不愿意使自己疲劳。

对于另外一些女性来说，健身只是开始。她们从挑战自我和挑战极限中获得快乐。她们的动力来自于想知道自己到底能跑多快、跑多远。当然，幻想着舒舒服服地突破极限，是绝无可能的。

不管你的动机是什么，通行的一些训练准则是一样的。如果回避它们或者走捷径，那么你就会出现疲倦、不适的症状，甚至受伤。但是如果你熟悉这些准则，那么你就能有更多的收获;甚至结合自己的经验教训，定制出更为有效的私人专属训练计划。

1. 以最低必要训练量，获得最好结果。“如果我每周跑 50 公里就可以提高很多，试想一下每周跑 80 公里那我会有多棒。”这样的逻辑有什么问题吗？问题巨大。无论为了健身还是竞赛，找出自己的最佳训练方案与所能承受的跑量无关。事实上，你应当找出每周最佳跑量、最适合训练次数以及运动强度，来获得最佳效果；同时，还能精力充沛地应对工作和家务琐事，并远离伤病。只是因为一个朋友每周跑 6 天你就要跑 6 天，这并不合理。可能她有更成熟的健身背景，或者可能她的工作比你轻松，而你却十分辛苦。无数理由说明，不同跑者要通过不同的锻炼量来提高自己。

每个人都可能成为“越多越好”这种错误认识的受害者。虽然这往往是高级跑者比初级跑者更加关心的事情，但每个人都有可能训练过度。当你努力让自己超过既定目标时，可能会训练过度。练得巧比练得狠更有学问。

2. 劳逸结合。压力太大，往往反倒不会提高成绩。注重劳逸结合，才能逐渐提高。美国北亚利桑那大学高海拔训练中心的长跑主教练杰克•丹尼尔斯博士[50]解释道：“压力的益处源自恢复。”他用下面这个极端的例子说明了这个原理：想象你尽今天最大的努力跑步，然后明天，接着后天，那么总有一天你会跑不下去的。在这个例子当中，丹尼尔斯博士说：“你从未给身体恢复、增强、抵御伤害的机会，哪怕只是让身体再次感觉好点的机会都没有。”

他解释说，在恢复阶段，其实你的身体依然很忙——修复肌肉纤维，在你的肌肉里构建新血管，提高肌肉纤维处理养分和氧气的能力，并排出它们产生的垃圾。在休息日，你的身体可以修复损伤，增强免疫系统，并为下一次练习做好准备。如果你不给身体恢复的机会，那么随着时间的流逝，你会毁掉你自己。

休息的规则对各类跑者都适用，有变化的只有努力和休息的程度。休闲跑者会平衡她们的跑步日和完全休息日（完全不跑步）。即使是专业运动员，也会将低强度跑步和交叉训练作为休息，甚至会有完全休息的安排，好让肌体在休息中得到恢复和强化。

3. 正确看待状态起伏。去年夏天万米比赛中，你少用了 5 分钟，这并不意味着今年夏天你的完赛用时还能再减少 5 分钟。这就是简单的收益递减原理。举个例子来说，如果你每周跑 30 公里，那么直到适应了这个跑量，成绩也许才会有所提高。一整个夏天都以这样的方式来训练，或许你的万米跑会少花 5 分钟。但是当你把运动量提高到每周 60 公里以上时，你的成绩提高幅度却不见得与跑量增加幅度相同。总之，开始跑步就是最大的进步。虽然此后进步的幅度很可能会逐步缩小。

不仅进步速度会减慢，你的状态也会时有波动。身体要适应运动的要求，身体的适应与

50. Rosemary Agostini，Virgina Mason Medical Center Sports Medicine Clinic in Seattle。

恢复能力关系着状态好坏。丹尼尔斯博士引用了一些研究，研究人员检测了跑者和普通人的肾上腺来测量她们的压力水平。每天跑 16 公里的跑者，在经过一段时间的训练后，肾上腺素水平和普通人没有区别。

增加训练强度或许可以突破平台期。但是，平台期也有可能是由于训练过量、休息不足造成的。

4. 持之以恒。去年夏天的锻炼，无法确保你在今年春天继续苗条健康。如果整个冬天你都没有跑步，那你大概要从头开始了，慢慢训练直到恢复到你去年秋天停下时的那个水平。不要犯那种半年不跑还幻想一夜恢复状态的错误，你会亲身体验到六个月不跑的后果——气喘吁吁，精神不振，全身酸痛。好消息是到第二次、第三次甚至是第十次恢复训练时，你的身体状态迟早会逐步恢复到位。在某种程度上，你的身体会记住过去曾经承受过的最强运动负荷。

这就是为什么对于一名跑者而言，坚持对成功至关重要。问问教练训练中什么最重要，大部分都会回答“坚持”。这适用于所有水准的跑者。即便对于休闲跑者，

巧提示

几天或者几周，通常不可能实现跑步的目标，实际上这通常要经过数月或者数年的积累。虽然初跑者可能在朝夕之间就取得可观的进步，但是进步与退步将会持续一生。就因为这样，设定短期目标可以在追求长期目标的道路上不断激励自己。设定短期目标，让自己在一定时限内，比较轻松地实现这些目标。一旦实现了这些目标，就继续再设几个。不断实现目标，会令你一直受到鼓舞，而且专注于实现长期目标。以下是设定短期目标和长期目标并实现它们的一些提示：

- 选择那些看起来在一个季度内就可达到的短期目标。比如在当前季节结束时，能够达到每次连续跑半小时，或是 5000 米成绩较上一季度提速 30 秒。
- 选择那些需要跨越一年或是更多时间来训练的长期目标。例如，跑完马拉松，或者万米跑成绩跑进 40 分钟。
- 设定目标会帮助你把精力放在重点上。如果你不关心跑快，那么就不要设定一个万米跑用时的目标。你可以把每周至少和朋友约跑一次作为跑步目标，好让自己长期坚持跑步。另外，你还可以把每年开发十条跑步路线或是两个月通过跑步减重多少公斤作为目标。
- 如果你追求成绩，也应分别设定长期目标和短期目标。
- 把目标写进日记和训练手册。让你的目标有确凿的证据，是一个很好的动力。将来，它也能成为一个有趣的回忆片段，和其他记录一起成为这一路跑来的点点滴滴。
- 每年重新评估一次自己的目标。看看自己在一年前后的同一天进步了多少，利用这个时间来设定新目标或重新审视以前的目标。

一周跑一次也是不会看到进步的，因为对于身体产生生理变化来说这远远不够。同样的，追求成绩的跑者如果一曝十寒，也不可能长期保持良好状态。

坚持并不意味着愚蠢的固执。例如，如果你发现自己感冒了，那么停个一两天让自己恢复健康绝对好过坚持跑步直到完全病倒然后被迫休息几周。

5. 锻炼耐心。身体是一个奇妙的机器，会通过变得更加健康强壮来让自己适应锻炼的压力。即使是在高龄或几年疏于锻炼、恶习缠身的情况下，你的身体还是可以重获力量和耐力。然而，恢复身材是一个渐进的过程。不管你塑形或提速的愿望有多迫切，都不能在健身的过程中走捷径。一个长期不运动的初级跑者，如果在跑步计划开始之初就盲目加量，结果往往是受伤。任何训练都要逐渐增加。在提高数量或质量之前，务必先保证舒适。一个很好的经验法则就是 10% 法则：每周增加的跑步时长或跑量不要超过 10%。

6. 全身训练。尽管跑步主要通过双腿前进，但它却是一项全身参与的运动。因此，不要忽视身体其他部分的肌肉。跑步时，不光脚和腿上的肌肉群发挥作用，手臂、肩膀、躯干和后背的力量与耐力也都至关重要。（更多关于全身伸展和强化的内容参见第十八章。）

随着时间的流逝，你会在跑步中身体力行这些训练准则——通过休息，你会感觉脚步更加充满活力；你会逐渐意识到自己跑步状态的循环周期和上升规律；你会发现如果练得太狠并且休息不足，身体会因此受到损伤。留意这些准则和身体发给你的信息，最终你会发现，不管自己是什么样的跑者，都可以按自己的需要来调整训练计划。

训练记录

我为什么跑步？随着时间的流逝，这个问题的答案也在不断变化，一如跑步的目标。

当我还是一个孩子的时候，跑步是因为感觉不错。高中参加运动队的竞赛时，跑步不是为了好玩，而是因为压力——大人对结果的期盼。就因为这样，当时我的乐趣十分有限，仅在获得胜利——有意思的是，那正是别人都觉得我做得很好的时候。大学时，我没有跑步，因为我再也感觉不到自己和这项曾经带给我快乐的运动还有半点联系。

30 岁的时候，我又开始跑步，为了不让自己的臀部下垂。我是一个嫁给了办公桌的记者，跑步就是为了抵抗工作压力。但是在跑步的过程中发生了一些事：我的腿和躯干变得更加强壮，心脏和肺变得更加有力量，我也由此重拾了儿时跑步的乐趣。

30 多岁时，看起来我好像学会了飞。跑步是为了感受双脚从地面掠过、心脏在胸腔里搏击的那种无与伦比的感觉。跑步是为了自由，为了避免病痛，却也为了感受疼痛；跑步是因为爱、恨、愤怒和快乐。在这条路上的某处，跑步成了描画我人生的画布。

在那短短的一年当中，我想看看自己能跑多快。我越相信自己接近极限，就越不明白极限到底是什么——但是，我越来越懂得，跑步对心灵与头脑的依赖远远大于体能。我不再以速度作为唯一目标，而是想看看自己还能从跑步中收货什么。

现在，我工作多过跑步，这意味着我不再希望跑步就是我的工作。跑步是为了体验冷空气迎面袭来或是热气融入骨血的感觉。跑步是为了见证昼夜更替，目睹山水相逢，为了与自己所爱的人齐肩并进。这种境界，跑了才懂。

我自认为，在过去的 25 年当中，自己至少拥有四份不同的跑步事业——而我远没有做好。在每一个阶段，最适合当时的训练都不一样，我也一一适应：不同的锻炼量，不同的训练伙伴，不同的快乐来源以及不同的成就。时光荏苒，跑步却一直不离不弃，忠诚与我相伴。这一路跑来，每个清晨都问我：“今天你为什么跑步？”在过去的这些年里，和其他答案相比，一个最简单的答案渐渐变得清晰洪亮：因为我想跑步。

第五章 从走路到慢跑：初级跑者训练

今天的成就既是自豪的资本，
又是明天前进的动力，
还能抵抗吸引你远离跑步的其他诱惑。

开始一项跑步计划，你将迎来一段充满兴奋、进步与成长的时期。你会对自己双腿的能力刮目相看。今天的成就既是自豪的资本，又是明天前进的动力，还能抵抗吸引你远离跑步的其他诱惑。每次跑步都能让你倍感开心快乐。

同时，这也是一段充满挑战和不适的时期。你可能会感到身体局部酸痛，然后就开始担心起它们。你可能很快就觉得疲倦了，然后感觉很气馁。你可能会遇到这样的日子，孩子生病，电话响个不停，然而在你还没意识到之前，你可能已经错过了锻炼，感觉好像所有的进步都没了。

在你开始跑步时，通常都会经历这两个极端。对一些女性来说，这个阶段相当简单，很快就过去了。但对另一些女性来说，需要更多的耐心。即使遇到波折，也不能阻碍你的身体和心灵适应新环境的过程。艰难的日子可能无趣，但却让能你真正进步——身体上的和精神上的。好过的日子，人行道在脚下轻轻跳跃。是的，这些日子让所有的锻炼都值了。

跑步动作

初跑者经常担心该怎么跑。她们问——“我该怎么摆臂呢？”“我的脚该抬多高呢？”“我是该向下看还是向前看？”

第一个回答是，最好不要担心太多。每个跑者都有能够自然跑动的个性化“默认”动作。大部分教练不赞成那些与“默认”动作差异过大的动作。而且，强行去做不合适的动作会十分费力，很容易劳累、酸痛或是受伤。

总的说来，最好的跑步动作就是最高效的动作。你要努力避免那些多余的动作。这样想：因为首先跑步是前进式运动，所以身体的任何一部分都不能表现出过度的左右或上下动作。

下面的指导方针会帮助你逐渐养成正确的跑步动作。它们很具普遍性，对大部分女性都是适合的。但是万一感到不舒服，那就不要勉强。不必过分纠结细节，如果那样，跑步就不是享受了。每次跑步时，都应当有意识地拿出几分钟练练这几点，最终它们将变成你的第二本能。

保持挺拔但不僵硬的姿势。不要向前弯腰或是挺肚子，同时也要保持脖子和头挺直。大部分跑者喜欢看着前方几步远处的某点。一个很有效的窍门，就是想象一架直升机正在头顶上方沿着跑动的方向缓缓飞过，一个吊钩从直升机上垂下来勾住脖子后的衣领。这个吊钩同时向上、向前拉着你：你上身挺直，而不是耷拉着或者“坐着”。“吊钩拉着”的感觉还可以在你跑累的时候，让你觉得自己可以借用一点外力帮助到你。

放松肩膀。不要向前或向上耸肩。

双臂在身体两侧放松地摆动。肘关节弯曲大约成90度角。双臂在腰侧自然摆动，两手轻轻握拳。向前摆臂时，手肘不超过胸部；向后摆臂时，手肘不超过身体中线。

抬腿离地十几厘米。夸张的膝盖和脚部动作没有一点好处。你只需要轻轻起步，比“慢走”的动作再大一点就好了。当你通过训练变得更加有力量时，你会自然而然地加大步幅。

后脚跟轻轻着地。脚的落地方式因人而异，很大程度上取决于你的脚部结构。对多数初跑者，笔者不建议一开始就尝试脚前掌落地。一般说来，你的脚应该是脚后跟外侧先着地，然后向前推进，直到脚趾接触并离开地面。

巧提示

下面的提示不要求你对跑姿进行多少改变，但确实可以让你跑得更省力：

想想你现在跑步时，身上有几个活动部位？最少有4个：双腿+双臂。

想象有一只木偶，它的左手右脚、右手左脚相应固定，在这种情况下，它的肢体会如何在同步活动？

下次跑步时，设想自己只有两个活动部件：两组对侧肢体（左手右脚、右手左脚）。你要使用这两组对侧肢体，而不是4个独立肢体去跑步，但是动作要比木偶灵活得多。如果你能想象自己做“X”型运动，就更好理解。总之，你需要减少任何多余的动作。也许这听上去有些别扭，但是一旦领会了如何使动作协调，就能跑得更顺畅。

放松。在一次又一次的跑步当中，注意观察自己的身体。下巴是不是紧绷着？眉头是不是紧锁着？拳头是不是紧握着？你需要放松身心。人生的一个小矛盾是：有时候我们很努力地奋斗，得到的却很少。这在跑步当中也是一样。

设定自己的速度

现在我来给你布置一个非常重要的跑步目标：一口气跑半个小时。这个安排的目的，是让走和跑逐渐结合起来。在 8 周的时间里，你可以达到这个目标。

你可能听说过一些开始跑步的人只能坚持几个月。为什么？一般而言，她们太过冒进。她们往往想在第一天就一下子跑半小时，而不是花时间慢慢地练习到能连续跑半小时。冒进会引发一系列问题：岔气、腿痛、气短、头晕等等。理想的情况是，在你还是个初跑者时，跑步不会让你受伤。如果受伤了，就说明你太过努力了。

本章的走跑转换计划，假定你已经可以每周走 3~4 次，每次走 30 分钟。这个出发点能够确保你的心脏、肺和腿对跑步带来的额外压力做好准备。如果你已经久坐习惯了或者你不确定自己的健康状况，那么首先让自己每天走半个小时，每周这样走几次。

在从走路转换到跑步时，你要坚持这套 30 分钟锻炼计划，但是可以将慢跑结合到走路当中。每周延长跑步时间，减少走路时间。计划按这种方式每周锻炼 3~5 天。少于 3 天，不足以让你的心血管系统适应。多于 5 天，就无法让肌肉得到该有的休息。

知道什么时候跑、什么时候走，对于初跑者来说是很棘手的。盲目增加跑量和出工不出力都不能提高成绩。第一次跑步可能会让你受伤，第二次就意味着你不会有太大的进步了。莫林•罗本告诉初学者，要一直跑到感觉轻微不适，然后试试再跑个 30 秒或是更多一点。罗本说："我告诉她们'当你认为自己不能在多跑一步时，再多跑一步。'这种方式会让你获益更多，而且它能让你戒除一感觉不适就停下的习惯。在你走路的时候，也要保持快走。摆起手臂，让心率上升。"

本章就提供一个舒适但慎重的跑步入门计划，但是每一个女性的身体反应会不一样。8 周计划只是一个指导原则，具体时间还是因人而异的。除了你自己的极限，不要为"有多少人在跑步"或者"别人告诉你要做什么"等杂事感到有压力。书籍、教练以及朋友都可以提供意见和建议，但是掌握最终发言权的还是你自己的身体。

在听从自己的身体时，很重要的一点是要明白不能把跑步和生活的其他方面分开。如果其他活动让你感到疲倦，可能会影响跑步。你会发现家庭问题、睡不好或者办公室压力都会让你损耗能量。你不可避免地要面对各类琐事，并且要考虑这些事情对跑步的影响。跑步只是生活中的一项乐趣和保持健康的方式。

如果你在某天跑步时遇到了腿伤或者呼吸困难之类的麻烦，那就少跑，但是要争取走完剩下的路程。然后，休息一天。但是，在麻烦解除之前，不要增加运动量。

要诚实。不要每次有一点点的疲倦就找借口倒到沙发上。如果你之前没有锻炼过，你很快就会发现跑步会给你带来比以前更多的能量。当你的身体在适应增加运动量时表现出轻微不适，你必须坚持几周或者甚至几个月。

另一方面，锻炼并不难，逐步增加每次连续慢跑的时间，只要每次比前一次多跑 1~2 分钟就行，不要太过。身体的有氧能力通常快过力量。跑步当时，你可能不会有什么感觉，但次日可能就会感觉到身体不适。如果你跑得过多而且过快，就会增加酸痛。加量的前提是你在第二天不会遭遇剧烈的酸痛。记住，速度并不重要。重要的是让你的身体习惯慢跑。

现在是行动的好时机

• 跑完要进行放松，用有规律的拉伸来避免肌肉紧张。轻轻地伸展腿、手臂和躯干，不要跳。每次拉伸大概 20 秒。

• 通过每周锻炼背部和腹部的肌肉组 2~3 次来巩固自己的躯干。初跑者常见的一个缺陷是当腰部感觉累时就弯腰驼背。强壮的躯干会帮助你保持正确姿势，让你跑得更久。

• 评估营养状况。当需要增强肌肉力量时，蛋白质和脂肪等营养物质也十分重要。试试多补充些蛋白质。你要从脂肪当中获取 20%~30% 的热量。

• 参加趣味跑步活动。竞赛不再仅仅是精英跑者的地盘。从现在开始，每月和朋友一起报名参加一次 5 公里跑之类的趣味活动。快乐的比赛现场、赛后热情的聚会气氛以及有趣的人和事，都会让你未来几周的锻炼充满乐趣。

通过数据

如果你决定戴着心率表跑步，你可以利用它来设定半小时计划：对走与跑进行规划。据跑步教练、心率训练专家罗伊•本森介绍，初跑者的心率要保持在其最大心率的 60%~75% 之间。（你的心率表说明书会告诉你怎样测出最大心率。要计算你的 60%~75% 极限，只需分别将最大心率与 0.60 和 0.75 相乘，然后输入数据即可）。练习方法很简单：只要慢跑到心率表显示你达到 75% 的最大心率，然后走路直到你的心率降到 60%，如此循环即可。

8 周计划

将下面的计划作为你从走路转换到跑步的指导方针。你会发现计划没有列出距离。目前，不要担心跑量。对于初跑着者来说，测量距离有时会成为痛苦的负担，知道自己每天跑多远会带来不必要的压力，因为每次跑步都会忍不住想有所提高。记住，如果有一天你觉得很困难，

第六章
从慢跑到跑步：中级跑者训练

一些女性喜欢慢跑，
把它作为一种健身运动；
另外一些女性则发现跑步会渗入肌肤，
成为生命的一部分。

什么时候一位慢跑者会成为一位跑者呢？这里有一个提示：这和跑得更快没什么关系。每公里没有速度限制，每周不会出现魔幻跑量，也没有被授予了名字的固定起跑点。

这两者之间的不同根本上在于心态的不同。一些女性喜欢慢跑，把它作为一种健身运动；另外一些女性则发现跑步会渗入肌肤，成为生命的一部分。这和演奏乐器或是写日记其实很像，你有多擅长跑步无法决定你能从跑步当中得到什么。但是只有玩得精才能玩得好的乐器，跑步无疑是一项能够让更多人体验乐趣的运动——跑步的快乐并不局限于专业运动员。

不同的原因让女性在不同的阶段从慢跑者转变为跑者。转变可能发生在，意识到跑步不再是为了塑形而是为了保持理智的那一刻。转变也可能发生在，旅行前夜打包行李的时候，突然意识到必须带上跑鞋——因为受不了一周不锻炼。转变还可能发生在，日程安排很难进行晨跑，但她却仍以跑者自居并感到震惊时。

一旦成为跑者，女性就会发现跑步已经融入了生命。而在此之前，跑步也许仅仅是用来健身或塑形的工具。现在它成了最珍稀的东西：既是手段，又是目的。对一个跑者来说，跑步仍然是强身健体、探索环境以及社交会友的手段。但是和慢跑者不同的是，慢跑者坚持慢跑，可能主要是因为一种责任感或慢跑所带来的塑形等改善型体的好处；与此不同，跑者发现单是跑步就足以成为坚持跑步的理由——跑步是她所渴望的事情。即使跑得气喘吁吁，那也是跑步带来的快感——不管努力跑还是放松跑。当女性体会到跑步的乐趣时，她就知道不能停下——跑者就这样诞生了。

更长、更强、更快

很多女性都能感受到要跑得更好的强烈欲望，这也有着各自不同的意义。一些人只是想跑更快。一些人想跑更久，这样她们就能享受新的充满挑战的路线。也有人可能想改善健康或参加跑友团。还有一些人想跑快仅仅是为了感受跑步带给她们的感觉。

以跑步为健身方式的资深登山运动员和户外运动爱好者 37 岁的珍女士说：“我跑步的时候，脚步十分沉重。这还好，但是换句话说，1 公里跑了 6 分钟实在令人沮丧，因为我知道自己的身体能够跑得更快。”珍从青少年时期就开始跑步了，但是在过去的两年中，她有了一个新的梦想，希望自己可以在这项运动中迈上一个新的台阶。对珍来说，加速和竞争一点关系也没有，只和可能性有关。“我想这样利用自己的身体，因为这是一种美妙的感觉，就像你很自由，你在飞翔，而且你可以提高跑步效率。有几次跑步的时候，我真的有这种感觉——而且在我跑步时，确实是越来越快。”

跑得再勤点，再久点，再自信点，再舒服点，再快点，再多交些跑友，拓展跑步线路，训练再密集一点，还有参加比赛——如果你有上面这些目标中的任何一个，很明显，你对跑步已经越来越“讲究”了。但是很多女性在开始的时候会遇到困难，因为她们不知道怎样迈出下一步。

从 20 岁就开始跑步，现在已经 31 岁的凯瑟琳开玩笑说：“我觉得好像不知道怎么让自己跑步更上一层楼。关于要做什么和不要做什么的信息太多了，以至于无所适从，然后什么都没做。我不再坚持枯燥无味、体验不到什么成长与进步乐趣的跑步习惯，这些老习惯使我斗志全无。”

并不是只有她一个人这样。当一些跑者发现她们对当前的训练水平十分满意时，无一例外都会遭遇困扰。每天的锻炼都很简单、很相似，而且很安全。即使她们想提高，她们也不知道该怎么做，或者一直担心过度运动导致疲劳。最后的结果，要么是过度训练，要么是固守老套。而事实是，让跑步更上一层并不是多么复杂或疼痛的事。它可以而且应该是一个渐进的转化过程。

你可能会很高兴地发现，本章提供的锻炼安排最重要的优点就是简单，甚至很好玩，充满了自由自在的乐趣。不过，要想提高成绩，还是要遵守一些准则。这一点千万要记住。渴望跑步，急于进步，她们将谨慎都抛在脑后。（“嗯，我的朋友们都去玩 20 公里越野赛了，我也不能落后”）结果多半就是各种疲劳、伤痛以及灰心沮丧。

不急。掌握任何一项耐力运动都是对耐心的锻炼。每一个阶段都会逐渐地发生变化。跑步的进步需要经历一个缓慢的适应过程。千万不要在一夕之间突然增加训练量。要相信，提高的过程就是身心不断调整适应的过程。每个人在面对更高级别的挑战时都是新手，这需要是体力与心智的共同进步。

新的极限

直到现在，你还停留在自我感觉良好的舒适区域内。如果像某些初学者一样一开始就跑得太勤或是太快，你可能会受伤、受挫。然而，顺利度过了起步阶段的你双腿和心肺已经习惯了跑步，也为提高成绩做好了准备。

为了适应更艰苦的锻炼，你需要训练自己的大脑和身体。新的极限，既是身体上的，又是精神上的。如果你的成长过程中没有体育运动或锻炼，那么推动自己去跑步可能有点恐怖，也有点奇怪。简单地说，你可能会受伤。当你加快速度时，你的呼吸会越来越困难，你的腿要越抬越高。很快你会体验供氧不足的感觉，而且一开始的时候，你甚至会在肋骨、大腿甚至是腹部感觉到酸痛。

听起来有点可怕，但正确的心态能将消极的感受转化成积极的动力。

不适是必然的。不适是身体在告诉你，为了达到你给它设定的挑战，它工作得十分辛苦。这就是进步。虽然“一分耕耘，一分收获”这句老话有点言过其实并且具有误导性，但是为了提高水平，你必须不断突破原来的极限。如果遵循逐渐增加训练距离和速度的原则，那么最初所感觉到的不适将成为你进步过程的一个正常部分。

当你进步到一个新的层面时，心智会扮演更加重要的角色。作为初跑者，在跑步的时候让自己的思想漫游、与朋友聊天、在头脑中构想购物单都很不错——简而言之，分散注意力

下一步

在训练计划结束之后，你第一件想做的事可能就是休息。这意味着，你可以花一周时间让自己的双腿完全休息一下。在增加了训练强度之后，跑者特别容易受伤。所以，除非你就打算受伤好休息那么久，否则还是选择短暂休息会更好一点，要知道这可是保持健康的廉价保险。在休息的时候，做一些其他锻炼增加点乐趣：你可以游泳、骑自行车或参加健身课程。

结束休息后，先以数周的长跑为回归拉开序幕。目前为止，还不需要进行更高强度的训练。在重新开始跑山、法特莱克训练之前，怎么舒服怎么跑就好，你可以每周跑 4~6 天。

之后，在启动强度更大的训练之前，你可以一直按照本章的 16 周计划进行锻炼，可以一直照此练到冬季：一周 5 天，每天长跑 1 小时，再加点力量练习。除非你能够轻松完成目前的跑山或法特莱克训练，否则在下个夏天之前不必考虑增加训练量。

如果你不想参加高级训练或是比赛，但又想从跑步中获取最大的健身利益，这套 16 周中级计划就基本够用。如果你想进一步提高，只要在每周的长距离练习中额外增加几分钟时长即可，直到可以连续跑 90 分钟。你还可以把那些每次跑 20~30 分钟的练习增加到 45 分钟或是 1 小时。

现在是行动的好时机

• 尝试一条新的跑步线路，最好沿途风景优美。例如，一周一次去跑郊野公园或是跑山，那里的景致令人心旷神怡，环境变化也会让你对跑步始终保持新鲜感。一周至少在沙地或草地等松软地表上跑一次，减少对关节的冲击对你的脚和腿都有好处。跑不平坦的山地则可以锻炼路跑练习中不易练到的小肌肉群，同时使腿脚更为结实。

• 找找当地的跑者俱乐部。这些俱乐部中，各种水平跑者云集。你肯定能找到一位与自己水平相近并且有志携手提高的训练伙伴。

• 将柔韧与力量练习融合到日常锻炼当中。跑后，花 10~15 分钟轻轻舒展身体。这样可以唤醒身体，放松肌肉，让你感觉更好。

• 开始一项传统：和朋友一起参加比赛，把比赛日当作节日。在美国，很多城镇都有各种由头的娱乐赛，例如 7 月 4 日美国国庆日、感恩节和新年跑等。一些跑者还喜欢每年选择一场这样的跑步活动，召集全家参与。和亲友分享运动的快乐，是巨大的前进动力。

• 每周进行一次交叉训练。每周找一天，游泳、骑单车或是远足，保持身心清醒，韬光养晦。

• 考虑加入一个跑友会。这里有不同年龄、不同水平的跑者，你一定会感受到激励、驱动、挑战和友爱。如果条件允许，可以尝试找一天甚至一周专门从事自己喜欢的运动——这可不是浪费时间，而是极好的健康体验。

训练记录

对跑步生涯较为精确的表述是抛物线——初跑者会变得越来越执着，严格训练带来成绩进步；而后，由于体力随年龄下降，跑者也会逐渐减少跑量和强度。从局部来看，成绩随着训练水平与努力程度的变化而此起彼伏，有点像是心电图。

我自己的曲线并没什么可预测的。一直有高峰有低谷，没有什么特殊意义，就像我生活中的偶然因素一样。我自幼努力训练，但上大学后就基本不跑了。那些不跑步的日子，仿佛跑步生涯中的一段枯燥的直线。后来，直线就开始急速上升，表示我又开始跑步。在自己还能跑得动的日子里，我很有兴趣看看自己能达到什么水平。

现在，除了 20 年的跑步经验以外，我发现自己再次达到了中级水平。此时此刻，工作和生活决定了运动水平。

当我第一次因为深感艰苦而放弃训练时，身体与心智经历了斗争。但是现在，时隔多年，我却习惯了不那么严格的训练强度。只要时间允许，我通常每周跑 4 次，其中还有 1 次时常超过 1 小时的长跑——通常在周日进行越野跑。我还想试试更高的难度：法特莱克训练法或者更快的节奏跑。

我学会了根据自己每天的感觉欣赏跑步之美，而不是死抱着刻板的训练计划。即使面对巨大的压力，我也不放弃跑步，边跑边留意呼啸的暴风雨、田野里新生的小马驹以及邻居家新布置的草坪装饰。在跑步度过的时光里，我不断地与这些意外收获不期而遇，伴随奔跑的脚步，愉悦感充盈身心。

第一次缩减训练时，我想我的成绩会后退。但是我又发现，当放弃对成绩的执念时，跑多跑少就不是多么重要的事了。在初跑者不断增加的身体疼痛与高级跑者不断增加的成绩压力之间，我找到了自由跑步的道路。我相信自己有能力按照自己的意愿奔跑：不论长短，不论快慢。有了选择的自由，才能更加真切地体会跑者的幸福。

	星期一	星期二	星期三	星期四	星期五	星期六	星期日
第一周	休息	30 分	休息	30 分	休息	30 分	35 分
第二周	休息	30 分	休息	30 分	休息	30 分	40 分
第三周	休息	30 分	休息	35 分	休息	30 分	45 分
第四周	休息	30 分	休息	35 分	休息	30 分	50 分

第七章 从跑步到比赛：高级跑者训练

如果你想探索自己在跑步这件事上的全部潜能，那么这章就是专门为你准备的。让我们先来明确一点：这不仅仅是指那些万米跑进40分钟，或者作为同龄人中佼佼者的女性。在跑步当中，我们只能同自己以往的最好水平作比较。每位女性都可以通过努力，在自己的能力范围内，做到最好。如果你好奇自己到底5000米或1万米能跑多快，那么读这章就对了。

也就是说，本章最主要的读者群是那些想参加比赛一试身手的跑者。不过，初跑者或休闲跑者也可以而且肯定会去参赛。我也强烈推荐各种水平的跑者都去参赛，因为这既有推广跑步运动的社会意义，又有设定目标挑战自我的个人意义。本章适合一切不满足现状、想进一步挑战自己的跑者：对于他们来说，挑战极限就是跑步的意义。他们的乐趣就是不断发掘跑步方面的潜力。

在挑战自我前，你需要有扎实的训练基础，让自己的身体能够为迎接强度更大的训练计划做好准备。这意味着，你应该最少要有一年的跑步经验作为基础，或是处于提高成绩的“平台期”。换句话说，在到达这个水平之前，你应该认真按照中级跑步训练计划训练一段时间。参加过四届奥运马拉松并在1992年奥运会中获得铜牌的罗琳•莫勒说：“通过有氧训练来提高比赛成绩，往往需要坚持不懈数年之久。然而，当你面临提高成绩的瓶颈期时，应当考虑调整训练计划。”请记住，只有经过长时间的积累，才有可能看到明显的进步；场地跑和速度耐力跑等高级跑步训练计划亦然。

基础训练

基础训练一般在冬天进行，由简单的长跑组成。你完全可以加一些山地训练和法特莱克训练，但最重要的还是通过积累跑量发展耐力。丹尼尔斯博士说：“基础训练是增强跑步能力的好机会。你的各项体能指标都能随着练习时间与强度的增加得到提高。”例如，在长距离慢跑训练中，血红细胞的供氧能力可以得到提高，肌肉对耐力运动的适应性等长跑必备的身体素质也能得到强化。

打基础是训练当中最枯燥一个单元，所以经常会被轻视。有的跑者会选择整个冬天都去跑操场，不然就可能犯懒怠工。基础训练可能会被忽视，但是，只要你想获得长足进步、达到更好的竞技状态，就必须重视基础训练！

强化训练

在这个单元，你要通过更长的间歇跑、速度跑和强度更大的速度耐力跑来训练自己的力量。建议将此单元的训练安排在春天，并连续进行好几个月。丹尼尔斯博士说：“在这一点上，你是在为自己的‘跑步经济性’（类似汽车的‘燃油经济性’）而跑，改善乳酸门槛，提高有氧能力。”这个科学术语听起来有点可怕，但对于了解运动功能是至关重要的。

乳酸门槛，是身体处理乳酸这种运动过程中的代谢产物的能力。如果乳酸在肌肉中积累的速度快过代谢排出体外的速度，那么心血管系统就不能提供足够的氧气来摆脱无氧阈。如果你在锻炼中过早提速，一段时间后，就会感觉双腿无力，这就是超过乳酸门槛的感觉。乳酸门槛可以通过训练提高。这些锻炼经常被称作节奏跑或是乳酸门槛跑。

有氧能力反映出身体的供氧能力。在我们锻炼的时候，吸入的氧气不可能全部得到充分利用。使用量取决于最大摄氧量（max VO2），即在运动中身体能传输给肌肉的氧气量。虽然这个数据部分取决于基因，但是训练可以帮助你提高最大摄氧量。这样的锻炼主要是在速度训练中进行，你得跑得接近或是比平时的 5000 米跑速度略快。

超量训练

在准备比赛时，你需要提高速度，这时就要开始超量训练了。通过较短距离但不断重复的间歇锻炼来提高速度，同时，训练不应当导致过度疲劳。这一阶段不必追求跑量积累，关键是能够在两次高强度训练之间快速恢复。这样，你的身体逐渐适应，提高状态，做好准备来迎接挑战。

减量训练

根据自己的比赛赛程，在赛前 1~2 周减少跑量。减量会让所有的酸痛都痊愈，帮助身体储备能量供比赛时使用。（更多的赛前减量信息，参见第八章。）

这些单元并不完全独立。在强化训练中还是要进行基本的长跑训练，在超量训练中也要进行强化训练。只是训练的内容会随着时间推进而改变。

大赛之后，休息几周来让身心恢复。一些跑者在休息时会进行游泳等交叉训练。一旦再开始训练，你会想重新从基础训练开始。

优化训练

下面来看看，在竞赛准备阶段的跑步计划中，最需要注意些什么。你以前可能没有担心过这些事，但是目前的训练这么艰苦，不能继续置之不理。

灵活性

训练越刻苦，听从自己的身体做必要的改变就越发重要。我们的身体一直在和我们对话，但是我们并不总是给予关注。试着发现小酸痛与疼痛之间的不同，也同样要找出适量训练后

伴也都在那样做。如果你可以少努力却能进步，那就该感到幸运。

训练

高质量训练的目的，就是提高比赛成绩。这些训练的重点，在于提高力量和速度。

一周中的其他跑步以较慢的恢复跑和轻松跑为主。这意味着，你完全不要担心这些训练的用时。按自己的身体感觉舒适的速度跑就可以了。

长跑

在开始这个计划之前，你的长跑水平应该已经达到能持续跑 1 小时左右。现在你要继续增加跑动的时间和距离。对于有志在 5000 米和万米赛取得好成绩或是完成半程马拉松的跑者来说，每次应当至少跑够 90 分钟。（马拉松训练参见第九章。）在长跑专项练习时，每次将时间延长 5~10 分钟，直到达到 90 分钟。

当你习惯跑这么久时，就提高强度。但是，提高速度时要慢慢来——直到每公里的平均用时能够比慢跑时快 18~40 秒。在还有 45 分钟要跑的时候，先别想着去冲刺。下面有一些长跑的变化方式，你可以试试。

间歇加速跑。在跑动过程中，安排加速。具体做法：先进行 20 分钟热身跑，然后加速跑 5~10 分钟，再慢跑一段时间，然后再加速，如此循环。第一轮加速跑，时间可以短一些，速度可以慢一些；随后，逐渐增加时长，并提高速度。加速可以随机安排，也可以事先计划。在两轮加速跑之间，按照习惯的速度跑即可。你可以依下安排每轮加速跑的时长：2 分钟、4 分钟、6 分钟、4 分钟、2 分钟。

逐渐加速跑。将长跑分成几个段落，在中段和 / 或后段时跑快一点。以持续 90 分钟的训练为例：按一般速度跑 30 分钟，第二个 30 分钟稍微加快速度，最后一个 30 分钟回到一般速度；或者以每 20 分钟为单位，逐渐加速。逐渐加速训练的收获是，身体不仅能够承受以更快速度奔跑更长时间，同时还能培养对不同速度的经验感觉。

速度距离跑。当然，增加长跑强度的一个方法就是快速地跑完整段计划里程。这种训练要求很高，一般在一个训练季只能跑有数的几次。以慢跑开始，从而保证有体力跑完全程，而不是一开始就突然加速。

节奏跑

节奏跑，也称为乳酸门槛跑或无氧门槛跑。这类训练模拟竞赛情况，要按一定的节奏，即和比赛差不多的配速，进行跑步训练。理想状态是，跑步的速度比达到无氧门槛时的速度略慢，在无氧门槛内，乳酸在肌肉里堆积的速度要快过代谢的速度。

如果在跑步开始时速度太快，你可能就会遭遇“腿如灌铅”或“背负千斤”的感觉。这意味着已经超过了无氧门槛。在接近无氧门槛的条件下跑步时，你的身体对乳酸堆积的耐受力就能够提高，而提升乳酸门槛就将带来跑步效率的改进。除了这些生理上的益处，节奏跑还可以培养对配速的感觉以及在长距离跑步时维持配速的自信。

节奏跑可以按照训练前的时间或距离计划进行。最好是从较短的时间或距离开始，而后逐渐增加。如果准备参加 5000 米或是万米赛跑，你的节奏跑练习距离要达到 5~8 公里。如果准备参加半程马拉松，你可能需要进行 10 公里的节奏跑练习。跑前热身和跑后放松必不可少，你可以轻松地跑 2 公里或者慢跑 15 分钟作为热身或放松。节奏跑练习应当在平地上进行，因为过于频繁的地形起伏会对匀速完成造成影响。如果你准备参加越野赛，可以每周跑一次同样的山地路线，然后比较用时。

节奏跑时，配速可以比万米赛时稍慢一点。将运动强度控制在可承受的范围内，避免过度疲劳。一个简单的判断标准是：恰好可以勉强说话。在节奏跑练习时，理想状态是把相同的配速保持到底。当你增加节奏跑的距离时，不要担心配速下降。当你的体能提高时，你可以以同样的配速跑更远的距离。

场地跑

场地跑在形式上和法特莱克训练相似，跑者可以交替进行快跑和慢跑。然而，跑道训练增加了对自控能力的要求：你要围着一个小区域反复绕圈。场地练习对领会配速而言十分重要，并且跑相同距离的用时更易于比较。场地跑是锻炼匀速跑动能力的重要手段，可以用来定期检验训练成果。

单圈长度 400 米的标准操场通常被用作间歇跑。在速度跑之间穿插必要的间歇，供身体休息恢复。间歇与跑动的时长，取决于训练的目的以及训练计划的整体进度。本章训练计划中的场地跑距离在 200~1000 米之间。

场地跑的速度要和 5000 米竞赛时接近或略快。你需要熟悉这个速度直到感觉“舒适”，这样你才可以按照这个速度去比赛。在间歇阶段，你可以慢跑或是走步，但是不要坐下或者躺下，那会让你的身体在下一轮跑步时变得僵硬，而且不能有效地排出乳酸。你可以将 400 米慢跑作为两次 400 米以上跑动中间的休息；200 米慢跑却只能用作 200 米重复锻炼的间歇锻炼。

这些锻炼的重点不是为了模拟比赛速度。曾 5 次通过奥林匹克马拉松美国预选赛的莫林•罗本开玩笑说："人们以为双脚落到跑道上的瞬间就要尽量快跑，最好是跑到呕吐为止。"她忠告大家: 大部分跑者应当更谨慎地进行速度练习，尤其那些总是努力要完成既定训练的人。训练将近结束时的速度，不应当比开始时的速度慢。如果你发现越跑越慢了，那么就是在开始时跑得太快了。

以大概 3 公里的轻松慢跑作为跑道锻炼的热身运动。充分拉伸身体，然后做几次跨步练习，让身体准备好用更快的速度跑步。一个好办法就是在跑道上选一处直道，做高抬腿前进，慢慢开始，逐渐加速，用跑 5000 米的速度跑 100 米；然后减速，停下休息，再重复练习。在场地跑之前，做 6~8 次这样的练习。每次完成后，都要充分放松身体。在所有的间歇练习都完成后，慢跑 3 公里，排除乳酸，防止次日身体酸痛。

准备比赛

前两个训练计划可以作为 5000 米赛跑或是万米跑的准备。

如果你只按照中级计划练了一年，同时还想跑出好成绩，请参考初级参赛者训练计划。该计划将指导你逐渐增加训练强度。在一个冬天的中级训练之后，开春时尝试这个计划，进行一次 5000 米或是万米跑自测。

一旦你花一个赛季的时间完成了初级参赛者训练计划，就可以启动高级参赛者训练计划了。在冬天打好基础，来年春季按照高级计划训练。

最后的锻炼计划是可以用来备战半程马拉松的。在准备参加半程马拉松之前，最好先跑几次 5000 米和万米比赛。

下一步

当你取得进步的时候，可能会想继续提高训练强度。如果你真的要这么做，那么一定要注意本章开头所列出的问题。这个阶段的进步需要付出大量的努力，还要冒着过度训练导致伤痛的风险，因此要一直注意身体，一旦出现不适（这是警告信号），务必及时进行充足的休息。

对于不同"跑龄"的跑者，训练的规则与原理是基本相同的。不管你的"跑龄"是 1 年还是 10 年，都可以用这套训练计划，唯一的不同是速度与耐力方面会存在个体差异。但是，如果追求成绩，就始终要坚持认真训练的态度。

如果你想参加半程马拉松（或以内的）赛事，那么跑量增幅就不要过大。你可能想一天两练，那么在计划节奏跑和场地跑的日子里加入一次轻松跑就可以。你也可以在场地跑时增加间歇跑次数，但是大强度训练不要超过每周跑量的 10%。关注质量要多过数量。同样的练习，只要比去年同期跑得快，就是进步。记住，跑量越多并不总是越好。即使对于很多世界顶尖级跑者，训练计划也变化不大。

过度训练

关于跑步，最常见的一对矛盾就是：多未必好。一方面，为了提高速度，你必须多跑快跑；但另一方面，过度训练也会导致伤病等问题。因此，必须对训练量与承受能力进行权衡。

过度训练时，你会感到疲惫，不管如何坚持，也很难继续提高速度。当这种情况发生时，许多女性跑者的第一反应是努力坚持，进行更为刻苦的训练。可是，这么做就错了。

请注意过度训练的以下症状：

长期疲劳、睡眠障碍、心率上升、跑得慢、食欲不振、烦躁、缺乏动力、经常生病（感冒与流感）

过度训练的后果不容轻视。短期内过度训练导致的疲劳和伤病，可能要持续数月才能恢复，因此无疑反倒会错过大把的训练时间。

尽管缺乏研究证据，但是许多跑者和教练都相信——每个人的水平都有无法突破的极限。当接近或达到这个极限时，再多再苦的练习也无法继续提高成绩，相反还会不可逆转地损害健康。“这样的例子很多，许多人急于求成，大干快上，最终却由于缺乏耐心和不懂得平衡而蹉跎哀叹。”密歇根州的精英跑者、跑步教练安•博伊德如是说。

四获世界越野跑团体冠军的雪莉•司迪丽对此表示赞同，她说：“在短期内，这么干也许能够出成绩，不过这样的“尖子”多半是昙花一现，很少能够长期保持好成绩。过度训练是严肃跑者面临的首要陷阱。每个人都可以通过训练提高成绩，于是很多人就天真地认为‘更多更刻苦的训练必然意味着更好的成绩’。他们不会因为小伤小病放弃训练，哪怕缺席一天都不成。”

司迪丽苦口婆心地劝诫学员，一定要认识到这么做很有可能适得其反，“这是不顾长期后果的愚蠢行为”。

如果你担心最近过度训练，那就休息一两周，使身体有足够的时间慢慢恢复。在这期间，保证睡觉和营养，通过跑步之外的项目去锻炼身体。如果你觉得自己在过去几个月里都拼得太狠，那么就要休息调整数周。但是，这是值得的。经过休整，你会找到一个全新的自己：更强壮、更健康、更坚韧。

现在是行动的好时机

与同伴们一起流汗。对大部分人来说，和别人一起跑步会感到比自己一个人跑步时轻松。朋友间的比拼赶超和传帮教带会让你更为努力。

坚持写训练记录。记录可以帮助我们找出哪些方法有效、哪些方法无效，还包括最适合的食品是什么、休息情况如何、参赛时感觉怎样等等。例如，如果你想参加两个月后的某项赛事，那么你可以对这两个月里的训练、饮食、睡眠以及装备方面的情况进行全面记录。

认真准备并参加一次比赛。根据自己的以往表现来设定一个现实的目标。挑一项至少在两个月以后的比赛，然后根据自己的训练水平进行适当的训练。根据一套完整的训练计划，要达到最佳表现，需要4~6个月。如果你已经有足够的轻松跑基础，那么可以进行本章锻炼计划中的强化训练。不管你的比赛成绩是否达到目标，一定要保持乐观，再选一个目标赛。分析一下比赛中的经验教训，并思考怎么才能提高自己下一轮的训练。

向认识的教练或牛人取经。他或她可以帮助你明确自己的强项和弱势，甚至可以为你专门制定一个训练计划。在这个阶段，有一个可以咨询并给你建议的高手是十分有帮助的。

买比赛跑鞋 。如果你的训练很刻苦，那么你理应在比赛中有许多优势。

再次评估自己的饮食。获取足够的热量和吃正确的食物至关重要。身为女性跑者，不要片面依赖节食来保持较轻的体重。你可以考虑去有声望的医院咨询营养师，看看自己的饮食是否适合目前的训练水平。

确保睡眠，保证休息。现在不是在生活的其他方面给自己压力的时候。如果你深陷工作与家务，那么很可能需要将高强度训练的时间进行调整，不要勉强自己。

做运动按摩。疲劳、酸痛的肌肉可以从运动按摩中得到放松。如果有条件，应当定期进行按摩，比如一周一次或一月一次。

分析跑步动作。运动医学专家会提供跑步动作分析，为你纠正错误姿势，从而提高跑步效率。或者，你也可以请朋友录一段自己跑步时的视频，然后回放观察。注意观察自己的脚，确保它们没有内（外）翻；看看自己的摆臂姿势是否正确；跑步时是否挺胸抬头。

初级参赛者训练计划

	星期一	星期二	星期三	星期四	星期五	星期六	星期日
第一周	休息	轻松跑 30分钟	40分钟（中间20分钟法特莱克训练）	轻松跑 40分钟	休息	轻松跑 40分钟	75分钟，两个8分钟快速跑
第二周	休息	轻松跑 30分钟	跑道：4组400米，其中400米慢跑	轻松跑 40分钟	休息	轻松跑 40分钟	75分钟（中间15分钟法特莱克训练）
第三周	休息	轻松跑 30分钟	40分钟（中间20分钟法特莱克训练）	轻松跑 40分钟	休息	轻松跑 40分钟	75分钟（中间20分钟或者4公里快速跑）
第四周	休息	轻松跑 30分钟	跑道：4组400米，其中400米慢跑；4组200米，其中200米慢跑	轻松跑 40分钟	休息	轻松跑 40分钟	75分钟（中间25分钟或者5公里快速跑）
第五周	休息	轻松跑 30分钟	跑道：10组200米，其中200米慢跑	轻松跑 40分钟	休息	轻松跑 40分钟	75分钟（中间20分钟法特莱克训练）
第六周	休息	轻松跑 30分钟	轻松跑40分钟	轻松跑 30分钟	休息	轻松跑 20分钟	比赛（5000米）

高级参赛者训练计划

	星期一	星期二	星期三	星期四	星期五	星期六	星期日
第一周	休息	60 分钟（10 组 2 分钟法特莱克训练）	轻松跑 40 分钟	节奏跑：3 公里热身，3 公里节奏跑，3 公里放松跑	轻松跑 45 分钟	30~60 分钟轻松跑	长跑：75 分钟（15 分钟轻松跑，45 分钟快跑，15 分钟轻松跑）
第二周	休息	跑道：6 组 800 米，其中 400 米慢跑	轻松跑 40 分钟	节奏跑：3 公里热身，3 公里节奏跑，3 公里放松	轻松跑 45 分钟	30~60 分钟轻松跑	长跑：90 分钟轻松跑，中间做提速跑
第三周	休息	跑道：6 组 800 米，其中 400 米慢跑	轻松跑 40 分钟	节奏跑：3 公里热身，3 公里节奏跑，3 公里放松	轻松跑 45 分钟	30~60 分钟轻松跑	长跑：75 分钟，比一般速度稍快点
第四周	休息	60 分钟：15 轻松跑，30 分钟法特莱克训练，15 分钟轻松跑	轻松跑 40 分钟	休息	轻松跑 45 分钟	45 分钟轻松跑	60 分钟轻松跑（或临时比赛）
第五周	休息	跑道：2 组 800 米，2 组 400 米，中间都有 400 米慢跑	轻松跑 40 分钟	节奏跑：3 公里热身，5 公里节奏跑，3 公里放松	轻松跑 45 分钟	30~60 分钟轻松跑	长跑：90 分钟轻松跑，中间做 10 次提速跑
第六周	休息	跑道：4 组 400 米，中间 400 米慢跑；8 组 200 米，中间 200 米慢跑；2 组 400 米，中间 400 米慢跑	轻松跑 40 分钟	节奏跑：3 公里热身，5 公里节奏跑，3 公里放松	轻松跑 45 分钟	30~60 分钟轻松跑	长跑：75 分钟，比一般速度稍快点
第七周	休息	跑道：4 组 400 米，中间 400 米慢跑；8 组 200 米，中间 200 米慢跑	轻松跑 40 分钟	60 分钟（15 组 1 分钟法特莱克训练）	轻松跑 45 分钟	30~60 分钟轻松跑	长跑：80 分钟轻松跑
第八周	休息	跑道：4 组 400 米，比赛目标速度，中间 400 米慢跑	轻松跑 30 分钟	30 分钟轻松跑，中间 10 组 100 米快跑	休息	15~20 分钟轻松跑，中间做简单的快跑	比赛（5000 米或万米）

半程马拉松训练计划

	星期一	星期二	星期三	星期四	星期五	星期六	星期日
第一周	休息	60 分钟（6 组 4 分钟法特莱克训练）	45 分钟轻松跑	节奏跑：3 公里热身，5 公里节奏跑，3 公里放松跑	45 分钟轻松跑	30~60 分钟轻松跑	长跑：75 分钟（15 分钟轻松跑，45 分钟快跑，15 分钟轻松跑）
第二周	休息	跑道：3 组 1000 米，中间 400 米慢跑	45 分钟轻松跑	节奏跑：2 公里热身，6 公里节奏跑，2 公里放松跑	45 分钟轻松跑	30~60 分钟轻松跑	长跑：90 分钟，中间提速跑
第三周	休息	60 分钟（8 组 3 分钟法特莱克训练）	45 分钟轻松跑	节奏跑	2 公里热身，9 公里节奏跑，2 公里放松，45 分钟轻松跑	30~60 分钟轻松跑	长跑：90 分钟轻松跑
第四周	休息	60 分钟：15 分钟轻松跑，30 分钟简单的法特莱克训练，15 分钟轻松跑	45 分钟轻松跑	休息	45 分钟轻松跑	45 分钟轻松跑	60 分钟轻松跑（或临时万米跑比赛）
第五周	休息	跑道：6 组 800 米，中间 400 米慢跑	45 分钟轻松跑	节奏跑：2 公里热身，6 公里节奏跑，2 公里放松跑	45 分钟轻松跑	30~60 分钟轻松跑	长跑：90 分钟轻松跑，中间做 10 次提速提速跑
第六周	休息	跑道：2 组 800 米，2 组 400 米，2 组 800 米，中间各慢跑 400 米	45 分钟轻松跑	节奏跑：3 公里热身，5 公里节奏跑，3 公里放松跑	45 分钟轻松跑	30~60 分钟轻松跑	长跑：75 分钟，比一般速度稍微快点
第七周	休息	跑道：8 组 400 米，中间 400 米慢跑	30 分钟轻松跑	60 分钟（15 组 1 分钟法特莱克训练）	30 分钟轻松跑	30 分钟轻松跑	长跑：60 分钟轻松跑
第八周	休息	跑道：6 组 400 米，以比赛目标速度，中间 400 米慢跑	30 分钟轻松跑	30 分钟轻松跑，中间 10 组 100 米快跑	休息	15~20 分钟轻松跑，中间快跑几段	比赛（半程马拉松）

训练记录

我曾经和一位对我跑步很好奇的女士在办公室闲聊。她希望我给她讲讲过去如何严格按照计划训练的，为什么对跑步如此痴迷。

关于跑步给自己带来的益处，在我讲了大概一分钟之后，她说道："嗯，我是因为爱跑步才去跑步的。"在这个"同义反复"的对话中，她暗示的是：她跑步的理由更单纯，和那个由时间、速度、距离和目标组成的"僵化"世界没什么关系。也许她暗示的是："竞争"并不是一个美妙的词。

太奇怪了，我想。因为我也是因为爱跑步才跑步的，所以我试着去解释。我想解释我从跑步这项世界上最古老的比赛中也能发现美。我想解释我对跑步的热爱也包括对探究自身潜能的执著。事实上，通过跑步，我了解到了自己能跑多快、跑多远。那些"我在人生的一角找到了避风港"之类的话都是老生常谈了：秒表上的一个时间，跑步日志上的一个数字。和生活与工作中的琐事相比，它是如此简单，如此明确。

但是，我早已经不再按照运动员的标准去训练了。尽管如此，我还是怀念到达自己生理巅峰的感觉，怀念在山野中肆意奔跑的感觉，因为通过奔跑，我能感受到自己的强健（那是很久以前的事了）。今天我爱跑步，但却以一种完全不同的方式，就像一位母亲爱着每一个孩子，完全是因为在母亲眼中每个孩子都是上苍给与的独一无二的礼物。这就是跑步美好的一方面：你可以让它变得美好。休闲跑者不比专业跑者好或差，反之亦然。不管是哪种追求，都有一批追随者，可谓仁者见仁、智者见智。

第八章 怎样比赛

如何比赛是后天习得的技能，跑步和其他事情一样——得靠练。

一些跑者十分善于在比赛中有好的发挥。她们的表现很稳定，即使在风险高、压力大的情况下，也能取得很好的成绩。然而，另一些资质相近的跑者，似乎从未表现出自己的潜能。训练的期待与热情，不免在一次次比赛“发挥失常”后倍受打击和摧残。

二者区别如此之大，原因有很多。刻苦训练是出成绩的必要条件，但并不是充分条件。过度训练与减量调整不到位，都会透支本该用于比赛的体力与精力。同样，主观努力程度与心理等精神因素，也会对比赛成绩造成影响。

要想在比赛中创造佳绩，你需要树立“在战略上藐视之，在战术上重视之”的态度。既要有乐观自信的心态，又要学会自我控制；既要有对胜利的渴望，又不能给自己太大压力。对了，还要碰点小运气。

虽然极个别跑圈大牛看起来似乎“天赋异禀”，但其实大部分跑者还得踏踏实实地在训练、饮食、心理调整等方面狠下功夫，何况其实牛人们的努力程度一点也不比非牛人低。四度参加奥运马拉松并夺得 1992 年奥运会铜牌的罗琳•莫勒说：“如何比赛是后天习得的技能。跑步和其他事情一样——得靠练。”

心理准备

比赛中，你唯一可以控制的就是你的表现。听起来理所当然，但是很多女性站上起跑线前就把这句话丢到九霄云外了。

精英跑者、密歇根州安阿伯市的跑步教练安•博伊德说：“过分低估自己和过分轻敌，都不是好事。一些女性还没开始比赛就担心失败到惶惶不可终日了。也有人会不以为然——‘跑不过若干大牛，难道还甩不掉多数菜鸟吗？至少在同龄人中我还是很有希望拿个名次的嘛！’轻敌的结果往往是一败涂地，自信从巅峰跌到谷底。”

在发令枪响之前，要调整心态，轻松快乐地面对比赛，而不是瞻前顾后、大喜大悲。

少管闲事

因为你不能控制谁出场、谁跑得好，所以不要去管别人。我认识一位叫萨拉的女士，她曾经抱着获胜的希望参加比赛。热身时，她看见一个装备精良的高挑女士正在准备比赛，而忽略了一位衣着朴素的参赛者。事后，萨拉开玩笑说：“我甚至因为她的褐色皮肤而感到害怕，认为她功底深厚。”结果呢，“装备党”外强中干，实力派笑傲赛场，萨拉本人屈居第二。

一般说来，你越放松、越自信，就越有可能释放潜能。从比赛中不断总结经验教训，才能在未来更好地发挥水平。即使你事务缠身，只要功夫到家，也有可能跑出好水平。平时的身心训练决定了你对比赛的准备程度，也能塑造你的情绪状态和心智能力。在训练期间，保持精神集中。这能在比赛中帮到你。

面对练习中的恐惧

莫勒找了对比赛心怀畏惧的队员，然后专门为她们制定训练计划。她说：“运动员应该模拟那些会令她感到恐惧的情况。例如，一些跑者看到有人超过自己就精神崩溃了。与水平相近的伙伴一起跑，可以避免这种情况。”还有一种恐惧来自对无法获得或进一步保持领先地位。所有这些情况都可以在训练中进行模拟并加以克服。例如，集体训练时轮流领跑，或是多练习“前慢后快”的战术。

留意身体的客观信号

那些最擅长比赛的人会学习观察“消极的”感觉，例如呼吸沉重、腿部有轻微的灼烧感，并将它们视为来自身体和大脑的客观信息，而不是厄运来临的征兆。例如，疲劳是比赛中必然出现的，但如果你可以撑过比赛中最难受的阶段，后面感觉反倒会更好些。

如果你总是思想消极（“只能这样了”、“我搞砸了”、“我又没跑好”），那么你永远不会感受到比赛的乐趣。通过重复习惯疲劳的感觉（“好的，我早就知道会有这种感觉了”、“只要坚持一下就会过去的”、“还不是很差”），你就可以训练自己克服它。

要做到正确判断，就要怀着自信，依靠自信和自我控制来认真完成场地节奏跑或者节奏跑练习，以对待比赛的严肃态度对待训练。如果对即将开始的艰苦训练感到紧张，或者对付出与收获感到怀疑，那么就冷静地提醒自己——只有认认真真地合理训练，才有可能有所收获，至少脚步和汗水不会背叛自己。记住，紧张情绪经常是由于担心不能控制外部因素引起的。

想象自己很放松

想象力是一种十分有用的工具，它可以帮助改变你的行为。在艰苦的训练中，想象自己带着乐观的心态站在起跑线这个与值得尊敬的对手们并肩的地方。当训练继续进行，而你也变得劳累时，依然要集中精力坚持前进，从而习惯双腿疲惫的感觉。在训练结束时，想象自己变得强壮了，就好像训练是完赛之后的拉伸放松。

注意训练时出现的情绪和身体反应。和自己的训练伙伴一起跑步，在大强度训练时，尝试轮流领跑。在日常训练中就要养成冷静积极的思考方式，这在比赛中将帮你大忙。

选择比赛

如果想创造个人纪录，那就选一个有可能出成绩的比赛。例如，在低海拔环境中举办的路跑比赛通常比高海拔地区的越野跑好对付。此外，还要留意比赛当天的温度和湿度是否有利于水平的发挥。例如，一些跑者适应炎热天气，而另一些人则对此如临大敌。如果你生活在高原山区，那么你可能在跑山方面更有优势。

此外，也要考虑赛事规模。有的跑者在冷清的小比赛中容易跑出状态，也有人喜欢气氛热烈的大型赛事。不过，参加那些久负盛名的大赛，有时会遇到人多路窄的麻烦。

比赛之旅

借比赛之机顺便旅游十分有趣，也让人兴奋。这是一种见识新地方的好方式，在感受全新环境的同时，与不同的竞争者比拼。但是当你前往陌生异地参赛，新问题会一股脑地涌出来，有的问题还会直接影响你的表现，例如比赛时的专注程度。你跑在一个陌生的地方，可能有很多干扰与诱惑因素。关键是尽可能保持和主场作战时一样身心状态。下面的提示或许能助你一臂之力。

把观光旅行和跑友聚会留到比赛之后。如果在比赛前一天玩得过头，很有可能提前消耗比赛时的体力。同理，要谨防大型的赛前展览会。游览一个小时左右还好，要是闲逛上一整天的话，必然影响比赛时的体力。

在比赛前，务必研究竞赛规程，例如补给点与厕所位置、里程—高程变化等等。如果有条件，不妨带着 GPS 手表坐车或打车实地看一下赛道。

喝足够的水。旅行中莫让身体缺水。记住随身带水杯，既环保，又能提醒自己足量饮水。可以喝些稀释的运动饮料。

比赛前不要嘴馋乱吃。尽量吃自己在平时就习惯的食物，避免肠胃不适。把品尝当地特色小吃打牙祭什么的放到赛后。也可以带一些自己平时习惯的食物。

提前收拾物品。对照物品清单，动身前点验并打包 比赛需要的物品，例如号码布、换洗服装、交通票据、证件盘缠等等。

赛前多休息。保证充足睡眠，注意时差对身心状态的影响，并进行有针对性的调整。

设定一个以上的闹钟，千万不要睡过头。

赛前减量

在赛前的一周或两周开始减量调整。对于距离较短或不那么重要的比赛，提前一周减少跑量即可。对于马拉松或更长距离的比赛，调整期可以长达两周。也有人在参加小比赛之前不作任何调整，而是把小比赛当做训练。不论如何，都要记住：根据训练状态调整对比赛结果的预期。

一些跑者可能会对减量调整心存疑惑：减量了，我是否还能保持对跑步的适应，会不会影响比赛状态？这种担心是多余的。事实上，减量调整期间，身体会因为"休养生息"变得更加强壮：修复肌肉损伤，通过重新补充营养优化能量储备。减量是为了在比赛当天发挥得更出色。

这意味着，不管怎样，在赛前一周"恶补"是没用的。让部分跑者特别后悔的，是那些因为伤病耽误的训练。但是，往者不可追。你不能弥补失去了的时间。太接近比赛日期进行刻苦训练只会让你的身体疲劳，无法得到足够的恢复继而有可能导致受伤。

如果你犹豫时间安排，可能会发现自己的疑惑——"我能挤出时间去进行训练吗？"记住，大部分跑者都有赛前不休息的教训。因病因事影响训练计划的人实在是太多了，他们中有的人一直"恶补"到赛前一天，可结果并不像预计的那般美好，还不如充分休息呢。

对于赛前减量这一普遍原则，跑者的反应不尽相同。只有从比赛中学习比赛，总结经验教训，才能有所收获。一般说来，你应当遵守以下的建议：

减少跑量

在跑 5000 米或是万米比赛的前一周，应该将跑量减半。对半程马拉松来说，在赛前 10 天开始减半训练。全程马拉松赛前三周开始减量，每一周减少大概 1/4。例如，你每周平均跑 60 公里，赛前第三周就跑 40 公里，赛前第二周跑 30 公里，前一周跑 15 公里即可。

但是要坚持跑步

与过度训练对应的另一个极端，是赛前几周完全停跑。这种“休息”同样不太可能带来好成绩。正确的做法是，假如全程马拉松比赛日是周日，那么之前的周二也要以比赛时的配速来 4 组 400 米间歇跑或 10 组 200 米间歇跑；周四进行放松跑和动作练习；周五和周六分别进行 20~30 分钟的轻松跑，以及拉伸与动作练习。赛前进行两天的调整，要好过只进行一天。

抵抗诱惑

一些跑者因为削减了训练，便感到多余的体能无处发泄；还有人对减量休整期间的训练模式并不适应。但无论如何要记得：减量休整是为比赛储存体能，在此期间进行高强度练习只是图一时之快，透支本该用于比赛的能量储备，对比赛并没有什么好处。

女性可能还会担心减量休整期间难以保持体重。这种想法是多余的。即使这期间体重略有上升，原因多半也是体内的水分储备增加（与减量前相比，水分消耗减少）。饮食结构可作适当调整，减少热量摄入（因为在这期间你的热量消耗也不如以往），但不能用饿饭的办法减体重，相反饮食应当更有规律。既想好好备战比赛，又想刻意保持身材，结果往往得不偿失。

开始倒计时

充分热身可以让你在比赛中获得更好的表现。你应该感到舒适放松，不该感到很疲惫。记得总结经验，为自己设计一套行之有效的热身方案。

热身动作取决于比赛的距离、天气和个人偏好。你可以用以下方案作为一般指导。

45 分钟倒计时： 轻松慢跑大概 15 分钟或 3 公里。

30 分钟倒计时： 拉伸筋骨，按摩紧张部位；抓紧如厕。

15 分钟倒计时： 穿好跑鞋。

10 分钟倒计时： 以比赛速度或是稍快的速度跑 100 米，继续活动筋骨。

5 分钟倒计时： 到起跑区就位，启动记录里程的电子设备（如 Garmin、NIKE+、Suunto 等 GPS 腕表或装有运动软件的手机）。

半程马拉松以上距离的比赛，赛前的重点是保存体能，对热身的要求较低。你可以在赛前进行几分钟的拉伸，然后在起跑后采用慢启动后加速的方法，将比赛的首公里作为热身跑并逐渐习惯比赛速度。这样可以节约体能，也避免过早发力。

5000 米等比赛，同时要求耐力和无氧能力。你必须在赛前充分热身，即使花上三五十分钟也可以，同时还要全面拉伸，按照比赛速度或更快速度跑上几步，为的就是枪响后第一时间就能冲出，全程保持较快速度。

如果天气湿热，可以将热身时间压缩，保存体力，以防过早脱水。然而，如果在低温天气下跑步，就一定要充分热身；在跑步的开始阶段，以简单的慢跑将肌肉与骨骼预热。冬季跑步时，一定要注意保暖，特别是耳朵与手这两大散热部位；在比赛即将开始时，才能脱掉外套。

热身还可以调整精神状态。赛前周围其他跑者的眼光会让你紧张吗？热身可以克服紧张情绪，使自己保持冷静。与跑友们边热身边说笑，是减少压力和增进人际交往的好方法。也可以利用热身时的身体感受，思考比赛策略与事项——受过伤的部位感觉如何？伤痛发作的可能性有几成，我该如何应对？我是否适应现在的天气？大约多少公里后会掉速，怎么处理？

莫死板。比赛没有规定的模式，应对比赛的身心准备亦然。根本就不存在什么“幸运牌跑鞋”、“幸运牌能量胶”之类的鬼扯。你不可能也不能只适应一双跑鞋或一种营养品。万一那双鞋磨烂了怎么办？补给临时更换了怎么办？或是你习惯了半小时热身，但因睡过头只能有 20 分钟热身时间怎么办？总不能因为这些理由而弃赛吧。

1997 年，在极度潮湿的情况下赢得美国女性 16 公里锦标赛冠军的克丽丝•麦克纳马拉说：“跑者应该时刻准备着应对不确定局面。大流程基本固定，小细节可以灵活。如果比赛时真有什么物件是非随身携带不可的，那就提早准备好！”

即使真的发生了什么出乎意料的事情，也没什么大不了的。做你能做的，随机应变，抓紧时间开动脑筋去补救。既然已经开始赛前热身了，想必不会出现穿错比赛鞋服、忘带号码布之类的囧事。最关键的一点：此时一定要相信自己在任何情况下都能跑好，而不是只能在万事俱备时才能偶尔出彩！

第一次比赛

第一次参赛前，大部分人都免不了心里打鼓。专业与业余大牛们亦然。但是不要被吓跑：对于业余跑者而言，比赛面向所有水平的参与者，就是玩游戏。跟你水平接近的总有一大群人。如果能够以娱乐精神去面对比赛，那是最好的。下面是一个通往完美比赛的五步计划：

1. **比赛前两天：**对照天气预报，点验比赛物品，例如鞋服、水壶、号码布、自带补给、特殊防护装备（太阳镜、棉帽、手套等）。需要注意的是，鞋服一定经过先前的试穿与磨合，确保舒适合体。此外，可准备一些纸巾放在比赛时穿着的外套或比赛服的口袋里。
2. **比赛当天的早上：**至少在比赛前 3 小时起床，预留足够的吃喝拉撒时间，并保证精力旺盛。早餐务必吃自己习惯的食物，例如香蕉、面包、米饭或面食等；此外，喝足够的水或稀释的运动饮料。
3. **前往起点：**在比赛前 45 分钟到 1 小时左右抵达起点。留一些时间用于寄存物品和热身等步骤。
4. **热身：**按照自己的感觉进行热身。
5. **起跑区就位：**如果佩戴了 GPS 手表 等设备，请提前设定待机模式，一旦起跑就可以启动。人多拥挤时，可采用双手胸前交叉的动作，谨防踩踏磕碰。有的比赛会采取根据报名成绩分批起跑的安排，速度越快的跑者越是排在起跑区的前方。起跑时，不要因为兴奋而跑得太快，要适当节约体力。

做一只乌龟

毫无疑问，发挥失利的常见原因是体力分配不均，特别是开始时速度过快，导致随后体力透支。对策：不管身边的人用什么速度跑，只管坚持按照自己习惯的速度。简而言之：平和淡定，心无旁骛。

需要牢记的是，人面对比赛往往比训练时要兴奋，因此即使“速度过快”也很有可能一时难以察觉，等到发现自己的体力下降便悔之晚矣。比起头几公里抢出几秒钟时间，临近结束时因体力不支损失数分钟显然更不划算。对于全程马拉松参赛者，一个解决方案是，如果佩戴了卫星手表，那么前 15 公里的配速可以比计划速度慢 10~15 秒 / 公里，保存体力供后程逐渐提速。

开始时跑太快的习惯可能很难戒掉。下面的提示或许可以帮助你在半程或全程马拉松赛事中改正不良习惯：

- 精力集中。按照自己的计划去跑，而不要在别人身上分心。告诉自己，唯一的错误就是“欲速则不达”，然后控制自己保持一个比较平缓的速度——至少在最初的 400 米。此后，肾上腺素会被激活，你可以逐渐加速，找到合适的比赛配速。
- 和水平相近、经验丰富的跑者组团跑，或是找到水平接近的领跑员，采用跟跑战术。
- 在赛前确定区段用时等比赛策略。首先，设定一个合理的比赛配速方案，常见方法是按照 5 公里或 10 公里设定分段时间。如果有条件，可以到比赛现场去看看，特别是对第一公里的地标之类有所了解。然后，估算按照比赛配速的到达时间。如果配备了 GPS 手表等设备，那就更简单了。

巧提示

专业运动员必须保持良好的比赛状态。在任何情况下都能正常发挥，是她们取得建树的基本条件。下面是一些精英跑者分享的秘诀。

“将列入参赛计划的比赛按照重要级别排序。认真准备并参加对自己来说最重要的比赛。至于那些无关紧要的赛事，或者打酱油，或者由它去吧。”

——雪莉·斯蒂利，四度荣获世界冠军的越野跑者

“赛前，有时候我会回顾一下过去，重读训练记录本，并问自己“准备好了吗”。这会有所帮助。当意识到自己已经训练过、努力过而且适应了，你会告诉自己：‘嗯，是的，我已经准备好了。’”

——简·威尔哲尔，五次参加奥运会

“我告诉自己不必和别人比较。比赛确实帮助我超越了自己的极限。我提醒自己，最根本的是要超越自己，而不是别人。在比赛中，尊重他人很重要，不要低估比赛——但是你要同样尊重自己。”

——纳迪亚·普拉萨德，1995 年法国万米跑冠军

“把比赛分阶段很有帮助，像万米跑的话，就每公里或者每几公里一阶段。第一阶段，你可以把它当成热身。中间阶段，就要准备应对各种突发的不适。最后一阶段或最后一公里——接近终点，精神上不必太过紧张，但是身体上必须继续前进。关键是要通过经验的积累，准确预测自己在比赛中的体能变化。这样，你就能顺利地跑完比赛。”

——克丽丝·麦克纳马拉，1997 年美国女子 10 公里冠军赛冠军

“在接近比赛终点的时候，我尽量集中精力，排除干扰。也就是说，我一心关注自己，放松肩膀、踝关节肌肉等身体各个部分。这样，当我开始进入兴奋状态时，就可以集中注意力，把所有的力气都花在尽量跑快上。冲刺时，必须集中注意力，排除任何干扰，全神贯注完成比赛。”

——利比·希克曼，1997 年美国全国田径赛女子 5000 米赛跑冠军

保持稳定的速度

过去几年，很多研究都表明：长距离赛事中，跑得最快的一般都是采用匀速跑法的。这意味着，你应当始终保持不低于前半段的速度。而那些寄希望于以前半段快跑来弥补后半段掉速的跑法，掉速损失的时间往往多于前半段节约的时间。

那么，你的目标就是尽量匀速地跑完比赛全程，甚至后程可以适当提速。节奏跑和场地练习可以帮助你预测比赛的速度。但是，影响比赛发挥的因素有很多，例如比赛举办地的海拔高度、天气、温度以及路况等。按照身体的感觉去跑，也许是更好的办法。

训练时的身体感受是最好的测量器，平时就应当关注在不同配速下的心跳与呼吸等身体感受。尽管 GPS 腕表等装置能够显示即时速度，但最重要的还是身体的感觉。如果你觉得当前的配速实在难以维持，那么就跑慢一点。如果你在比赛中一直跑得轻松愉快，没有任何不良感觉，那就坚持下去。你也可以不看表，凭着自己的本能与感觉去跑。

“全程匀速”是一种理论上的理想状态，但并不是每个人都能达到的；即使全程匀速，你的辛苦程度也会逐渐加大。曾作为运动员参加过奥运会的跑步教练威利·里奥斯告诉我们：“当你越来越累时，维持住速度就会变得越来越难。这意味着，如果比赛最后你依然感觉很轻松，那么你很有可能在不知不觉中掉速了。” 一个提高维持配速能力的方法是进行有规律的间歇跑训练，当走神或是掉速的时候尽量坚持。

怎样坚持到底

教练和旁观者经常会告诫跑者在比赛中坚持到底。说起来容易，但要怎么做到呢？在比赛中，脑袋里想的都是极其个人的事情。当比赛变得越来越难的时候，每一位跑者最有可能想的是那些让自己成功的东西。按照下面的提示练习，可以帮助你熬过比赛中的那些最艰难时刻。

关注眼前事

当你感到自己筋疲力尽时，千万别想保持速度跑几公里，不妨先想想怎么保持速度跑完下一公里。到比赛最后的时候，你可能要想的更短一点：把目标定在保持速度跑完下条街，或者甚至只是下一根电线杆。当你达到当前目标时，就继续设定下一个目标，如此持续下去。

这个策略的奥秘：虽然你可能不相信自己可以坚持跑完剩下的比赛，但是你确信自己可以坚持跑到下一个目标。把这些分解后的目标集合起来，你就完成了比赛。

数到 10

这和把赛程分为几个短的赛段很像，因为这可以帮助你在一段较短的时间内保持速度。为了集中注意力在当前的任务上，不断地重复数 10 步。你的目标只是让自己到达下一个 10 步，把当前的目标缩小，这看起来更好控制。

检查身体

对自己的身体进行一次盘点，检查一下从头到脚都有什么问题。自觉放松眼睛、下巴、脖子、肩膀、手臂和腿。纠正姿势；尽量保持动作省力。如果有需要，可以从脚到头反方向再来一次。

与自己对话

如果你总是认为自己不能坚持，那么就试试这个激励办法：尝试相信自己可以。提醒自己，为了比赛的辛勤付出。告诉自己，正在享受目前的状态，喜欢累得欲仙欲死的感觉。例如，有人幻想自己不知道疼痛为何物，有人冥想化身飞鸟掠过天际，还有人告诉自己今天的表现是最牛的。

对于较长距离的比赛，也可以根据不同的阶段进行自我对话。在比赛的第一阶段，你可以告诫自己要沉着冷静，不可贸然加速透支体力。到比赛末尾的时候，告诉自己愿意为胜利付出一切，绝不辜负付出的心血与时间。

坚韧不拔

如果你的底线是认真完成比赛，那么就必须在比赛中及时调整身心状态，踏踏实实地对待迈出的每一步。顺便说一句，这就是“坚韧”这个词的含义。参加比赛不能投机取巧，更不能自欺欺人。一些跑者在坚持的同时，还要进行激烈的思想斗争。面对临近极限时的身体不适，在保证不受伤的情况下应当尽量坚持。完成比赛本身就是战胜自我的胜利，你会从中学到很多。

不能认输

先不说主观努力如何，不管什么原因，如果没有达到目标，怎么办？可能是你对自己的能力估计过高，也可能使你的战术失策。比赛时没有达到目标会很令人失望，特别是你在先前的训练中付出了大量的汗水与心血。但是，这并不是失败。

最好把比赛看做对检验平时训练的方式和总结经验教训的渠道。不管跑没跑好，总有值得借鉴与反思之处。例如，是否因为开始时速度过快导致随后体力透支？如果是，那就得练练力量。是否紧张得双腿发抖？如果是，那就要调整心理。是否错误估计了自己的速度？如果是，那就需要通过场地跑提高对速度的自我感觉。

不要因为害怕比赛失误而在赛前盲目增加训练量。雪莉•斯蒂利说：“一种典型的情况是，赛前对自己期望过高，比赛中一旦达不到要求，就会失望沮丧。为了不让自己失望，有的人直到赛前还在进行高强度训练，甚至没有足够的休息时间。而事实上，她们该做的是，减少训练，进行调整。”斯蒂利知道自己说的是什么。她在 20 世纪 90 年代初参加世界级比赛，1992 年在奥运女子 3000 米比赛中获得第七名后，她发现自己很低迷，根本没有发挥出自己的实力。在查明问题——荷尔蒙失调——之后，她花了几年的时间耐心地调整训练方案。1997 年，由于事务繁忙，她的训练里程累计并不是同级别跑者中最多的，但是她却仍能名列美国顶级公路跑者之列。1998 年，她赢得了美国田径大奖赛环形公路跑[52]冠军。

如果你足够用心，每次比赛后都能有所收获。虚心学习和认真思考的态度不仅能够使你在看待失误时仍感欣慰，而且能够为将来的比赛提供经验教训，减少对下次比赛的恐惧和紧张。只要认真总结，每次比赛都有值得思考和铭记的东西。此外，对业余跑者而言，始终保持乐观与游戏的参赛心态也十分重要。

52. USA Track and Field Grand Prix Road Running Circuit。

训练记录

我最得意的事情，并不一定是在比赛中跑出最好成绩、赢得冠军。“胜利”的形式有很多种，失意也可以算作一种。在我的第二故乡科罗拉多州博尔德举行的第一届珍珠街一英里赛（1.6 公里） 中，我只拿了第七名，但这却是我最喜欢的比赛之一。这里训练条件优越，涌现出一干世界级和国内有名的高手。因此，比赛竞争相当激烈。

我的教练鼓励我与高手们同台竞技。此时，我已经歇了足足一年。在来到镇上的两个月里，我在新教练的指导下进行了刻苦训练。虽然我对通过比赛检验自己的水平感到十分兴奋，但是我以前经常出现的赛前紧张却始终没有出现，这点倒是颇为出乎意料。

在起点热身的时候，我看到日本派出了一整队运动员前来参赛，那一刻我才真正意识到竞争何等激烈。当时，我也忍不住心里打鼓，不过换个角度想想，能有机会与高手们一较高下，这本身就是对自己能力的肯定。我回想起了过去两个月里的艰苦训练。最重要的是，在我踏上起跑线时，我很自信——我觉得自己是这些精英运动员中的一份子。

比赛开始时，我坚持了自己的计划。我感觉自己完美地达到了目标速度，速度训练时的感觉仿佛钻进了每根肌纤维。不管其他参赛者是什么样的水平，我都坚信自己可以胜出。这样的竞赛和我以前参加过的比赛没什么区别：让人担心的从来不是比赛本身，重要的是一定要有充分的自信，相信这是自己跑得最好的比赛。

我没有领先，但我并不放弃。中点转向时面临一个很难的部分，因为要经过一处缓缓的上坡。我自始至终都遵循赛前计划，竭尽全力保持速度。在最后半公里的时候还超越了几位跑者，用时 5 分 17 秒，获得第七名，跑出了在高海拔条件下同等距离的个人最佳成绩。

虽然这个成绩并不值得大书特书，但是对我来说，足以令我感到光荣。这个比赛给我带来的成就感并不低于其他比赛，甚至是那些获胜的比赛。我觉得好像自己终于明白了正确的战术、全身心的投入、始终保持自信、发挥全部能力；而不是动不动就怀疑“如果出现问题怎么办”或者产生“我本能够”、“我本应该”这些乱七八糟的念头。

那次比赛，让我体会到了久违的欣喜。我把那次比赛当作自己竭尽全力的基准和标尺。当时为什么会那么兴奋？归根结底，就在于精神和身体难以形容的神秘融合。我的简易训练记录就是从那次比赛前一天开始的。千言万语归为一句——要信心满满地参加比赛。

第九章
征服马拉松

台湾 Amazing Crew 挑战台北女子路跑

故事是这样的：公元前 490 年，有一位叫菲迪皮得斯的希腊士兵从一个叫做马拉松的地方跑了 42 公里到雅典，传递希腊战胜波斯的消息。在说完“庆祝吧，我们胜利啦！”之后，他就倒地身亡了。

无论是否确有其人，但是自从有了这个传说，马拉松就诞生了。现代奥林匹克运动会于 1896 年首次举行，42.195 公里的全程马拉松比赛被视为对勇气的终极测试，是为数不多的坚强者的加冕仪式。直到 1984 年，女性马拉松才进入奥运赛事目录，终结了男性一统天下的局面。

而后，女性的参与彻底改变了这项赛事。到 20 世纪 90 年代，女性竟然成功地将马拉松从只属于少数职业精英运动员的极限运动变为了大众参与的跑步盛会。马拉松不再是精瘦纯爷们儿的专利，各个年龄、各种水平的女性也都疯狂地加入到了跑步大军当中——而且还以她们的形象重塑了马拉松。1998 年第一次举办的圣地亚哥的铃木摇滚马拉松成了那时最大的职业马拉松赛，有 2 万名选手参加。它还创造了一项历史——女性参赛者的数量首次在参赛总人数中超过一半。

究竟是哪些女性成为全新的跑马生力军呢？很多女性参与者都是想体验马拉松那种只可意会、不可言传的“欲仙欲死”、“谁跑谁知道”神奇境界的初跑者；对她们中的很多人来说，跑得快并不重要，过程才是第一位的。哪怕走跑结合，只要完成，就是好样的。一些女性跑步是为了筹集善款帮助有需要的弱势群体。还有人把参赛看作“独乐乐不如众乐乐”和展示自我风采的社交盛会。以参赛的名义旅行，也是参赛的原因之一。还有人就是想挑战自我，看看自己到底能跑多快。但是，所有人都有一个共同点：她们希望获得愉快的马拉松体验。在这个过程中，这些女性证明了跑马未必总是一个苦逼的过程，其实完全可以妙趣横生。

这并不是说成绩对女性跑者无关紧要。女性的参与可以看做马拉松的“文艺复兴”。久负盛名、对参赛资格有着严格要求的波士顿马拉松，吸引了全美乃至全球的跑马好手。这其中，女子高手也在不断增加。1993 年，1854 位女性参加了比赛，占参赛总人数的 21%。仅仅是在五年之后的 1998 年，女性参赛者的数量几乎翻倍，达到 3549 人，占参赛总人数的 31%。到 2007 年，参赛的女性再度翻番，达到 7975 人，占到参赛者总数的 39%。

然而，仅仅是在一代人以前，业余竞技联盟还是禁止女性参加马拉松的。完成马拉松的女性跑者数量增加如此之快，不得不说是业余体育乃至性别平等方面的显著进步。1966 年，罗伯塔 • 吉布[54] 成为第一个参加波士顿马拉松比赛的女性。尽管组委会并没有给她参赛资格，她也只能穿着带帽子的运动服遮遮掩掩地前进，但她最后仍以 3 小时 20 分跑完了全程。

第二年，女性依然被禁止参赛。但是凯瑟琳 • 斯威特泽尔[55] 创造了历史，她以“K.V. 斯威特泽尔”的名字注册参赛，成为第一位获得官方参赛资格的女性。虽然主办方一度想在 4 公里之后取消她的资格，但她还是完成了。这个著名的乌龙事件被摄影师用胶片定格，出现在此后的各大媒体上，对推动马拉松运动中的妇女解放起到了重要作用。斯威特泽尔说：“跑步给我一种成就感和自信感。我一直相信自己就是自己生命中的英雄。如此众多的女性发现挑战极限的无限魅力，这就是女性参加马拉松的意义。”

从某种意义上来说，马拉松已经分成了两部分。对于以完赛为目的的跑者而言，马拉松就是欢乐的跑步娱乐盛会。而对于追求成绩的跑者来说，它是自我挑战。无论哪一类跑者，都需要在赛前认真准备。以下的训练计划或许能够帮助你轻松完成全程马拉松。五次获得奥运会马拉松预选赛资格并且辅导过成百上千名女性跑者的莫林 • 罗本帮助制定了这份计划。

以完成为目标

许多跑步爱好者都把“要去跑马拉松”挂在嘴边，一番豪言壮语也着实让亲友与同事们为之震惊。27 岁的希瑟就是一个典型的例子。多年没参加过运动的她加入了一个跑步组织。

54. Roberta Gibb，首位完成波士顿马拉松全程的女性跑者（未获得组委会认可即参赛，3 小时 21 分 40 秒，1966）。
55. Kathrine Switzer，第一位获得组委会号牌参赛正式完成波士顿马拉松的女性跑者（1967；最好成绩 2 小时 51 分 37 秒，1975 年波士顿马拉松）。

第一次训练时，她跑完了 2 公里。两个月之后，她可以跑到 25 公里。她对自己的第一次马拉松踌躇满志，并向着这个目标不断奋斗。希瑟说："我一直都有跑一次马拉松的想法，但也就只是一个想法而已。它听起来就像是——而且仍然是——一个如此难以超越的挑战。我想那些能跑完马拉松的人都属于天赋异禀，仿佛就是为跑而生。"

"我仍然不认为自己有成为运动员的潜力。加入跑步组织重新点燃了我'认为自己或许可以跑完马拉松'的想法。我陶醉于自己的进步。我喜欢自己所在的跑步组织。跑友们给了我巨大的帮助，让我觉得自己能够完成马拉松的挑战。如果没有跑友们的关心与鼓励，恐怕我会时常担心自己做不到。幸运的是，这种情况至今尚未发生。"

对于像希瑟这样的女性来说，马拉松不是仓促上阵，然后一口气跑完 42 公里的鲁莽冲动;更重要的意义，是对自己意志品质的考验。付出决定收获，跑马拉松亦然。在时间允许、身体能够承受的范围内，你的训练越刻苦、准备越细致完备，那么你的马拉松之旅就越有可能成为享受。下面是一些在训练时需要记住的提示。

通过长距离跑锻炼耐力。马拉松本质上就是长距离跑，训练的目的就是培养耐力——特别是心肺、腿部与核心肌群的耐力。身上与跑步有关的"零件"必须经得起连续奔跑 42 公里的折腾。

长距离跑是马拉松训练的基本内容。即使你在一个训练周期内的某一天不想跑了，哪怕是选一个原来没有被安排长距离跑步的日子"偷闲"或是调整时间安排，也要尽量保证长距离跑训练。

你会注意到，马拉松备战计划中，对"长距离跑"的时间、距离与强度要求是不断提高的。在起始阶段，你的目标是想办法连续跑上 2 个小时。在此之后，可以在长距离跑之余安排一些速度与力量练习。这种穿插式的安排，能够保证必要的休息时间，尽量降低透支体力与受伤的风险。

下面是对长跑菜鸟的几点建议：

• 如果你之前没有跑步基础，在长跑时走跑交替也是可以的。莫林•罗本建议，尽量坚持长时间、不停止的双脚移动，是菜鸟们训练的重点。哪怕每跑十分钟就要走一分钟作为休息。

• 寻找适合长跑的路线。对于初级跑者，最好的方案是找一段足够长、平整且柔软的土路或是草地。如果你不知道哪里能找到这样的地方，就去问问身边的资深跑者吧。

• 学会补充运动饮料 。每次长跑训练都得花费两个多小时，在此期间一定要保持身体内的水份与电解质，这一点在夏季湿热天气之下尤为重要。在这种天气下进行训练会大量出汗，体内的电解质随着汗液流失到一定程度便会引起电解质缺乏，影响运动能力，可能导致抽筋，甚至昏迷。运动饮料中除了水，还含有人体必需的电解质和碳水化合物。你可以把饮料装在运动水壶里随身携带。

每次练习，注意跑够时间，而不是跑量。在初级和中级训练中，训练计划的侧重点是每次练习的持续时间，而不是里程累计。从距离上看，"跑 30 公里"已经足够吓人了，特别是

徐濠萦挑战上海国际马拉松

对于那些初次参赛者。时间总是在不经意间流逝，能够让你感觉到“天哪，我竟然用了这么一会儿就跑完了如此长的距离”。即使你用 5 小时跑完马拉松，转念想一想，这不就是平时在办公室里坐一下午再加 1 小时班的工夫么?

连续跑动的时间比距离重要。不少备战首马的跑者认为，赛前训练中必须至少试跑并在关门时间内完成一次 42 公里的全程马拉松，似乎只有这么做，他们才能相信自己能跑完比赛。其实，这是完全没有必要的。备战马拉松期间，每次训练的最长时间达到 3 个半小时就足够了：即使你 8 分钟完成一公里（比快走再快点的速度），4 个小时也能完成 30 公里了。而多数比赛的关门时间是 6 小时。如果在单次训练中用时过长，有可能增加伤病的风险，结果未必利大于弊。只要你的训练足够充分，比赛时，平日的训练将产生“累积效应”，赛前休息调整储备的体能，加上比赛当时的兴奋与精神力量，完成比赛还是没有太大悬念的。

灵活应对。训练计划为人服务，必须符合使用者的需要；对待训练过于僵化就容易受伤。如果某个训练日遭遇了恶劣天气，或是不得已而为之的临时加班，将原来的计划顺延一两天也无大碍。但切记不要采取“恶补”的方式连续训练，因为缺乏休息容易导致伤病。建议将长距离跑的练习安排在周末休息日等比较能够确定的时段，尽量避免因杂事影响长距离训练的效果。

注意休息。注意计划中的第八周、第十一周和第十四周都是休息周。这不是停止跑步，而是通过减少长距离跑来减少总训练时间。这段缓冲期为身体提供休息恢复的机会，避免伤病疲劳。如果你在某个星期因其他事务抽不出太多时间跑步，那也不妨把这个星期作为休息周，然后，把这个星期的训练内容顺延到下一周；如果提前已有预判，也可以将一部分训练内容提前到上一周。

寻找搭档。如果你感到独自跑步十分枯燥，不妨去找跑会友。加入所在地跑步组织的好处是，可以使训练变得更加有趣，不仅可以从高手身上学到很多跑步知识与经验，还可以扩展社交范围。你可以通过加入跑步团体寻找训练伙伴。

认真挑选比赛。业余跑者在参加马拉松竞赛时也可以过一把英雄瘾，享受观众的欢呼与志愿者的服务，如果完成比赛，还可以得到奖牌等比赛纪念品。在挑选第一次马拉松比赛时，不妨把娱乐性和参与性放在首位。以下是挑选比赛的考虑因素：

- **规模**。一般说来，参赛人数越多，比赛的娱乐性与参与性就越强，所包含的相关活动和娱乐项目越丰富，参赛的业余跑者也越多。试想，如果只有 500 人参加一项赛事，这 500 个人恐怕就是稀稀拉拉地分布在赛道的各个地方，也许在你身边连个伴儿都没有。
- **路线**。城区的比赛通常会穿越闹市区，不要低估了成千上万名观众热情呐喊与助威的力量。乡村地区的赛事则会冷清不少，但好在能观赏郊野风光。你喜欢哪类?
- **越野赛及高原赛**。这两类比赛更加艰难。组委会通常会对比赛地区的天气与环境进行简要说明，请查看赛事网站或指导手册。
- **温度与湿度**。湿热是马拉松跑者的天敌。理想的条件是：天气干燥但阴沉，空气质量良好，气温在 10~15 摄氏度。
- **信息检索**。在 Runner's World 杂志或者 www.runnersworld.com 网站上可查找全世界的比赛信息。（编者注：在中国田协网站上，可查找在田协注册的国内比赛信息。）

现在是行动的好时机

添置新鞋。一双合格跑鞋的寿命，大约是 600~800 公里的穿着里程。使用里程数过大的跑鞋，鞋底的减震层会逐渐失去作用。几双鞋轮替使用，可以使暂时不穿的鞋子的减震层得到恢复，从而延长每双鞋的使用寿命，还能减少只穿一双鞋带来的受伤风险 。

习惯边跑边补给。在比赛中适时补给食物（热量）和水分（运动饮料） 可以维持体能。如果你在训练时感觉比赛中必须吃点与喝点什么，可以去准备一个能盛放能量胶和运动水壶的跑步腰包，然后去练习习惯戴着它跑步。大型赛事一般都有水、运动饮料与食物补给点。在训练中，你可以试着每跑 5 公里就喝一点水，每隔一小时补充 100~300 卡路里能量食品，就像在比赛中要做的那样。

边跑边喝，节约时间。比赛中节约补给时间的最好办法，是从补给站随手抄起一次性水杯，边跑边喝。这个看似简单的动作，实际上也需要掌握技术与要领。为防止呛水或是把水浇到身上，最好在拿起水杯的同时轻轻将边沿捏扁，然后顺着捏扁后的一端喝水（找一个一次性纸杯反复练练就好）。

和训练伙伴一起创新。许多喜欢享受清净的独行侠跑者，在加入跑步组织后也变得活跃起来。长距离跑时，你可以调整训练计划，增加与训练伙伴的互动活动，使更多跑友能够陪伴身边。此外，跑步组织为了聚拢人气，还常常推出一些有趣的活动，例如接力马拉松、团体越野跑等等。

尝试比赛装备。不管比赛时你穿什么，都要在比赛前实际感受一下。在短跑中穿起来舒服的内衣可能在长跑时就会磨破皮肤。当然，谁都不希望比赛当天发生这种倒霉事。

注意营养与休息。备战马拉松训练期间，体能消耗较大。一些研究表明，长跑会暂时抑制免疫力，让马拉松跑者更加容易患感冒。在训练的时候善待自己，这样你就能以最佳的健康状态去参加心仪的比赛了。

给自己足够的时间训练。根据自己身体条件与以往的运动基础，提前 5~6 个月进行马拉松比赛的理想备战期。这里提供的计划，假设你具有每周跑四次、每次都可以舒服地跑完半小时的基础。请先通过训练达到这一基本门槛，再看这份为期 5 个月的训练参考计划。

计划中留出几周的“余量”，你就可以少受那些影响训练次数的临时事务干扰。俗话说“马拉松的唯一确定性就是不确定性”，这对训练和比赛都同样适用。但你依然可以把临时性安排对训练的影响尽量减少。留出几周富裕时间的好处是，就算你因为“加班出差”或“家务繁琐”等不可抗力耽误一周，也还能通过下一周进行弥补。即使你真的耽误了几次训练，也不要尝试短期“恶补”，因为短期内突然增加运动强度会增加伤病的风险。你只需要在原有基础上慢慢过渡到下一阶段的训练计划即可。要记住，如果你经过一段时间的“缺席”，那么恢复训练一定要“慢热”，不可冒进。但是，如果你耽误了好几周的训练，就得考虑重新安排计划了。

听从身体，善待身体。保持健康可能是马拉松训练中最难的部分了。一方面，只有保证训练强度，才能收到效果。另一方面，又必须谨防过度训练，以免导致伤病。学会平衡二者，要画准一条聪明的分界线。初跑者尤其容易运动过量，因为她们对过度训练的征兆并不熟悉。从未体验过的疼痛、抵抗力下降、睡眠失调以及高于以往的静止心律，都可能是身体过度劳累的信号。如果出现这些症状中的哪怕一项，宁可休息一天，也不要折磨自己继续训练；在疲劳状态下，训练的效果会大打折扣。

女性往往自认为比男性更能承受身心压力，因为当今的多数女性要同时面对紧张的工作、繁重的家务以及复杂敏感的人际关系。既然压力如此之大，在训练中就更得照顾好自己，不光要苦练巧练，更得吃好喝好休息好调养好。

以竞赛为目标

事物经历的过程越长，不确定因素越多。马拉松等长距离跑步比赛亦然。任何偶然因素在几个小时的过程中，都有可能被成倍乃至成十倍放大。例如，平时没有谁会太介意袜子有褶，但在马拉松比赛中这却可能让你有噩梦般的感受。如果你在比赛时把每公里配速都算错了几秒，那么总误差可能会达到几分钟。帮助珍妮·斯潘格勒[56]赢得1996年美国马拉松奥运预选赛的教练威利·里奥斯说："在跑马拉松时，即使一切看似完全按赛前计划进行，也依然难以断定最终的结果。决定权取决于你的选择，以及你平时训练下的功夫。"

当你决定自己能够跑多快时，你就进入了一个新领域。坦白说，你即将接受一个巨大的挑战。很多跑者都有类似的经历：一场全程马拉松几无惊险、平淡如水地跑下来，尽管后半程甚至跑得比前半程还快不少，但身心感觉却并不如预想的那般疲劳。这种情况唯一的解释是：你并没有拼尽全力。配速与匀速，对跑马拉松十分重要。在前半程，你既要为后半程的比赛留出足够的体力，又不能跑得过于保守。而在后半程，你既要尽量保持不低于前半程的速度，又要与或多或少的体能下降进行斗争。至于应当怎么去设计比赛策略，更多的还是要靠训练经验的点滴积累以及对自己跑步水平的正确认识。

五次通过美国奥运马拉松预选赛、参加过50场马拉松比赛的女性跑者简·威尔哲尔说："能否跑好马拉松，关键在于能否保持自己跑姿正确与配速均匀。"她进一步解释，能达到什么样的配速以及某个配速水平能保持多久，取决于平时练习的积累与对自己能力的正确认识。"在比赛当天，不要考虑任何比赛之外的事情。天气可能会很热或很冷，还可能刮风，你也有可能'不在状态'。这些能否成为影响成绩的理由，取决于你的训练水平与心态。在训练时，我关注我身体的感觉，用心体会并记住与各种配速及跑步距离对应的身体感受。"

这里提供的训练计划假设你是经过一年系统练习的中级跑者，具有每周跑3~5次、参加间歇跑和节奏跑经历等基础。如果你达不到这个水平，那么这个计划对你来说可能太难。如果你还处于练习基本耐力的阶段，将会很难穿插进行速度训练。如果你还没准备好进行这个计划，但仍想挑战自己，那就试试本章前半部分的训练计划，在每周安排一次节奏跑或间歇跑训练。

马拉松备忘录

在42公里的跑步中，会发生很多事情。你准备得越充分，比赛时就越有可能跑出好成绩。以下的备忘录可以帮你在比赛时省却很多麻烦。

比赛前一天

领取参赛号码和手册。这些提供重要比赛信息的材料，通常在赛前的赛事展会上提供。

56. Jenny Spangler，美国精英跑者、跑步教练；曾于1996年通过美国田径队奥运选拔赛（2小时29分54秒）。

徐濠萦冲刺华盛顿女子马拉松

大型赛事的赛前展会，还是跑步产品厂商、跑步组织与其他赛事组织者发布信息的重要场合。

提前准备好比赛鞋服与物品：把参赛号码按照赛事手册的要求固定在比赛服装上，把计时芯片绑在比赛鞋上，还要准备好防晒霜、赛后更换的干净衣物、防止皮肤与衣物摩擦的凡士林、医用胶布以及保暖衣物等物品 。如果有需要，记得提前把吃得惯的能量胶和盐丸等补给品以及应急用的手机、湿巾与零钱等放入贴身口袋或腰包。

如果比赛时气温较低，还要准备一次性雨衣、救生毯、大塑料袋等可丢弃的保暖用品。在集结区存包与等待起跑的时间里，这些东西可以裹在身上御寒。待到起跑后，这些东西就可以直接抛弃。如果比赛在雨中进行，一次性雨衣等还能帮你挡些雨水。另外，在温度过低时，请记得戴上能包住耳朵的棉帽与保暖手套 。

查看赛事手册，提前了解交通信息。例如：交通管制的情况如何？如何停车？怎么从终点回到起点？亲友应当在何处现场助威？一个靠谱的建议是，在比赛当天，由于起点附近通常实行交通管制，因此请尽量提前出门，搭乘公共交通工具前往起点。

赛前一天的晚餐要以淀粉类的高含糖量食物为主，为第二天储备体能。一定不能因为嘴馋而乱吃，特别是吃以前没吃过的东西。记得多喝水。

赛前一晚，放松心态，提早休息，保证充足的睡眠。

比赛当天早上

继续放松心态，保持自信。即使经历了失眠，也不要担心。

最迟在起跑前 2 小时起床，早餐继续以淀粉类食物为主，避免容易产生粪便的高纤维食品。

继续保证充足的饮水，还可以喝些运动饮料，但在比赛前半小时内要停止饮水。在任何可能擦伤的皮肤与衣物或是皮肤与皮肤接触的部位（例如腋下、腹股沟、脚趾缝、Bra 与皮肤接触的边缘等）涂抹凡士林与润滑剂 等。但是，不要往脚上涂太多润滑剂，过量会导致打滑，也可能会出现摩擦。

放松身体并进行短暂的慢跑热身。在比赛开始之前，追求成绩者进行 10 分钟左右的跑跳热身，使骨骼与肌肉进入运动状态。不追求成绩的跑者，可以牺牲比赛的第一二公里，用作慢跑热身并熟悉比赛配速。不要热身过度，以免透支体力。

注意起跑区分布。有的比赛会采取按照报名成绩分批起跑的方法，不同速度的分区有各自的标志，例如“6 分 / 公里”、“6 分 30 秒 / 公里”等。

训练质量更重要。很多女性认为，如果她们参加马拉松比赛，就必须达到每周跑 60~80 公里的训练量。这是一个认识误区，超出身体承受范围的训练会导致伤病。罗本说：“训练，尤其是马拉松训练，全部目标就是提高效率。关键是提高训练质量，而不是用低质量甚至出工不出力的跑量累积去比拼数字。你还要处理生活与工作中的各种事务，因此不可能把大把时间用来跑步。”

每周能够坚持 5 天高质量的训练就足够了。对于大多数女性跑者而言，每周训练 6 天是能接受的最大限度。罗本建议每周休息 1~2 天全面恢复体力。对于那些实在闲不住的“运动成瘾者”，不妨利用这一两天，去进行游泳等较为温和的交叉训练。

重视长距离训练。如果你想认真比赛，而不只是去随便打个酱油，那么就不能把长跑当作“用脚丫子打发时间”。威尔哲尔说：“要想跑出成绩，你必须拿它当回事。即使不能全程维持理想的比赛配速，你也要利用这个机会好好了解自己的身体并且认真感受它的反应。”

这份训练计划提供了两种形式的长跑：速度距离跑和长距离慢跑。二者结合，更能提高训练效率。一旦你能够坚持一次性跑 25 公里以上，在两个周末的训练中就要注意长短距离轮替。如果在某个周末长距离练习时，较上一周加量 3 公里，那么下一周的周末长距离跑就把距离控制在 16~20 公里。这种“劳逸结合”的方法，能够降低过度训练的伤病风险，还能让你从训练计划的交替中获益。

在某个周末单次训练量超过 25 公里时，你应当采用自己觉得“跑得舒服”的配速进行长距离练习。你可以跑慢些，

巧提示

如何在比赛中跑得开心？请看下文：

慢起步。在比赛之初，当你认为自己是在以计划配速跑步时，不妨略微放慢脚步。由于比赛前进行了休整恢复以及比赛时容易兴奋，最容易出现的一个错误就是在比赛之初跑得太快。在上半程每公里放慢几秒，总比在下半程掉速若干分要合算。

如果在比赛中要喝水，小口勤喝好过大口狂灌。你可以在补给点喝到水和运动饮料。

努力保持正确的跑步姿势。在长距离跑步中，人的身体或多或少会出现疲劳。此时跑步动作可能走形，例如耸肩含胸、步幅变小等，这将影响跑步的速度。正确的做法是平时加强核心力量练习，尽量保持正确的动作。在比赛中，可以根据里程牌提醒自己不断坚持。

长距离练习的目的是帮助你调整长跑时的身体状态。

下一个周末进行16~20公里跑步练习时，你应当采取稍快些的配速，例如相比比赛配速慢，每公里在比赛配速的基础上加快20~35秒。这么做的目的是强迫身体习惯持久的快速奔跑以及比赛配速。

本计划中最长的训练距离可达32~37公里。尽管有的人想尝试模拟跑一次马拉松，但还是建议他们把热情与体力留到比赛的时候。

根据训练决定比赛速度。这听起来可能很简单、很理所当然，但是备战马拉松最常见的一个错误就是先把“目标时间”锁定，然后再据此开展训练。如果相对于你的训练水平而言，这个“目标时间”要求太高，那它就只能是一个一厢情愿的空头奢望。

最好的办法是，先集中精力训练，然后根据训练状况去预测完赛成绩。对于书中的十六周马拉松备战计划，罗本建议，在进行到第八周时，进行一次16~20公里的测试演练；或者直接去报名参加一次半程马拉松。这些测试或比赛的结果可以用作预测马拉松成绩，以及制定比赛配速方案。在正式比赛来临之前，注意进行充分的休息放松。

以比赛速度训练。很多跑者忽视了训练最基本的方面。威尔哲尔说：“我见过太多女性以5分钟每公里的速度进行速度练习训练，以7分钟每公里的速度进行长距离跑，然后就去比赛，声称‘我要以6分每公里的速度跑’——但是，她们并不知道这么做的感觉。一位优秀的马拉松跑者应当做到，能够在任何比赛上，用自己熟悉并能够掌握的配速，均速完赛，跑出好成绩。”

一个可行的建议是：安排一些以比赛配速进行的均速跑训练。你可以在长距离练习的中段或末尾按照比赛配速跑上几公里。或者是在场地练习时，经过1公里的热身达到比赛配速，然后以稍微慢些的速度继续跑，直到最后一公里时再次提速到比赛配速。

罗本会让队员们在比赛前几周进行一次场地跑，然后测量跑3公里的时间，他们每跑400米就要看表，尽量保持比赛配速，详细请看第十五周的训练计划。

速度练习比比赛配速稍快。你的场地跑、法特莱克训练和节奏跑都要跑得比比赛配速略快，但是不要超过跑5000米时的速度。你没必要为马拉松练习快速冲刺，但是你会想尽量久的维持匀速，这样可以轻松一点。请参考以下建议（更多关于节奏跑、法特莱克训练和节奏跑的信息，请参见第六章和第七章。）。

巧提示

马拉松之后，遵循以下提示可以更快地恢复体能。

跑完比赛，要补充足够的水分、电解质与营养。在比赛结束20~60分钟内，吃些富含蛋白质和糖类的食物。比赛后尽快补充能量，可以加快免疫系统的恢复。即使比赛后觉得不饿，也要吃一些好消化的含糖类食物。

比赛结束后，尽快穿上保暖衣物，或者披上浴巾和保温毯。

为了防止乳酸堆积，可以尽快去游泳。凉水擦洗双腿，效果十分明显。

一次比赛结束后，可以放松休息几天，让身体从疲劳中恢复，而不是马上投入新一轮高强度的训练。

• 场地训练。热身 1~2 公里。接下来做 8 组高强度的 100 米快跑。然后按 5000 米的速度完成 800 米和 1000 米间歇跑。在每次间隔之间慢跑 3~4 分钟。最后放松跑 1~2 公里结束。

• 法特莱克训练。法特莱克训练将快慢结合融入到一次持续的跑步中。先进行 10~15 分钟轻松跑热身，然后将 3~6 分钟的快速跑和 2~3 分钟的慢跑交替进行。在同一次训练中，快速跑的累计时间能够达到 18~24 分钟（在整个训练中，有 6 段每段时长 3 分钟或 4 段每段时长 6 分钟的快速跑），其他以略慢于跑一万米的速度完成。最后，以 10~15 分钟的放松跑结束训练。

• 节奏跑。跑 2 公里热身。用跑一万米的速度进行 3 公里的节奏跑。如果打算跑长一些，速度可以适当放慢。尽量匀速完成练习，最后进行放松拉伸。

灵活应变，智慧跑步。

比起其他体育运动，艰苦训练与过度训练的差别，在马拉松项目中表现得更为明显，例如过度训练可能导致抵抗力下降。当你备战马拉松时，一定要留意身体的感觉，而不是根据一份根本不现实的训练计划，去贪多求快。

初级马拉松跑者训练计划

	星期一	星期二	星期三	星期四	星期五	星期六	星期日
第一周	休息	30 分钟	30 分钟	休息	30 分钟	休息	40 分钟
第二周	休息	30 分钟	35 分钟	休息	30 分钟	休息	50 分钟
第三周	休息	30 分钟	35 分钟	休息	30 分钟	休息	1 小时
第四周	休息	30 分钟	35 分钟	休息	30 分钟	休息	1 小时 15 分钟
第五周	休息	20 分钟	40 分钟	休息	30 分钟	休息	1 小时 30 分钟
第六周	休息	20 分钟	40 分钟	休息	30 分钟	休息	1 小时 45 分钟
第七周	休息	20 分钟	40 分钟	休息	30 分钟	休息	2 小时
第八周	休息	20 分钟	休息	休息	30 分钟	休息	1 小时
第九周	休息	20 分钟	40 分钟	休息	30 分钟	休息	2 小时 15 分钟
第十周	休息	20 分钟	45 分钟	休息	30 分钟	休息	2 小时 30 分钟
第十一周	休息	20 分钟	45 分钟	休息	30 分钟	休息	1 小时
第十二周	休息	20 分钟	45 分钟	休息	30 分钟	休息	2 小时 45 分钟
第十三周	休息	30 分钟	45 分钟	休息	30 分钟	休息	3 小时
第十四周	休息	30 分钟	45 分钟	休息	30 分钟	休息	1 小时
第十五周	休息	30 分钟	45 分钟	休息	30 分钟	休息	3 小时 15 分钟
第十六周	休息	30 分钟	45 分钟	休息	30 分钟	休息	3 小时 30 分钟
第十七周	休息	30 分钟	45 分钟	休息	30 分钟	休息	1 小时
第十八周	休息	20 分钟	30 分钟	休息	30 分钟	休息	45 分钟
第十九周	休息	20 分钟	20 分钟	休息	30 分钟	休息	比赛

高级马拉松跑者训练计划

	星期一	星期二	星期三	星期四	星期五	星期六	星期日
第一周	6 公里轻松跑	1 小时法特莱克训练	休息	3 公里热身，3 公里节奏跑，3 公里放松跑	5 公里轻松跑	休息，或者几公里轻松跑	13 公里
第二周	6 公里轻松跑	跑道：4 组 800 米	休息	3 公里热身，4 公里节奏跑，4 公里放松跑	6 公里轻松跑	休息，或者几公里轻松跑	15 公里
第三周	6 公里轻松跑	1 小时法特莱克训练	休息	3 公里热身，3 公里节奏跑，3 公里放松跑	6 公里轻松跑	休息，或者几公里轻松跑	16 公里
第四周	6 公里轻松跑	30 分钟	休息	5 公里热身，5 公里节奏跑，3 公里放松跑	6 公里轻松跑	休息，或者几公里轻松跑	18 公里
第五周	6 公里轻松跑	20 分钟	休息	5 公里热身，5 公里节奏跑，3 公里放松跑	8 公里轻松跑	休息，或者几公里轻松跑	21 公里
第六周	6 公里轻松跑	20 分钟	休息	5 公里热身，7 公里节奏跑，5 公里放松跑	8 公里轻松跑	休息，或者几公里轻松跑	16 公里
第七周	6 公里轻松跑	20 分钟	休息	5 公里热身，7 公里节奏跑，5 公里放松跑	8 公里轻松跑	休息，或者几公里轻松跑	26 公里
第八周	6 公里轻松跑	20 分钟	休息	5 公里热身，7 公里节奏跑，5 公里放松跑	8 公里轻松跑	休息，或者几公里轻松跑	16-18 公里
第九周	6 公里轻松跑	20 分钟	休息	5 公里热身，7 公里节奏跑，5 公里放松跑	10 公里轻松跑	休息，或者几公里轻松跑	30 公里
第十周	6 公里轻松跑	20 分钟	休息	3 公里热身，8 公里节奏跑，3 公里放松跑	10 公里轻松跑	休息，或者几公里轻松跑	10-12 公里
第十一周	6 公里轻松跑	20 分钟	休息	5 公里热身，5 公里节奏跑，5 公里放松跑	10 公里轻松跑	休息，或者几公里轻松跑	32 公里
第十二周	6 公里轻松跑	20 分钟	休息	5 公里热身，8 公里节奏跑，3 公里放松跑	10 公里轻松跑	休息，或者几公里轻松跑	16-18 公里
第十三周	6 公里轻松跑	30 分钟	休息	5 公里热身，5 公里节奏跑，5 公里放松跑	6 公里轻松跑	休息，或者几公里轻松跑	32-37 公里
第十四周	5 公里轻松跑	30 分钟	休息	5 公里热身，5 公里节奏跑，5 公里放松跑	6 公里轻松跑	休息，或者几公里轻松跑	6-18 公里
第十五周	5 公里轻松跑	30 分钟	休息	8 公里，包括 10 组 100 米快跑组	6 公里轻松跑	休息，或者几公里轻松跑	11 公里
第十六周	5 公里轻松跑	30 分钟	休息	7 公里，10 组 100 米快跑组	休息，或者几公里轻松跑	3 公里轻松跑 + 几段快跑	比赛

注意：如果你在训练中感觉特别累，那就把这周改成休息周。挑一周，跑一次只有 16~20 公里的长跑，这样你就不会落下较长距离的训练。然后在这周剩下的训练中只跑一些较短距离的。

欧阳靖挑战马拉松

训练记录

马拉松进入我的跑步词汇表，仅仅是因为很多朋友参加了 1996 年的第 100 届波士顿马拉松比赛。这件事对跑步圈影响很大，因为这是美国最重要马拉松赛事的百年华诞——简而言之，是不容错过的聚会。但是。波士顿马拉松不像其他赛事，它还根据年龄和性别，分组设置了报名资格要求。按照赛事规定，我得先想办法在 3 小时 40 分之内完成一次其他马拉松，才有资格报名参加波士顿马拉松。因此，必须抓紧训练。。

但是在这个过程中发生了一些有趣的事。我发现，我很喜欢在周末跑长距离，并且强度越大越好。我感觉很好，跑步水平提高很快。我找到了自己的一片天地。一位朋友偶然提到 2 小时 50 分钟的马拉松成绩就可以达到美国女子奥运马拉松运动员入选资格 ，看似一句玩笑话，竟然重新燃起了我童年时的梦想与斗志。虽然我从没想过自己能够真正拿到这个资格。1996 年春季，我一度接近了这个成绩。

那时，教练对我寄予厚望。在他看来，尽管我忙于其他事务，每周只能跑 60 公里，但以我在训练中的表现，冲击 3 小时大关还是可以一试的。我参加了 1995 年秋天的双子城马拉松 ，当时只有一个目标：获得奥运会马拉松预选赛资格。我根本没有“比赛中如果出现问题该怎么办”的心思。

前 33 公里，我都按照 2 小时 50 分完赛要求的配速全力以赴。然而，逐渐袭来的疲劳让我越跑越慢，甚至痛苦难耐。当我用了 2 小时 55 分钟完成比赛后，我失声痛哭。虽然没有达到 2 小时 50 分的预计成绩，但毕竟比 3 小时 40 分的波士顿马拉松资格要求快多了！教练对我的哭泣无法理解，根本体会不到我当时悲喜交加的心情，但他还是很用心地安慰我。

我既开心又难过，两种心情交织在一起，看似矛盾，但却是我当时最真实的感受。欢迎进入马拉松的世界。

第十章 跑步社交，你准备好了吗

通过跑步收获健康快乐，以及挑战自我的满足感。

对于一部分女性来说，跑步是纯粹的私人事务，可以享受难得的安静独处时光——她们乐于倾听自己的呼吸声与脚步声，欣赏自然之美，感受属于自己的世界。

对于另一部分女性来说，跑步是社交生活的重要内容。志同道合的跑友们在一起，能做的事情并不只有跑步。读书、美食、旅行等等，都可以成为跑步社交的延续。

不管你喜欢那种类型，总会遇到二者的交集。也许在有的日子里你渴望独处，而另外的时间你希望与熟悉的跑友结伴而行。乐山乐水，这二者其实没有什么优劣高下之分，所谓“倾向”也只是个人自愿选择的问题。最重要的事，是通过跑步收获健康快乐，以及挑战自我的满足感。

单独跑

跑步，必须亲力亲为，因为没有任何事物能够替代你的双脚。当你体力耗尽时，就算有再多的掌声与鼓励也无法替你向前半步。每次跑步的体验，只有自己心里最为清楚。从这个意义上说，跑步确实是一项私人事务。跑者之间很少互相询问：“你自己跑了那么久，途中不感到孤独吗？”因为她们清楚，体验与忍受“孤独”就是跑步的乐趣之一。跑步时的独处体会，就像跑步能够练就身心健康一样，都是这项运动的价值所在。

对于独处爱好者而言，独处时光的宝贵在于它是思想的源泉，能够使人在冷静中自省和思考。独自跑步能够舒缓大脑的压力，帮助打开心结并激发创造思维。利用跑步时的头脑风暴琢磨出解决工作问题好点子的例子已有很多。

从提高跑步水平这个角度来看，单独跑步的好处在于，你只需在意自己，无需顾及他人。你只需要忠实地执行自己的练习计划，而完全不必在意别人的快慢。而且，你的时间你做主，完全不用担心参加约跑时因计划临时有变而被吐槽“放鸽子”。

女性对单独跑步的最大顾虑恐怕是安全问题，特别是冬季单独夜跑或晨跑，以及在不熟悉的场合单独跑步，因此有些女性从不单独跑步。与此同时，另一些人毫不把这些放在心上（关于跑步安全的信息，参见第十七章）。

也有人发现，一个人跑步的结果往往是虎头蛇尾、始乱终弃，因此很难有坚持跑步的积极性。独自跑步更容易分心或打退堂鼓。不过，喜欢独自跑步的人，通常拥有极强的个性，对自己的私人空间异常珍视。

和伙伴一起训练

志同道合的训练伙伴所能发挥的作用，远不止督促你定时出勤的“人肉闹钟”那么简单。与跑友们一起训练和交流，可以使跑步感觉不那么枯燥，时间不知不觉就变“短”了。跑友们最初因跑结缘，但其中有些人会因为其他方面的共同兴趣爱好走得更近。

什么人才能称得上“最佳跑友”？平日里关系最好的朋友未必就是你的最佳跑友。你很难想象把一位又宅又腐的闺蜜生拉硬拽到训练场上，然后让她枯坐半晌替你数圈。同样，你也不可能打肿脸充胖子跟一位身为超级运动达人的姐妹淘携手出征百公里越野

巧提示

怎样寻找跑步组织？去微博等社交网站与运动网站看看吧。中国国内知名的有：

1. 益跑网
2. 豆瓣小组：喜欢跑步的人
3. 跑步圣经网
4. 跑吧网

如果你身在海外，不妨直接访问 Runner's World 或美国路跑者俱乐部（www.rrca.org）等网站，后者罗列了全美主要跑步俱乐部。

跑。最佳跑友，应当是那个与你水平相近又能够与你分享跑步体会的人。

好的跑步伙伴的首要条件，是训练水平和时间安排与你相近。如果你是初跑者，一个与你志同道合、能够理解你的挣扎与困惑并乐意与你分享喜怒哀乐的初级跑者，更有可能成为你的跑步好搭档。当然，如果碰到乐于助人、能够为你提供宝贵指导建议并乐意陪着你一起跑的跑步高手，自然是初级跑者的一大幸事。

如果你已经具有一定的跑步与比赛经验，打算在未来的比赛中刷新自己的成绩，那么有一位实力略高一筹并且与你意气投和的跑友来充当你的训练伙伴，将是一大幸事。在她的带动与激励下，你也许会比过去跑得更快一些，幸运的话，还真能创造出新的最好成绩。但这只是一种可能，另一种不好的可能是，你们在盲目攀比、谁也不服谁的拉锯战中双双遭受伤病困扰。

暂且不论水平，从性格上看，最佳跑步伙伴应当是一个乐于交流分享、谦虚友善、能够以自己的行动去积极影响带动他人的合群之人。精英跑者，密歇根安阿伯市的教练安•博伊德说："和你一起训练的人，决定了你的下一级水平。如果你的训练伙伴让你失望，那么就要从自己开始做出积极的改变！"

与团队一起跑步的另外一个影响是，其他人的情绪容易感染到你，或许是令人振奋的正面积极鼓励，又或许是令人沮丧失望的不良情绪。例如：妒忌别人跑得快、吃的多还长不胖，埋怨自己一到比赛就掉链子，因为跑不过伴侣而感到丢人，等等。不论哪种负面情绪，都有可能干扰甚至削弱你的自信。

博伊德说："你要相信自己可以实现目标。"仅仅是因为别人说你做不到就灰心，或者你假设自己做不到就不去尝试，都会阻碍你的进步与提高。如果想要找个一起跑步的伴儿，记得去找一位具有积极影响作用的人。"

跑友组织

对于初跑者和中级跑者来说，最好的"跑步社交"和在"社交"中提高自己的方法，就是加入跑友组织。在跑友组织中，你会遇到一大批志同道合、爱好跑步的朋友，不论年龄与水平，大家因跑结缘。在这种交往环境中，你更容易找到合适的训练伙伴。

美国路跑者俱乐部前执行董事亨利•盖碧尔说："大家对跑步组织总体上还是非常欢迎的。尤其对那些在正在犹豫要不要继续坚持跑步的女性初级跑者来说，跑步组织可以帮助她们坚持下去。"

你可以根据自己的跑步计划来决定如何参加跑友组织的活动。有些跑步组织通常每周会组织 1~2 次集体活动，而那些意气相投的跑友可能联系得更为频繁。有些组织会定期举办场地跑训练，也有些偏爱组织路跑或越野跑活动。加入跑步组织后，你一方面可以继续专注自己的训练，另一方面又可以寻找合适的跑步伙伴。在跑步组织中，大家可以就训练经验、跑步装备、比赛心得等话题进行开放的交流与讨论，可以组团赴异地参赛并旅行，在提高跑步水平之余，享受跑步与交友的乐趣。

教练

过去只有学校田径队和少数精英跑者需要教练，现在情况改变了。由于跑步运动的日益普及，跑者队伍不断壮大，对专业教练指导的需求也不断增加。同时，能够为各种水平的跑者提供指导与帮助的跑步教练也越来越多，正如救生员与理财师那样。有的跑步组织还会与教练合作，为成员提供训练指导。即使是初级跑者，也可以找一位收费教练，根据其指导进行训练，改善健康，提高成绩。

每一位教练都有一套独特的理论和训练方法，关键是他所提出的建议与要求是否真正符合你的需要。就好像跑鞋一样，对你而言，最适合的就是最好的和最有用的。如果你不喜欢被发号施令，那么就不要找那种盛气凌人的魔鬼教头。如果你希望在提高成绩的同时体验专业训练，那么就不要找一位和蔼但平庸的好好先生。出色的教练，在性格上应当让人觉得既易于相处，又严格要求，对身边人的身心状态都能产生巨大的激励。

你对待跑步越是严谨，就越得信任自己的教练。不合适的训练计划会打击你的自信，影响你的比赛成绩。在业务能力上，教练应当愿意并且能够回答关于训练、竞赛与健康方面的问题，并且有能力为学员按需制定不同阶段的比赛计划。

“弟子不必不如师”，跑者未必不会超过教练。有的教练本身就是正值当打之年的大牛，有的教练已经结束了巅峰时期。但是，一位开明的好教练，绝对不会妨碍你的成长与进步，而且还能够就你将来的训练与竞赛提出建设性的意见。

和汪星人一起跑步

狗总是任劳任怨，不会“吐槽”主人，而且喜欢定时出门遛遛，因此是很好的跑步伴侣。尤其对女性来说，有狗陪跑还能增加跑步时的安全性。如果你想带狗跑步，首先要确定你的狗适合跑步。美国保护动物协会宠物权益中心前主任、兽医学博士莱斯利•辛克莱[57]说：“人练习跑步的道理对狗同样适用。你得循序渐进增加训练量，你的狗也一样。”

辛克莱博士给出了一些带狗跑步的建议：

请兽医给狗做个体检，确定狗没有不适合跑步的疾病与身体异常。

如果你打算带狗跑步，记得最初要有耐心，要让狗逐渐习惯。

注意狗的年龄与品种：幼年狗和小型狗不适合参加长距离跑步之类的高强度运动。

记住，你的狗不会说话，你只有通过观察才能得知它的身体状况。如果狗跑得喘着粗气直吐舌头，那就是它累了，必须马上休息。

狗在长距离跑步时也要喝点水，吃些东西，记得给狗带上点必要的补给品。

57. Leslie Sinclair，曾供职于 Humane Society of the Unitde States。

RUN

留意狗的爪子。作为跑步伴侣的狗，脚爪必须状态良好，不能有伤口和断掉的趾甲，要远离路面上可能使狗受伤的尖锐物体。冬天还应当特别注意及时清除狗爪上的冰雪，因为狗也是会被冻伤的。

训练狗的专注性。你必须保证，你的狗不会在陪跑时把你晾在一边，而去跟其他狗嬉戏打闹。

私人教练

跑步教练、私人教练都是持证的体育健身指导服务提供者，但是具体到跑步，私人教练可能并不如跑步教练专业。私人教练更适合那些刚刚开始跑步计划，只是想把跑步作为整套健身计划一部分的那些人；或者为塑形者与老年人等特殊人群提供健身指导。另外，私人教练可以为你提供由跑步、力量练习与柔韧训练共同组成的有氧运动方案。

资深业余跑者，有时也需要要向教练请教力量训练、稳定性练习以及交叉训练等问题。在求助教练时，一定要记得自己在跑步方面最亟待解决的问题是什么。对于备战马拉松而言，在避免伤病的情况下，增强耐力是第一位的。但是，那些擅长提供“一体化健康解决方案”的私人教练，未必能在发展耐力专项方面提供足够的“干货”。

寻找私人教练，可以从健身房开始。不少健身房都提供私人教练服务，而且教练队伍内部可能还有专门针对客户年龄、性别、运动种类与健康状况的分工。在与教练面谈时，你应当说明自己的身体现状、对训练内容的要求以及计划中的目标。有的教练还会在签约前提供一次免费咨询。

跑步训练营

和教练一样，如今的跑步训练营也不再是专业精英们的专利，各个水平的跑者都可以参加。跑步训练营是学习跑步知识，结交跑友的好去处。除了专业教练带领下的团队跑步练习，训练营还会讲授会跑步动作、营养健康、柔韧练习、训练计划等内容；此外，还会有抽奖互动等娱乐环节。在训练营里，你也容易找到与自己水平相近的训练搭档。
参加训练营的时光虽然短暂，但是收获的快乐能够持续很久。

目前，大大小小的民间跑步组织和跑步训练营已经在全国遍地开花。例如，耐克等国内外知名运动品牌已经在北京、上海、广州、武汉等大城市投入资源，成立面向跑步爱好者 Nike+ Run Club 与面向媒体界跑者的 Nike Media Run 等跑步组织。

Nike+ Run Club 微信平台是一个聚集了众多 NIKE+ 跑者的

Nike+ Run Club
微信服务

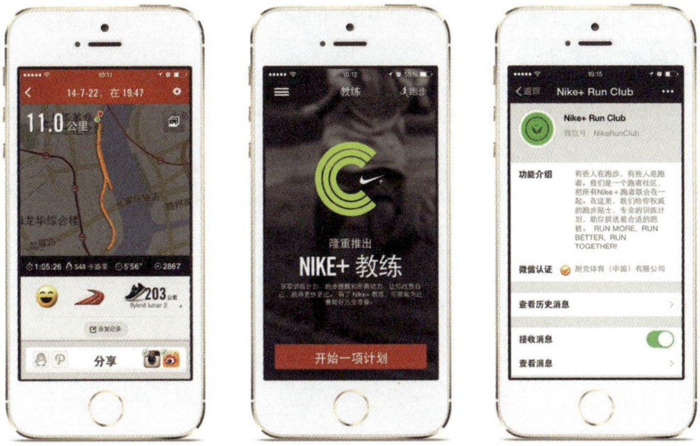

跑步社区。在这个微信服务号下，跑者可以了解权威的跑步贴士，挑选最合适的跑步装备，找到志同道合的跑者。微信搜索NikeRunClub（或扫描后附QR code），即可订阅服务账号，每项服务都以菜单选项卡呈现，包括：

跑者指南

训练计划：针对不同跑步水平跑者，提供图文并茂的马拉松训练计划和NTC跑步拉伸教程。

训练健身贴士：跑步、训练、补给和恢复建议。

跑鞋、跑步路线推荐：跑者可以通过微信号下的“如何选鞋”工具提交自己的足型、跑步目标、身高体重等信息，系统将针对性地推荐最适合的跑鞋；浏览北京、上海、广州、厦门、青岛等10个城市超过70条热门跑步路线地图

跑团约跑功能

加入或组建跑团：输入“地理位置”，系统会自动推荐你的地理位置附近的跑团，一键即可加入；跑者也可以创建自己的跑团，邀请朋友加入一起跑。

NIKE+跑者的专享

NIKE+的用户，还可以在Nike+ Run

巧提示

如何找个靠谱的教练？请先做足下列功课：

打电话或者直接和教练见面，请他（她）谈谈跑步经验以及训练和辅导的方法。最好能够了解其他客户对这位教练的评价。

要求看看这位教练为与自己水平类似的跑者制定的训练计划。

如果这位教练正在指导一个训练营，可以去体验一番，了解其他跑友们的看法。

在美国，跑步俱乐部和跑步用品专卖店可提供一些跑步教练的信息。赛事展览会上，也会有相应的展示。此外，还可以查询美国路跑者俱乐部的网站，该俱乐部有自己的教练认证体系，网站上列出了每个州通过认证的教练名录。教练收费标准差别很大。在美国，跑步教练的费用从0美元/月到250美元/月不等（费用并不必然反映出教练的专业水平，很多好教练并不收取过高的费用）。一些教练与跑者签署半年到一年的长期协议，很像健身俱乐部的做法。如果私人教练想跟你签长期协议，你可以先和他（她）签一个短期试用协议，先参加免费指导，或是预付最初几次课程的钱。

最近网络教程十分盛行。一般说来，网络课程可以反复观摩，但缺乏个性化的互动指导，更适合那些有一定运动基础，能够根据自己的情况对讲授内容进行正确取舍的资深跑者。而对于初级跑者，更需要的还是面对面的真人现场示范与指导，网络课程只是作为参考补充。

Club 微信号下登录 NIKE+ 账号进行绑定，查看自己在社区中的排名；还能第一时间了解和参与耐克组织的各种线上活动，赞助赛事，产品测评。

此外，你还可以郊区或景区进行越野跑，或是利用出差的机会体会一下在陌生环境中奔跑的乐趣。

关于美国的跑步训练营，你可以看看 Runner's World 网站或是美国公路跑者俱乐部网站的训练营列表。

男女搭配

跑步是为数不多的可以让女性和男性在一个真正公平的竞争环境中一较高下的运动之一。跑者们不分性别，按大致同样的方法训练，参与同一赛事。所以，不像在其他运动中分设男女组别分别比赛，在现今绝大多数的马拉松赛事中男女组别同时进行，差别只体现在颁奖时的名次上。女性参与者和男性参与者在跑步中可以像训练伙伴一样在路上轻松运动。对女性来说十分幸运的是，在和男性一起跑步时，极少有不好的经历。

几十年前，长跑还只是男性精英跑者的禁脔，女性参加长跑为思想保守者所不容。但是，即使在跑步运动发展的早期，大部分男性还都是支持女性跑步的。

亨利 • 盖碧尔至今依然记得她在 20 世纪 70 年代中期第一次加入跑步俱乐部的经历，那时这个团队有 75 名男性，却只有 5 名女性。她回忆道：“虽然男女比例差异较大，俱乐部的气氛还是十分宽松、包容的，成员来自各个阶层，而且尤其欢迎女性跑友加入。”

如今，大部分的跑步组织都向女性敞开了大门。与 20 世纪 70 年代相比，而今的男女比例更接近 1:1，而且还出现了专门针对女性的跑步组织与跑步赛事。男女跑者共同训练时，通常根据速度而非成绩分组。盖碧尔说：“现在越来越多的女性开始跑步，女性并不介意与男性一起跑。她们不仅不害怕跑步，而且很多年轻一代的女性跑者倾向于男女合练。跑步成了一种社交行为，甚至成了结识异性的一种方式。”

然而，一些女性初跑者和年长的女性跑者还是更愿意与其他女性跑者在一起。对她们而言，寻得水平相近又谈得来的搭档更重要，因此加入跑步俱乐部仍是寻找跑步伙伴的最佳方式。

如果夫妻二人都热爱跑步，并且水平差别不大，那就再好不过了。一起运动、健身的夫妻怀有同样的热情，运动本身就是夫妻关系的粘合剂，对双方的身体和心理都会产生积极的影响。这样的夫妻之间几乎不会发生由于选择什么消遣方式这样的琐事而引起的矛盾。但是，跑步却未必是同为跑步爱好者的夫妻共处的黄金时光。如果夫妻二人因为水平差距较大，快的时常挖苦取笑慢的，那么最好还是分开训练，避免干扰与矛盾。

不过，即使夫妻二人速度差异较大，也不是不可能跑在一起。例如，跑同样的时长，或是快的跑步、慢的驾车补给跟随；或是快的每隔一段距离等等慢的；再或者，两人将训练内容交叠，慢的进行速度练习，快的进行放松跑。总而言之，不值得让“跑步中的争吵”破坏夫妻关系。如果不适合一起训练，分开单练也未尝不是好的选择，要好过引发伤害二人关系的矛盾。

训练记录

我与大多数女性跑者的成长历程近似。高中时，由于没有女子长跑队，所以我是和男生一起跑的。在 20 世纪 70 年代，女子长跑备受歧视，我也有一些不愉快的经历，但我依然是幸运的。我的哥哥和我在同一支运动队里，他的朋友们也都接纳了我。他们可以保证我一直都很安全。结果就是：比起后来在女子长跑队的经历，男女合练的这段日子让我感到更加放松和快乐。女队中的女孩们都话太多了，对自己的要求也不严格，而且一到比赛就容易紧张掉链子。

是的，我有偏见。这明显就是一种“逆向歧视”，因为我看不惯那些女性跑者的缺点。我一进入大学就端正了态度，与志同道合的女伴们结成了训练伙伴和要好朋友。现在不少年轻女性完全是作为男性的竞争者成长起来的——他们把训练和比赛视作理所当然，全然不知女性为争取跑步权益的抗争史。

即使是这样，我至今仍然会时不时地享受和这些人在一起训练的时光——当然更多的是回忆。我发现在这个过程中，不是所有的男性都能成为靠谱的训练伙伴，一如高中里那样。

也有为了证明“女性不可能超越男性”而坚持不懈的男性。和这样的男性跑步，你有两个选择，要么不要理会，要么由着他们猖狂得意一把。我记得某跑步俱乐部里的大老爷们在谈起女子高手时一脸敬佩：“她们跑得太快了！有几个男的能追上？”

我与某位男性友人一起跑过一次。我跟他提到，我在次日还要跑 24 公里，他欣然决定同跑 PK。当我把自己的计划速度告诉他时，他只是惊讶说：“太好了！”不过，他越来越跟不上我的脚步。我放慢速度跑完前 16 公里后，就再也见不到他了。不过，即使没有他的陪伴，我还是顺利地完成了这次跑步。

我最得意的一次“男女同跑”，是在参加一次商务活动时。一家跑鞋厂商组织所有来宾参加晨跑，被邀请者的水平参差不齐。组织者对我说，大多数参加者都是初级跑者，活动的主要目的是社交推广。我对他们说自己想认真跑一回，他们就叫我去几条街以外的宾馆，因为高手都会从那里出发。等我到了那里，七位男士正好准备起跑，他们不反对我的加入，但明显不以为然。

他们边跑边相互聊天，说的尽是些我不关心的话题。不过，我觉得自己状态不错，就开始加速，跑了几公里后，我在一个丘陵公园里超过了一个人；很快，又超过了下一个，然后再一个。这时，他们已经没有心思去扯闲篇了，其中一位男士对另一位说：“她要追上了！”距离终点不到两公里时，第一集团只有我和两位男士。而且，他们开始对我刮目相看：“你跑得真好！你是谁呀？”此时，我终于感到自己得到了应有的尊重。

我们生活在一个鼓励追求自我
与实现自我价值的时代。

第十一章 各种平衡

那些精力充沛、试图同时追求事业、家庭、健康、社交和精神生活的女性，堪称“超级女性”。其实，在所有的女性身上，多多少少都有“超级女性”的影子。我们生活在一个鼓励追求自我与实现自我价值的时代。在事事兼顾的过程中，不可避免地要面对如何权衡优先顺序的问题。有些时候，你可能把事情安排得非常圆满；而另一些时候，你可能会一团慌乱。

跑步可以强身健体，释放压力，使人快乐；同时，坚持跑步也需要投入大量的时间。你得在排得满满的日程表上把跑步的时间单独规划出来。即使案牍劳形，挤出时间跑步也可以帮助你保持身心健康，并且许多朋友的亲身经历都证实这是可行的。

为什么你应该花这个时间

美国跑步协会的前任执行董事苏珊·卡利什说："锻炼不是自私的事。它会让你变得更好，这最终会有益于你的家庭、工作以及其他所有事情。锻炼可以让你保持年轻，让你尽量长久地保持理想的形象。"卡利什是两个孩子的母亲，她说很多年前她就知道跑步可以变得更健康、更自信、更乐观。"在家里，我宁愿多花一些时间跑步，成为一位充满活力的妈妈，而不要整天枯坐，毫无生气。"

这是一个很激进的想法，尤其对于过惯了老派生活的年长女性。然而，这不仅仅只是卡利什的想法。研究证明，有规律地进行跑步等运动，确实可以减轻焦虑，改善身心健康。进一步的推论是，良好的身心状态可以使人充满活力，更好地实现自我、有效地服务社会并与他人愉快相处。

如果你是一位母亲，花时间去运动也会让你成为孩子的积极榜样。当我的女儿通过我了解到跑步可以保持身材和改善情绪时，我很高兴。这就是一种积极的影响和对自己的肯定。卡利什说："一个强壮的人通常被视为一位坚强的人。当你在一个圈子里的能力被认可，人们会增加未来看好你的信心。"

为什么会有对跑步的反对声

有些人对跑步并不感冒，却习惯于从旁冷嘲热讽。她们可能会因为跑得比你慢而挖苦道"跑得脑子都笨了"；也有可能被你一个月跑了500公里雷得外焦里嫩，因为她们根本做不到，或是惊叹你的自信；还有可能善意地劝你爱护身体、别做傻事——而事实上，你的身体你最懂。

如果朋友们经常对你跑步的事说三道四，那就该找找原因了。如果她们不跑步，说闲话的原因可能是妒忌你拥有大把自由时间去跑步（实际上，如果用心规划自己的生活，她们也能挤出这么多时间），嫉妒你保养有道（跑步塑身，谁跑谁知道），再就是眼红你的独立个性（确切地说，是她们的依附意识太强）；当然也有可能她们更热衷其他技巧性运动（游泳、打球等）。另外的原因，也许是她们认为你忙着跑步而疏远了她们。

也有一些女性认为自家老公爱好跑步是"不务正业"，并由此引发夫妻矛盾。其实，爱好跑步至少还能锻炼身体，总好过爱好吃喝嫖赌、沉溺酒色财气等彻头彻尾的不良嗜好。对于那些看不起女性跑者、"大男子主义"根深蒂固的男性跑者，避免与他们斗气窝火的最好办法就是不去招惹他们，同时让他们知道，面对真正的女子专业高手，他们连人家脚后跟的土也吃不到。

如果女伴根本不允许他去跑步，那么这个问题处理起来远比在训练后闹矛盾更棘手。表面上看似是抱怨自己的另一半将大把时间拿去跑步，问题的实质则是企图干扰别人的私人空间和控制别人的自由。发生这种情况时，双方应当认真谈一谈怎么在爱好与二人关系之间取得平衡，需要理性处理分歧，才可以摆脱困境。

向自己做出承诺

当你做了跑步的决定，下一个问题就是：时间从哪来？如何在繁忙的一天中抽出时间去跑步？答案很简单：把“挤时间”变为“利用时间”。

一个靠谱的办法是，做一份跑步计划表，把能够利用来跑步的时间写在纸上，记在脑子里，然后监督自己去执行。为此，你需要对自己的日程表进行调整，把运动时间加入其中，妥善处理家庭、工作与爱好之间的关系。如果你打算每天随性而跑，那么结果很有可能就是因为各种临时安排与拖延“明日复明日”，再宏伟的蓝图也要被束之高阁了。

在规划时间、制作跑步计划时，你可以参考以下建议。

一日之计在于晨。把跑步安排在早晨，作为每天必做的第一件事。赶在处理其他工作与生活事务前，先完成当日的跑步计划。如果实在抵御不了睡懒觉的诱惑，那么就把跑步行头放在床边，一起床就赶快换上；或者把窗帘拉开，让清晨的第一缕阳光唤醒你。还有一个最简单的办法：尽量早睡早起。你的身体将会逐渐习惯并喜欢上晨间跑步的感觉。

下班后马上跑。跑步可以帮助你排解职场压力，作为一天的轻松结尾。前提是减少不必要的吃喝应酬，远离电视、电脑等诱惑。为了节约时间，你可以从工作场所直接去健身房，或是从工作场所直接跑回家；把看短信、查邮件之类的事情留到跑步结束以后。

弹性工时，创新安排。如果你所就职的公司采用人性化的弹性工时，那么恭喜你，你可以抓紧时间做完案头工作而后立刻去跑步！你还可以邀请同事们一起跑，何况在跑步中或许还能找到解决工作问题的灵感与思路呢。

将跑步作为社交方式。一个日渐风靡的新观念是——请人吃饭不如请人流汗。用跑步社交代替吃喝应酬，已成为一些成功人士在亲友圈中推崇的新时尚。

照顾孩子也能跑

作为年幼孩子的母亲，平日的忙碌程度自然是可想而知的。但是，如果你下定决心，仍然可以在照顾孩子的同时享受跑步的乐趣。请看下面的建议：

跑步婴儿车。跑步婴儿车可以减少路面崎岖对车内儿童的冲击，同时能够将儿童紧紧地固定在座椅上，手刹和腕带可以提高安全性。尽管如此，在使用过程中，你还是得拿出十二分的小心，随时关注孩子的状态与交通安全。

跑步机。买一台跑步机放在家中，就可以跑步看孩子两不误了。即使天气不好，你也可以在家里跑个痛快。

戏水池跑步。当你的孩子能够安全地在游泳馆的儿童戏水池玩耍时，你可以在儿童戏水池里围着孩子跑步。

合作当保姆。利用社交媒体发起一个“妈妈跑团”，找一群家有幼子的年轻母亲。大家在一起训练时，可以轮流照看孩子和跑步，还能相互交流运动保养与教子心得。

操场或者公园。当孩子大到可以自己玩的时候，你可以带着他们到学校操场或是绿地公园独自玩耍，注意跑步时不要让孩子离开自己的视线。

家庭健身。当你跑步的时候，让小孩骑童车跟随。

跑步路上

即使你训练刻苦、计划科学，一切看似完美，但难免一些不期而至的事情会影响跑步。例如，临时加班、必要的社交与差旅等。

如果你要去参加一次具有特殊意义或是十分难得的差旅，那么就不要担心因此错过跑步。毕竟跑步可以事后弥补，水平也不会因为缺练几天就明显退步，而差旅机会也许来之不易。当然，最好的安排是利用出差办事的机会感受异地的跑步氛围，这样两不耽误，你只需要带上跑步必要装备就好了。当在黎明中奔跑，你会目睹沉睡中的人们无缘目睹的景色。在不同的地方跑步，是了解当地风土人情、发现不为人知或易被忽略的细节的好机会，相信一定会带给你开车兜风等方式所无法体验的感受。

商务旅行会比较复杂。如果为了事业必须化身“空中飞人”，那么就想些办法坚持跑步。不管商旅行程多紧，我总是带着跑鞋 。好几次，我都在凌晨 4 点醒来，外出晨跑。不过，现在很多酒店都有康体中心，你可以用那里的跑步机 进行锻炼。

加利福尼亚州卡尔斯巴德的乔安·斯科特从事航空服务业，也是一位经验丰富的跑者，参加过国家级比赛。她对此深有体验：即使旅程繁忙，你仍然可以把跑步时间当作思考与放松的黄金时间。所以，无论多忙，还是尽量“创造”时间去跑一会儿吧，跑总比不跑好。她说：“你在训练时或许会感到十分疲惫，你也可能无法跑出真正的水平。但只要你调整预期，然后去跑就好了。”

她还提出了以下差旅期间的跑步建议：

合理安排训练。在陌生环境中跑步，安全始终是第一位的。因此，异地出差时，酒店康体中心或附近健身房里的跑步机 就成了一个好的选择。

多补充水分。旅途劳顿，有时难免不能按时足量喝水，这个问题必须引起注意。无论身在何处，都要尽量保证足够的水分摄入。少喝茶与咖啡等刺激精神的东西，喝鲜榨果汁以及适量的运动饮料 。

尽量吃好。在你的酒店房间内储存一些水果。在商务场合随身携带些热量富集的零食来抵挡饥饿。白天和正餐吃饱吃好，到了晚上你就不会对着高热量饮食和甜点胡吃海塞了。

根据时差调整作息。如果你从圣地亚哥飞赴伦敦，在抵达之初的几天，会感受到时差带来的身体不适，显然这会影响你的训练。你需要调整跑量和速度，让自己感觉舒服一点。

休息够，限制晚间娱乐。为了保证睡眠与次日的精力，乔安·斯科特想出了一个办法。她对发起晚间饭局的同事说：“如果你早上起来和我一起跑步的话，那我今晚就陪你去喝杯酒。”

变化的角色

平衡生活、工作与运动绝不是一时之事，而是贯穿人的一生。你既要兼顾不同人生阶段的生活与工作安排，又要通过锻炼保持身体健康。

如果你对跑步越来越痴迷，尤其是到面临比赛的时候，也许你会很难面对偶发状况。苏珊•卡利什说："你要学会适应。做自己可以做的，设定优先顺序，但是必须给自己足够的休息时间。"对卡利什来说，孩子重新安排了她的优先顺序。她说："工作不影响我跑步，婚姻也不影响我跑步，但是为了孩子，我得重新计划。"在她的第一个孩子出生之前，她曾非常认真地参加比赛，并且认为自己在生育后很快就能投入训练，恢复以前的状态。"但是孩子出生 4 个月之后，我意识到事情根本不想自己原来想的那样。"

此后几年，卡利什都对不能像以前那样跑步耿耿于怀，但她还是接受了现实，重新设计自己的跑步生涯。"我最终意识到，与以往相比，我处在人生的一个全新阶段。这一阶段的重点，是让孩子在一个和睦温馨的家庭里茁壮成长，之后才是跑步。"卡利什说："我原本也想不到，既得照顾孩子又得上班，会对跑步造成如此大的影响。对于女性而言，'如何面对人生中的不同阶段'这样的棘手问题，只有人生阅历能够解答。生活的智慧会让你逐渐摸索到平衡之道。"

面对这种状况的女性还有很多。当不得不为生育和抚养孩子暂时牺牲跑步（这一阶段可能长达数年），她们会很想念以前跑步时那种挑战自我的成就感和令人羡慕的好身材。也许她们有了孩子以后一辈子都回不到过去的巅峰状态，但是凡事都要往积极的方面想。即使剔除了竞技因素，跑步仍然是一项具有社交功能、有利身心的健康运动。与其坐而论道，哀叹哪些失去的跑步好时光，不如起而行之，用跑步重塑自我。即使进行普通的健身跑，也总好过转行当宅女。

在生活中，当有的事情不像计划的那样发展时，预测未来就是一件很难的事情。然而，跑者可以从跑步中收获耐心、毅力以及长远的目光。来自爱达荷博伊西的贝琪•罗伯茨大概有 20 年跑龄，她说："跑步一度是我生活的中心。在那样的时刻，跑步没有乐趣而只有压力。但是现在我意识到，不管怎样，跑步促成了我的成长。我学会了不论何时都不要过分沉迷某事，这和跑得尽兴并不矛盾。这是关键，因为我知道，过分沉迷任何事都没有好处。"

过犹不及

当大部分女性想方设法协调生活琐事、安排时间跑步时，个别女性毫不犹豫地将跑步作为最优先的事情。对于这些女性来说，跑步就是一切，甚至影响了家庭和工作。美国田径运动员管理部门、美国田径队田径马拉松发展部的大卫•马丁博士说："我称之为'沉溺'。"

运动心理学家指出，跑步虽然不像酒精和毒品那样危害健康，但它也会使个别人产生强迫性的依赖。如果对跑步形成了强迫性的依赖，甚至不顾伤病，那么就严重偏离了作为健身方式的初衷。

不论水平如何，总有一小撮跑者可能发生这种类似"强迫症"的问题。马丁博士说，虽然研究人员才刚刚开始了解哪些人比较倾向于发生跑步强迫症，但是很多人都同意，引发这种行为的原因多少与"成功"有关。这种成功的定义很宽泛——可以是任何东西，从赢得比赛到减轻 5 公斤。马丁博士说："跑步产生的满足感可以有多种形式。例如，某女士完成了马拉松，而她之前并没想过自己可以做到，或者她赢得了同龄组奖牌，又或者她对跑步塑形的效果感到满意，以及获得了来自其他跑者的认可，等等。”获得他人赞许的诱惑不可抵挡，这些赞许也包括别人对自己的身材、表现和能力的肯定。

马丁博士解释说：“当难以寻找大众公认的‘成功’（例如金钱、权力、影响力等）时，极少数人会转而追求其他方面的‘一鸣惊人’。其实任何“成功者”都会不断地挑战自己的极限，但只有超越极限，才会知道自己的极限。”

一些教练认为，女性比男性更容易产生这种痴迷，但是没有证据可以证明这点。马丁博士认为，这个看法可能是因为女性和男性的行为差异。例如，女性可能更为迫切地需要被认同、被寄予厚望或是扮演好他人眼中的传统角色，而忽略了自己的真实感受。这些因素都意味着，女性在训练方面或许与教练交流更少，更喜欢自己闷头琢磨。

一些女性用跑步来填补空虚，或者麻醉自己。她们通过专注于跑步来逃避生活中的问题。当她们在锻炼中感到很累的时候，就没有精力去想那些不顺心的事情了。如果你跑到这个程度，就要引起注意了。因为再继续下去，可能就会偏离健身与挑战的初衷。如果你以为自己到了强迫症的程度，那就真得找心理医生了。

平衡是关键。马丁博士说：“追求卓越是好事。跑步本身是好事。你可以投入，但不能走火入魔。二者之间仅有一线之隔。”

训练记录

我生命中最艰难但也最满足的时刻之一，就是我在一家发行遍及全国的杂志担任主编，同时还不忘看看自己到底能跑多快的时候。我每天训练两次，不让任何事情干扰我跑步。这意味着，我要放弃晚餐、电影、聚会、约会以及假期等。我告诉自己，除了伤病，我不会因为任何事情放弃跑步，而且我也确实做到了。有一次，由于我早上 7 点要乘飞机出差，所以我在 4 点的时候就强打精神去跑步。天还是一片漆黑，我的身体也还在睡眠状态，但是我还要坚持训练。

关于那段经历，我想在这里提出两点。事后分析——我没有安排好跑步和生活的其他方面。那年，我并未如愿通过奥运马拉松预选赛，还在比赛前一周得了流感。训练已经打好了充分的基础，但我却在关键时刻掉了链子。从此，我意识到了过度训练的残酷。

但是关于这种无奈的放弃，我有什么遗憾吗？遗憾远不止以上一个。在对待跑步的思路上，我不知道正确地认识自己，不能把握“过”与“不及”之间的尺度，这是将我引向歧途的根本大错。

我一直和自己较劲，而且我也知道，自己已经不能再负担额外的任何压力。即使这样，我也知道自己的能力比想象中要大许多。但是，如果没有尝试，我只能一直徘徊。

好在错误并不严重。彼时的我，没有孩子，单身一人，一人吃饱全家不饿。因此，意识到错误并不太晚。

“平衡”意味着在人生的不同阶段各有重点。回首那一年——我连部电影都没看过——很多亲友可能会说我太痴迷跑步了。但是我知道，这段经历是这一年中最值得拥有的。生命中这样的机会不常有。平衡？现在我可以把当时贯穿全年的各种“高强度”训练和以后的健身跑平衡起来，后来我跑步就是图个乐呵好玩，丰富调剂自己的生活。

第十二章
保持动力并超越：跑步的精神层面

一些人天生善于找到动力，即使面对这些暂时的困难，也毫不动摇。

跑步的年限越长，就越容易长期坚持跑步。事实上，很多跑龄在以年计算的资深跑者抱怨，在跑完后进行拉伸放松时的感觉反倒不如跑步时来得痛快，不管是身体还是内心。当你达到这个阶段时，“是否有动力坚持跑步”就不是问题了，因为跑步可能是你一天中最放松、最惬意的时刻。

但是，在此之前，如何为自己坚持跑步提供精神动力十分重要。相信跑者们都经历过在温柔乡里滚床单和风雨无阻“挑战全天候”之间的纠结。

跑步的动力会因为很多原因而消沉：例如，腻烦厌倦，长进有限，压力较大以及缺乏跑步时间等。一些人天生善于找到动力，即使面对这些暂时的困难，也毫不动摇。但是如果你遇到困难更倾向于绕道前进或放弃，那么你的毅力还有待继续培养。锻炼心智的过程一如锻炼身体。

当你发现自己惧怕跑步，而不是期待它时，你首先要寻找产生这种感觉的原因，到底是懒惰厌倦，还是体力下降，或是伤病影响？如果是身体方面的原因，那么最好的办法是抓紧修养恢复。

如果你的身体很健康，那就反思一下自己是不是缺乏跑步的动力：我是不是在频频为不跑步找理由？我是不是忙于其他事务？我是不是宁可大把空闲时间上网、看电视也不愿意出去跑步？当你发现自己对跑步变得厌倦或者意志消沉时，不妨试试本章中的相关提示。即便真的偶尔某天犯懒不想跑了，只要不至于从此筋骨生锈、荒废跑步，那就随它去吧。顶多过几天再重整旗鼓收拾河山。记住：逝者不可及。永远不要纠结于过去与跑步有关的不愉快事件，也不要因为一段时间的消沉就过分自责。只要能够热情饱满地迎接新的一天，你就能够热情饱满地去跑步，并且跑过之后感觉会更好。

如何应对厌倦腻烦

你可以不时给自己的跑步注入一些新鲜感。例如，变换路线、改变训练内容、约亲友同跑或是跑步时听点歌曲等。如果每天都跑同样的路线，用同样的速度进行同样内容的练习，能保持兴趣才叫怪呢！

很多跑者都有固定甚至刻板的跑步习惯。跑步对他们而言，似乎只是没完没了的跑圈。要想跑得开心快乐，千万不要掉进这个“圈套”。在跑步运动中，多的是乐趣，少的是羁绊。你可以试着摘下手表，用身体和头脑感觉并判断速度。你也可以投入大自然的怀抱，去郊外尝试越野跑。通过跑步体验环境，你会有不一样的感觉。

你还可以去参加公益慈善跑，用行动帮助弱势群体。此外，还有光猪跑、赤脚跑、家庭跑、情侣跑等各类新奇好玩的跑法，足以闪瞎你的眼球！

开个好头

万事开头难。只要你能坚持按照训练计划来到练习场所，就是完美的第一步。至于在跑步过程中如何坚持，那是后话。例如，对于一些人来说，在寒冷的冬季，爬出热被窝，换上跑步行头走出家门，着实是个“艰难的决定”。但是，如果他们勇敢地迈出了第一步，那么一般不会立刻反悔回家补觉，而是会选择哪怕咬牙坚持跑上一小段。犯懒时，不妨说服自己，哪怕是象征性地跑一小会儿也是对抗惰性的一大胜利。只要你能迈出第一步，新鲜的空气、沿途的风景、路人的关注都会成为你坚持的动力。如果你出门跑了十多分钟，依然感觉昏昏沉沉的，那就走跑结合坚持一会儿。如果状态还不见好转，就说明今天你确实不在状态，身体发出信号建议今天休息，此时再回家歇着也不迟。

记住，即使是世界上最好的跑者都会有这样那样的状况，也会有心不在焉、形同梦游的低谷时刻。处于低谷时，她们与我们一样，宁愿在家吃冷饮、看电视、泡网，也不愿迈出大门去跑步。有史以来最伟大的女性运动员之一的杰西•乔伊娜•柯西承认自己也有在比赛将近时犯懒的经历。她采用了前文所述的“走出家门就是胜利”的激励方法，并告诫自己：“万事开头难，只要迈出第一步就好，酱油跑也好过不跑。”

提高跑步的优先级

没人会惊讶于你每天去工作，但有人会惊讶你还能抽空经常跑步。试试在你每天的日程安排中适当提高跑步的优先等级。如果这看起来有点吓人，那就先拿两周当试点——足够时间去改变日程。把它想成是对自己健康的投资。

成为“社交跑者”

与跑友们约定一起跑。当有约在先时，你更有可能参加相关的活动。

回想过去

如果你现在懒得去跑，不妨回想以前跑步时感觉有多好。你需要一个“启动器”来让自己重新跑起来。

准备跑步装备

如果第二天早上要去跑步，那么提前把跑鞋和服装 放在床边。如果你想下班去跑步，那么就把它们放在办公室。把装备放在看得见的地方，也会激发你跑步的动力。

设定目标

对于一些跑者，如果没有比赛、阶段检验等奋斗目标，日常训练就难免松松垮垮。任何人都可以有一个目标，但不一定是比赛成绩。对于初级跑者，每次一口气跑 30 分钟或坚持在一个月里每周跑五天，都是了不起的目标。

保持乐观态度

防止消极情绪滋生，也很重要。几乎所有跑者都会有在一段或长或短的时间里对跑步意兴阑珊的经历，不管她们多努力地尝试，都不能找到像以前那样跑得尽兴舒服的感觉。有人对此感到紧张，导致跑步变得更艰难。这种“懒散—自责—紧张—懒散”的循环可能持续数天乃至数周，人在其中会变得沮丧压抑。就连专业运动员都承认有绕不过去的低潮期，对此你也需要牢记于心。

专门辅导女性长跑的威利·里奥斯十分强调随时保持对跑步的乐观态度。里奥斯拿一个一度沮丧的跑者作为案例：“在一段时期内，她的水平一直原地踏步，甚至有退步的危险，为此她十分懊恼消沉。但是，通过改变锻炼的重点，以‘为赛而练’取代‘为练而练’，她可以换个思维角度看自己，从而打起精神，通过认真训练走向成功。”

每一次跑步都会有些许不尽人意。例如：“本来可以跑得更快”、“步子太小”、“没有跑够预想的距离”等等。不过，你也可以往积极的方向去看。例如：“虽然有所保留，但还是比上次快了不少”、“步子小没关系，我可以尝试练习提高频率”、“我毕竟是出门跑了，总好过宅在家里对着电脑”等等。跑得更快、更远、更轻松是成功，在恶劣雨雪天气下踏出家门去跑步，并且安全返回家中也是成功。始终以乐观的态度对待每一天的每件事也是一种成功，而且是更大的成功。

里奥斯因为帮助这类沮丧的女性跑者重塑信心而为人所知。他说："如果你心情很差，不妨想想过去受过的白眼和歧视。既然人人知道这种滋味不好受，那么你为什么还非得跟自己过不去呢？"

积极的态度是可以培养的。试试下面的办法：

找出每次跑步中哪怕是一点满意之处。只要你用心，"酱油跑"也有它的可爱之处。例如：至少我看到今天外面景色不错，至少我没有用不健康的办法消磨时间，至少我跑完觉得精神好多了。能找到的满意之处越多，从跑步中得到的享受就越多。

进行积极的自我提示。消极往往起源于理想与现实的差距。不要停留在消极的自我暗示当中，相反，尝试用积极的自我提示来代替。例如：在某次跑步发挥失常后，你可以想"老娘比自己的最好成绩慢了不是一点点呀"，但其实你也可以想"楼上那谁谁谁胖得恨不得滚着上下楼，她光羡慕我还来不及呢"。

结交积极向上的跑友。让自己处在一个对成功充满渴望的氛围中非常重要，这适用于跑步，也适用于生活的方方面面。专业跑者都善于创造亲友团队班子来鼓励自己争取最佳表现。远离那些动不动就对人讽刺挖苦、让人觉得不开心的人和事。主动接近可以激发信心与活力的人。

正确地坚持跑步。就像女性要经历工作、家庭生活的不同阶段一样，她们可以期待经历不同的跑步阶段。承认这一点，可以在长期内帮助你减少挫折，在跑步中积蓄积极的力量。

如果你习惯了把跑步作为每天雷打不动的必修课，那么工作变动、深造充电、生儿育女等一切影响跑步的事务都会对你造成巨大影响。跑步只能为这些事情让路，至少是暂时的。在那些没有跑步或是不能像过去那样跑步的日子里，你多多少少会感到一些消极。

美国跑步协会的前任执行董事苏珊•卡利什，在第一个孩子出世之后也经历了这样的一段时期。她回忆道："当时我觉得自己身材尽毁，再也跑不了以前那么快、那么远了。我甚至听到'跑步'一词就认为是有人翻旧账挖苦我。"

在她的第二个孩子出世之后，卡利什决定转换一种不同的观念：接受事实，降低身段。将跑步作为一种日常健身方式，而不再去追求速度和竞技性。这个办法奏效了，她又可以开开心心去跑步了。她说："我曾经认为（竞技性）跑步让已为人母的我感到消极，幸好剔除竞技性的健身跑让我重获快乐。"

如何看待与坚持跑步，对于要扮演多重角色的女性跑者十分重要。记住，不要让跑步成为生活的"众矢之的"和竞争压力。事实上，把跑步当作消遣、放松与享受，反而更容易长久坚持下来，而且还能感受到开心快乐。

精神健康的众多好处

保持对跑步的长久热情，是你在跑步时必须努力培养的一个方面。然而，锻炼意志力还有另外一方面：这项运动对精神与心理的要求远远胜过对生理因素的要求。在某种程度上，你从跑步中获取的并不比付出的少。当你在努力坚持时，当你有所进步时，如果你在生活中还发现了其他乐趣，不要感到惊讶。

举个例子来说：在比赛前一天的早上，我正坐着吃早餐，很多女性跑者正在讨论她们为什么跑步。一些人说，这是留给自己的时间。一些人说，这是对自己的认可。一些人说，为了保持理智。轮到一位女性说的时候，她列出了几点原因，其中有放松压力和健身。再后来有人说，丈夫第一次打了她，跑步是她为了感觉强壮和一切都在掌控之中而能为自己做的。

桌边的女士们都点头表示理解。这位陌生人的精神状态令人震惊。她们或多或少也曾有这样的心态。她们不见得都是家暴事件的受害人，但是在生活中人一定需要力量感和掌控感。不论开展新的工作，还是遇到家庭问题，或者只是感到孤单寂寞，都需要通过自己能够控制的精神力量去振作起来。某种程度上，跑步给予女性这种力量。

这是连女性跑者自己都感到惊奇的地方。女性跑者彼此感兴趣的话题，远比分段成绩与腰围来得深刻。对她们来说，跑步不仅仅是有氧运动，还是生命中不可或缺的一部分。对这些人而言，跑步是沉思，是治愈，是发泄，是成长。跑步在她们心目中的作用如此之多，以至于对女性跑步热潮乃至女性的生活态度都产生了积极的影响。

爱达荷州博伊斯的圣路克女子健身中心[58]共同创办人之一、女子精英跑者安妮•奥黛因表示，她将跑步的本质和益处归结为一个字——动。当讲到跑步对女性的影响的时候，她不断地提到这个字。

奥黛因说："通过动，达到净化。在身体运动时，周围的空气、你所吃的食物、你的血液等等也都在动。如果一切一成不变，你反倒会觉得难以理解。总之，动给了你如此之多的能量。"

这种"动"涉及人的身心两方面所有的能量。很多女性跑步的初衷是身体健康，跑起来却发现跑步能够给人带来精神力量。在一项对各年龄段和各水平层次的女性跑者进行的调查中，超过半数的人表示她们跑步的主要原因是放松压力并享受只属于自己的时间。

心理学家、加利福尼亚州圣克鲁兹的"运动之道"人类潜能中心的创立者、马拉松运动员杰里•林奇[59]博士这样理解："女性一旦坚持跑步，跑步对身体与心灵的益处便会伴随她终身。"林奇博士认为，很多女性正处在发现跑步对人的身体与心灵影响的十字路口。她们把自己跑步以来的身材变化作为体会这种影响的第一步。其实，跑步对人的影响与益处还体现在生活的方方面面。52 岁的玛丽是一个很好的例子。她在跑步 3 个月后就决定跑马拉松。她解释说："我正处于生命的转折点，我需要改变。我重返校园，这些都是与我紧密相关的事情。如果我能在做到这一切的同时还坚持跑步，那么我相信自己也能把其他事情做得完美。"这就是玛丽的自我激励。

58. St Luke's Women's Fitness Celebration,Boise,Idaho。
59. TaoSports Center for Human Potential in Santa Cruz，Calironia。

发现自我之路

很多女性发现，跑步或多或少能够改善生活。这些女性对跑步益处的认同如此强烈，以至于她们已经将跑步视为生活中不可分割的一部分。

对于我来说，跑步成就了我破茧成蝶的过程。可能没有人会看到这个过程，但是自从我12岁的女儿在一场校园比赛中打败了全校的男女同学，从这时起，我看到了蜕变的过程。我见识了女儿的天赋，鼓励她也去跑步，一整个夏天，都是她跑而我看。我也成功说服一位女性友人跑步。直到32岁，我才发现自己能继续跑步，而且跑得更快。这种自信完全改变了我的生活观，是一个伟大的开始。

——亨利•盖碧尔，美国公路跑者俱乐部前任执行董事

我在结婚并有了4个孩子以后才开始跑步。我对自己的看法是：为人妇、为人母始终是第一位的。但是当我开始跑步之后，我很惊讶，有的人似乎对跑步以外的事情漠不关心。她们称我为戴安。这给了我一种强烈的探求自我的感觉。在跑步时，我不再是母亲和妻子，而只是一名跑者。跑步给了我改变余生的勇气，其中包括寻找志同道合的友人。

——戴安•帕尔马森，60岁组跑步冠军，女性跑步训练营的合伙创始人之一

我天生骨骼变形，13岁时进行了双脚矫形手术。在术后恢复时期，我第一次加入了跑步俱乐部。那时，人们对女性长跑还存有偏见，竞赛中的女子跑步项目大多也只是400米和800米，但我还是很快爱上了跑步。对于我来说，当初跑步是为了比赛，现在则是作为动态的思考。不管我思考业务问题，还是排解压力，或是遇到烦心事，我都会出去跑步。如果烦心事能在跑步时消解，那就说明它根本不算什么。对于那些跑不掉的烦恼，我必须认真想办法去解决。这就是我放松压力和思考的方式。

——安妮•奥黛因，爱达荷州博伊斯圣路克女子健身中心首位专业女性跑者和共同创办人之一，第一批专业女性跑步运动员之一

跑步怎么帮助女性

几乎任何体育活动都可以改善你的精神状态。研究表明，锻炼，尤其是耐力方面的锻炼，对男性和女性都有很多帮助，可以振奋精神、减轻压力。但是说到女性跑者，你会发现还有其他益处，有的深入骨髓，有的甚至是科学无法解释的。

看看这些女性跑者的评论，是否让你有似曾相识的感觉？

“跑步对我有镇定作用；我在跑步中思考如何解决问题，这是我的思想火花最活跃的时候。”

“跑步之后，自我感觉超棒，对生活也充满了热爱。”

“几个小时跑下来，我佩服自己的毅力，这就是一种认可。”

“跑步让我开心，让我变得乐观；跑步还帮助我解决问题，想到更好的观点。”

“跑步给我自信和内心的平静。我越来越强壮，生活越来越合拍。”

“跑步大大提高了我的自尊心——它让我相信自己可以做其他事情。”

“现在我很自信，我的成就感已经充满了生活的各个角落。”

一项简单到双脚交替前进的运动，何以具有如此之多的益处？跑步的简单可能就是关键的答案。跑步有助于思考，这在很多其他运动中是不可能的。这项完全依靠自己体力进行的、脚踏实地的运动，没有必要借助各种设备，更不会因为器具问题半途而废。跑者们会发现，跑步的时候，是思想最自由或最能聚精会神的时候。

保持着 60 岁年龄组从 200 米到 80 公里女子跑步纪录的戴安 • 帕尔马森说：“在其他个人运动项目中，或许可以看到跑步的影子。但是，只有尝试了，才能知道跑步的感觉。跑步的益处是可以计量的。当你‘跑有所得’的时候，这份宝贵的收获只能是你一个人的财富。而在我们生活的其他部分，很少有能够如此明确计量的事物。当你取得一个可以量化的目标时，你绝对自我感觉良好。”

当女性在跑步中实现了可以量化的目标——不论是减重 10 公斤，还是 5000 米跑进 20 分钟时——她们的收获与满足感要远远大于这些表面上的数字，有时候甚至会超过取得相同成绩的男性。

通过运动，男性在成长过程中培养了乐观的自我认知，中年和老年女性亦然。参加运动的女性发现，运动能够培养自信和控制力。越来越多的年轻女性开始跑步，未来女性不必非得人到中年才有机会去运动。

跑步在女性的生活中发挥着如此积极的影响。美国跑步协会会员、芝加哥临床心理学家里昂·霍夫曼博士将跑步作为一种治疗方案。他说："当今世界中，自我认可十分重要。然而不幸的是，一些女性有这样那样的心理问题，因为她们的性格被磨练成了"漏斗"，而不是"杯子"。对于她们，一旦无人喝彩，就会失去动力。跑步可以弥补这些。女性可以按照自己喜欢的方式跑步，从中获得自信与快乐。跑步时，也可以尝试各种新鲜，展示自己的风采。这种自娱自乐可以带来快乐，不必非得依靠他人的关注与认可。"

运动心理学家林奇说：跑步与女性是绝配。跑步要求人形体流畅、刚柔相济，他认为这本质上就是女性的特征。"女性倾向于从精神层面上探求跑步的意义。女性和勇气、陪伴与合作在一起就是自然的。在她们跑步时，不管输赢，她们最终都会拥抱在一起，互相祝贺，然后分享心得，她们始终在学习进步。"

训练记录

今天我在雨中跑步，春泥特有的温润气息扑面而来。直到将近成年，我才开始跑步，在跑步中开始了新的成长。我跑过了路上的泥水坑，溅了满脚的泥水，脚趾瞬间被那冰冷的温度惊醒。我一直跑，直到忘却了负担，忽略了时间。而就在几分钟前，我还在办公桌旁冥思苦想。我一直跑，直到全身上下找不到一处干燥的地方。全身湿透，滴着汗水，停下，笑容在脸上漾开。我一直跑，放佛我又跑回了童年。雨中的路人，或许拼命地寻找躲雨歇脚处，或许已在淋湿后无可奈何——在他们冲我微笑的片刻，我们都是跑在雨里的孩子，年龄在此时显得是那么多余。黑云压城城欲摧，我迈着孩童般无忧无虑的脚步，转身跑向家的方向，丝毫感觉不到疲劳和拘束。我把云和雨当成与我这老小孩戏耍的玩伴。我想象自己是一位跑了20年的老妇人，而且还在继续跑着。"老妇"系紧鞋带，把担忧和老骨头都留在了门口，老当益壮，慢而弥坚，但跑步时的心态依然像个孩子，以我孩子般的步伐游荡在这路上。跑步，可以使人保持"年轻"。每次跑步都像是在帆布上作画般的艺术。有时是明快亮丽的暖色系，有时是肃穆压抑的黑白风。一些跑步像悼词，一些则像是贺词。当你生气时，跑步就像痛苦的耳光。当你开心时，跑步就是欢乐的歌声。如果你即将通过跑步"破茧重生"，动力就是突破原来的自我。当然，在每天发生的所有事情当中，跑步都会给你以动力。

第十三章 吃好才能跑好

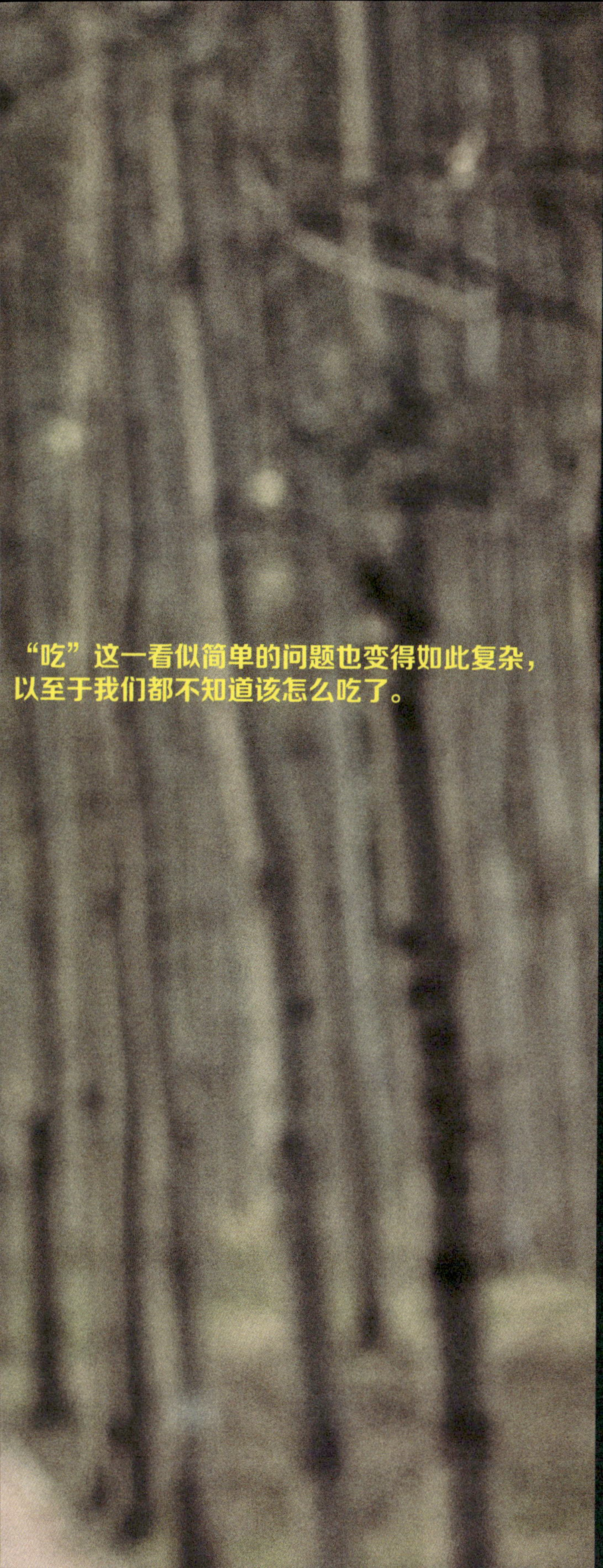

“吃”这一看似简单的问题也变得如此复杂，以至于我们都不知道该怎么吃了。

早上一睁眼，各种媒体上的各类营养保健品就开始狂轰滥炸了——碳水化合物很好！碳水化合物不好！不要吃这么多的高脂食品！多吃一些高脂食品！鸡蛋、巧克力、红酒、大豆等，凡此种种，铺天盖地，直到晚上睡着也不消停。几乎每周都有“砖家”、“叫兽”粉墨登场，就吃什么、怎么吃等问题拍砖打脸，好不热闹。在试着去习惯喧嚣的同时，我们必须用科学家般的态度去认真学习探索，分辨对错优劣。

讽刺的是：人人都知道要信科学讲科学，要拿证据说话；可是，面对琳琅满目的被吹得神乎其神的食品、药品、保健品，我们做出了多少理智的判断？人们的富贵病等健康问题日益严重，“吃”这一看似简单的问题也变得如此复杂，以至于我们都不知道该怎么吃了。

饮食舆论界里，一股暗流正在袭来：与“精细化饮食”、“营养补充剂不可或缺”、“快餐也能吃出健康”的论调相对，“吃真正的食物”这一返璞归真的观点正在得到越来越多的关注。“吃真正的食物”的支持者说，只要可能，就不要吃罐头、瓶装食品或者快餐。

《南希·克拉克运动营养指南》的作者南希·克拉克博士说：“让我感到灰心的是，现在人们只考虑碳水化合物、蛋白质、脂肪，但她们忘记了真正的食物。”

在南希看来，真正的食物是土里种的、树上长的和地上走的食物。最健康的饮食是买这些“真正的食物”，然后在家里用简单的方法做着吃。

本章，我们要具体看看什么才是女性的健康饮食。同时，请建议：尽量多吃真正的食物。如果你一定要记住一件事，那就是它了。

女性饮食的原则

如果你跑步，那就得更加关注合理饮食。因为身体的消耗增加，为了保持体能，就必须摄入更多的食物，提供足够的热量与营养。专门研究运动营养和女性问题的美国饮食协会发言人塔米•贝克 解释道："当你长期进行有规律的锻炼，身体就会变成一部运转良好的机器。你会对营养不均衡越来越敏感。打个通俗的比方，这就是赛车和普通车的区别，前者对燃油品质的要求远远高于后者。因为你正在向一个更高的层次前进，虽然宅女们也需要注意合理饮食，但是饮食对于运动爱好者的影响显然更为显著。"

身为跑者，你不能不关心营养。这是一件好事，因为要坚持跑步就必须重视健康。

另外一个好消息是，有营养的饮食未必"食不厌精、脍不厌细"，往往并不需要复杂的制作流程。你不需要把大把时间浪费在厨房和超市。实际上，只要对自己的身体有充分的了解，你就能吃得健康又简单。虽然饮食也越来越带有"时尚"的特色，但营养常识的科学道理是不变的。你可以从忽视畅销餐饮保健类图书开始，不要去理会那些看上去就非常极端和不靠谱的说法。你的主要目标应该是平衡能量的摄取与消耗，用健康的方式来平衡三餐。

健康平衡

一些跑者只吃面条、面包圈和香蕉，她们相信吃足够的糖类食物是成功的关键，极少碰含有蛋白质与脂肪的高热量食物。另外，一些跑者则极其信赖蛋白质：她们会吃大量的瘦肉，而不去碰面包与谷物等富含碳水化合物的食物。

谁是对的呢？这简直成了一场大辩论。不管是碳水化合物、蛋白质还是脂肪，都有一批支持者。久而久之，争论愈演愈烈。很早以前，跑者在比赛前会使劲吃大鱼大肉。20 世纪七八十年代，先耗空糖原再重新补充大量碳水化合物的"淀粉饥饿法"大行其道。到了 90 年代末期，高蛋白质饮食再度流行起来。

在这些争论的背后，不要忘了人的共性。你的生理构造与新陈代谢过程和其他跑者没有本质的不同，其他人能吃的，你也能吃。伊利诺伊州香槟市的运动营养学家苏珊•昆德拉特认为："基本观点是不能偏废任何营养来源。"她指出，被许多运动员接受的高蛋白饮食可能会有反作用："作为'时尚'的运动饮食方式，它也许是有害的。可能无法在跑步中及时为身体提供能量。在这一点上，高蛋白明显不如碳水化合物。"避免在"吃"上盲目跟风很重要。在不知不觉中吃下不适合的食物，并引发不适，可能会让你产生"我不适合跑步"的错觉。而真实的原因是你要么没吃饱，要么消化出了问题。总之，没有掌握吃的要领。

维持碳水化合物、蛋白质和脂肪平衡的更为现代的方式，是一个叫做“营养周期”的概念。这个观点认为，我们的身体和训练会在一定时期内发生周期性的变化，而营养需求也会随着这些改变而改变。

美国奥委会的运动营养学家鲍勃·赛博哈说：“未来的趋势是饮食方案随着生理目标的变化而改变。”在赛博哈和那些高度重视表现的运动员一起工作的时候，所有的运动员就可以从这个“动态平衡系统”中有所收获。在这个系统当中，运动员根据身体需求稍微改变了她的饮食方案。具体做法如下：

基础建立时期（春天，回归训练，基本耐力练习期）：碳水化合物摄入量要较高，保证训练中得到足够的能量；蛋白质摄入要适中；保持脂肪摄入较低。

强化训练时期（夏天，间歇训练和场地训练）：保持更高的碳水化合物摄入；但是增加蛋白质，因为在强化训练当中肌肉的负担较重；脂肪摄入低。记得，此时训练强度大，因此要增加热量摄入。

竞技时期（比赛前）：适当多吃碳水化合物丰富的食物，减少摄入脂肪与蛋白质类食物。

休息期（恢复时期，冬天，比赛之后）：适当多吃富含蛋白质的食物，控制脂肪与碳水化合物类食物。减少热量摄入，控制体重增长。

因为膳食平衡基于身体需求，在这当中，没有一个固定不变的数值去参考，只是在直观上进行把握就可以了。这对大部分女性来说是很有道理的。毕竟，有几个人会对食材进行精确称量，会去化验食物的成分？对于那些坚持用数字说话的人，考虑以下热量摄入参考值：从碳水化合物中摄入 60%~65%，从脂肪中摄入 25%，从蛋白质中摄入 10%~15%。

真正更重要的是了解经过科学检验的常识，也许有些常识与当前大肆炒作的各种“时髦饮食法”截然相反。饮食基础应该是谷物及其制品，如面食与米饭，并且这些谷物在从产地到餐桌的过程中，经历的加工环节越少越好。排在第二位的是新鲜水果和蔬菜，它们能提供各种维生素、纤维和微量元素，甚至能减少罹患癌症与中风等致命疾病的风险。第三位的才是鱼肉蛋奶豆制品与坚果等副食品。甜食与高脂肪类饮食需要适当控制，不宜食用过多。

如果严格按照这一排序，只有极少数女性（不管是在美国还是世界上）能吃得这么“科学”。总的来说，女性饮食可分为两个流派：一类是强调碳水化合物，排斥脂肪和蛋白质的；另一类则截然相反。而生活中的各种错误论调，以及对某类饮食（例如肉类）根深蒂固的偏见，大都可以从这两个对立派别的论战中找到“依据”。

现在，营养学家认为，健康饮食的关键是营养来源的多样化，尽可能扩展可接受的食材的范围。说得通俗一点，通过饮食，杂食者比严重偏食者能够摄入更多的营养。严重偏食和暴饮暴食都会导致营养与消化方面的问题。

女性跑者特别提示

前面提到。食谱广泛，不偏食不暴食，你就能实现健康饮食。以下是对女性跑者在饮食与营养方面的特别提示。

蛋白质

很多女性跑者决定少吃牛肉、芝士与坚果。但是，这些食物可以促进肌肉在高强度运动后的恢复。

最好也最简单的建议就是，一日三餐都吃些富含蛋白质的食物。

但是，你怎么知道自己每顿饭或是每天到底吃了多少蛋白质？当然，如果你对定量实证具有特殊的偏执，可以尝试按照 1~2 克 / 每公斤体重的数量来计算自己的蛋白质摄取。

在牛肉、鸡肉、鱼肉、芝士、坚果、豆制品与低脂奶等很多健康食物中都含有蛋白质。不要忘记使自己的食谱包含尽量多种类的食物。

脂肪

“脂肪”或许是让多数女性都抓狂头疼的字眼。脂肪被塑形爱好者们视为头号敌人，她们恨不得连半点荤腥油腻都不沾。不过，苛刻排斥脂肪与无节制消费高脂肪饮食一样，对健康都不是好事。

脂肪摄取过多会导致不健康的肥胖，并增加罹患心脏病与糖尿病等富贵病的风险。

脂肪是人体的能量仓库，但是在每个人

身体里含量比例不一。盲目减脂的后果就是营养不良和内分泌紊乱。一些“好”的脂肪类型对你的健康是有益处的——尤其是经常跑步的情况下。如果连这些脂肪也要减去，后果有可能皮肤变差、脱发甚至始终与饥饿感为伴。昆德拉特说：“女性越是刻意远离脂肪类食物，就越容易暴食，影响健康。有些人错误地把脂肪与热量不加区分地联系起来，极力减少饮食中的热量，拒绝含有蛋白质与微量元素的食物，仅仅因为这些食物中同时含有脂肪。一个看似‘正确’的低脂饮食方案，也许会引发营养不良的问题。”

那么，该如何区分“好”脂肪和“坏”脂肪？

单一不饱和脂肪（好）。鳄梨、坚果和橄榄油中含有此类脂肪。可以作为主要的脂肪来源。

欧米茄 -3 脂肪酸（好）。鲑鱼与鲭鱼等海鱼、亚麻仁中含有此类脂肪。有预防心脏病和癌症的功效，甚至有助塑形和减轻肌肉酸痛。建议多吃海鱼，用亚麻仁油制作沙拉，并且在菜肴中加入亚麻仁粉作为调味剂。

多元不饱和脂肪（中性）。大部分食用油含有此类脂肪。只要不过量食用，对健康基本不会有任何影响。

饱和脂肪（坏）：动物脂肪中含有这类物质，可能增加心脏病风险，建议减少食用。

反式脂肪（坏）：人造黄油、煎炒炸烤类或加工食品（如饼干）中含有此类脂肪，不利健康，必须加以控制。

即使你需要减少脂肪摄入，也不要在短时间内调整饮食结构。改变餐饮习惯不可操之过急，只有循序渐进，才能减轻身体的不适。不妨试试每周做一些小小的改变，例如用一个烤土豆来代替炸薯条，在面包圈上涂低脂的奶油干酪。

同样重要的是，不要拒绝含有上述“好”脂肪的食物。例如，用橄榄油代替黄油，用海鱼代替肉类，等等。记住，适量是关键。如果你喜欢在早餐的面包上抹点黄油，那也没什么。只是午餐、晚餐时管严嘴巴就好。如果你见不得半点荤腥，可以把核桃仁和杏仁当做“面包伴侣”，或者在炒蔬菜时放少量橄榄油调味。

补充剂与运动表现

一些跑者并不在意健康。能否通过吃药提高成绩？不管广告把补充剂吹得多么神乎其神，严密的科学研究总会毫不留情地戳穿“嗑药吃粉能提高运动表现”的谣言。

对于长跑运动员与爱好者来说，抗氧化剂的问题尤其值得关注。按照传统理论，抗氧化剂可以提高运动成绩。但是，已有研究支持这一观点吗？2004 年在《国际运动营养协会周刊》[60] 上的研究综述指出：

- 维生素 C 只能改善维 C 缺乏者的运动表现，对于不缺乏该维生素者，没有显著的作用。
- 维生素 E 的抗氧化作用仅在高海拔地区显著，在低海拔地区不甚明显。
- 被众多运动员采用的抗氧化和提高氧利用率的药物，同时也是治疗心血管病药物的

60. Journal of the International Society of Sports Nutrition。

CoQ10，对健康人群效果不显著，相反可能造成肌肉损伤。

尽管对于补充剂的作用仍有待进一步研究。补充剂对衰老人群运动机能或有积极影响，因为他们自身的保护机制已经趋于下降。

那么，来源于植物的补充剂能否改善运动表现呢？

2004 年在《国际运动营养协会周刊》上发表的一份文献综述再次提到了几种药材的功效——与传统认识相符，并没有什么新发现。

- 银杏，可以提高患有动脉疾病的老年患者的有氧耐力，但是对健康人群没有这个效果。
- 人参，也许能够提高有氧耐力，但是试验检测的结论并不确定。
- 刺蒺藜，可作为睾酮激发剂，但是不能提高激素水平和力量水平。

最后，记住：保持健康始终应排在追求成绩之前，这是你跑步的初衷和目的。

碳水化合物补充难题

女士们：下面是你们吃太多面食的借口

几十年来，长跑运动员在比赛前一直忙着恶补碳水化合物，试图以此改善运动表现，提高比赛成绩。通常的做法是：首先，在赛前四五天维持原来的训练强度，少吃碳水化合物类食物（占全部饮食的 40%~50%），将体内存储的糖分耗尽；然后，在赛前两三天使劲多吃富含碳水化合物的食物（占全部饮食的 70%），重新储存糖分。这种做法的“依据”是：身体内的糖分只能连续维持 90 分钟的耐力运动，之后就会逐渐耗尽，导致疲劳。比赛前多吃富含碳水化合物的食物，可以增加糖原储备，延后疲劳出现的时间，提高比赛成绩。

这真的有效吗？道理似乎讲得通，相关研究也证明了这种做法确实有一定的效果。但是，过去的研究对象以男性为主，没有考虑男女性别差异以及由此产生的糖分代谢过程差异。

目前，对女性的相关研究结论并不十分确定。根据 2006 年《国际运动营养协会周刊》刊文指出，赛前补充碳水化合物，也许能够提高女性的运动表现，但前提是女性必须摄入比男性多得多的碳水化合物，才能达到比较明显的效果。女性如果要想通过此法提高成绩，就得在赛前四天，把碳水化合物提高到占全部饮食 65%~70%，与此同时，将饮食总量增加 30%。

真是这样吗？我个人持怀疑态度。离比赛还有三四天的时候，你应该要减量调整，放松身心，并减少体能消耗。这时再让你“吃的比平时多得多”，似乎与一般的经验认识不大一致。

此时，你完全可以相信自己的直觉。通过在比赛前几天吃足够的碳水化合物，就可以保证你充足的糖原储备，足够比赛之用。可参考以下建议：

- 糖原耗竭阶段不如糖原补充阶段重要，这已经得到了科学证明，所以你没必要早早地通过少吃碳水化合物来加速体内糖原的消耗。
- 确保在任何锻炼阶段之后的 2 个小时内补充碳水化合物，这是碳水化合物最容易被人体吸收的时刻。

• 细嚼慢咽可以提高碳水化合物的吸收效率。与其刚刚跑完就吃大餐，还不如先吃半个花生酱面包圈，半个小时之后再喝一小碗燕麦粥，再过半个小时之后，慢慢地吃一份水果沙拉或酸奶。

• 吃一些健康且能够提供大量营养元素的食物——像燕麦粥、糙米、土豆和甘薯这样的全谷类食物，以及常见的面食。

• 针对每一个比赛策略，只有你自己可以分辨哪个是对自己有效的。要想知道的话，最好在训练当中尝试，看看身体的反应。

顺便说一下，你没必要为 5000 米或者万米担心这些。我们这里谈论的都是超过 90 分钟的比赛；对我们当中的大部分人来说，这意味着半程马拉松或者更长。

现在是行动的好时机

认真总结一下自己的饮食习惯。尝试连写三天饮食日记，写下你吃过、喝过的所有东西。你可能会被结果吓到，因为女性经常会高估自己对蛋白质和蔬菜的摄入量，而低估了甜食和垃圾食品的摄入量。

向营养医生求助，制定一份适合自己的健康食谱。

家中存粮，心里不慌。记得采买豆类、海鱼、全麦主食、新鲜果蔬与坚果等健康食品。

慢慢改变。优化调整饮食结构是一个渐进的过程。你可以每周做出一点改变，等待身体逐步适应，不能操之过急。

咖啡和咖啡因

从健康营养角度，对咖啡的评价有好有坏。任何偏颇和极端描述都有失公允。咖啡的负面作用可能影响铁的吸收，导致肠胃不适、睡眠紊乱。但是，咖啡可以提高人的兴奋程度，还具有抗氧化功能。此外，喝咖啡与骨质疏松与心脏病的关系仍有待进一步研究。咖啡的利尿作用也不如原先认为的那么明显。营养学家赛博哈总结道：“我们不能像过去那样对喝咖啡感到恐惧。”

在专业竞技体育界，咖啡因一度被国际奥委会等机构列入禁用兴奋剂的黑榜。但到了 2004 年，它又从黑榜上被剔除了。除此之外，研究也对咖啡因提高运动表现的作用提出了质疑（或者至少还没证明）。例如，有研究指出，咖啡因减少流向心脏的血液，这并不能提高运动表现。但是，也有研究者认为，咖啡因确实可以提高运动表现。

《南希 • 克拉克运动营养指南》的作者南希 • 克拉克指出，一些研究表明，咖啡因对大脑与人体其他部位的影响不同，在作用于大脑时，它好比是能量的“放大器”。换句话说，咖啡因会让你在运动中“感觉”轻松，但事实上，生理功能还是保持不变的。其他研究表明，咖啡因会促进脂肪燃烧，反过来可以节约运动中的糖份消耗。

喝茶、喝咖啡的健康底线是什么呢？如果你只是偶尔为之，对身体不会产生不好的影响。喝得不要太浓，并且每天不超过三次是一个很好的经验法则。然而，仅仅为了提高跑步成绩而去使劲喝咖啡就太过分了。世界上所有的研究都不能改变这个事实：咖啡因对女性造成的影响是不同的。一些跑者在跑前必须喝杯咖啡，似乎只有这样才能跑得痛快；但是，另一些人喝了之后可能会心悸头晕、胃肠不适。

由于咖啡有利尿作用，一些跑者不确定赛前是否能喝咖啡。在确保自己不产生咖啡依赖症的前提下，如果你平时习惯了喝，那还是参照平时习惯的量喝一点吧；如果突然不喝，反而会感觉精神萎靡，但是不要喝得太多。

顺便一提：碳酸饮料里的咖啡因与咖啡中的完全不同。碳酸饮料并不是适合女性的健康饮品，它有可能对女性的骨骼造成不良影响。与其喝下含有大量热量的普通可乐，还不如吃些健康食品。“无糖可乐”里的糖分替代剂也未必对人体健康没有不利影响。碳酸饮料应当控制在每天一听以下。

钙

钙是女性饮食中最重要的物质之一。但是，许多女性每日摄入的钙元素只有身体必需量的一半。因为她们要节食塑形，所以就少吃奶制品，而奶制品中含有丰富的钙。

在你的一生中，钙元素对保持骨骼健康强壮都有重要的作用。直到 30 岁时，人的骨骼才达到最佳生理状态。因此，对于女童和女性青少年，摄入足够的钙元素来保证骨骼

巧提示

健康平衡的饮食应该是生活习惯，而不是单调无聊的任务。你没必要随身携带一个厨房秤或者时刻计算包装袋上的热量，只需要每天摄入足够的各类营养物质即可：充足的健康脂肪和蛋白质，再多吃些碳水化合物（谷类、水果和蔬菜）。只要在传统饮食习惯上变化花样即可实现，一整天不需要大的调整。下面是一些提示，可以帮助你开始。一旦掌握了这个，你就可以自然地想其他的事了。

吃面包时，用含有单一不饱和脂肪酸和维生素 E 两类有益心脏物质的花生酱，代替含有大量饱和脂肪酸的黄油。

除了全麦的食物，还要多吃新鲜水果与酸奶。水果可以提供大量的植物营养素，维护心脏健康，抵挡肌肉酸痛。酸奶可以提供控制食欲的蛋白质以及保持强健骨骼的钙质。

多吃新鲜果蔬补充维生素 C、纤维和微量元素。例如，你可以在做米饭时加点带叶绿菜作为配菜，等等。

多吃豆制品。大豆制品含有异黄酮素，可以减轻绝经期症状，强化骨骼，降低心脏病发率，预防乳腺癌。

在汤里加蔬菜和豆类，可以增加饱腹感。

海鱼与坚果中含有丰富的蛋白质和不饱和脂肪，有益健康。

发育，提高骨密度和骨强度尤为必要。对于中老年女性，足量的钙元素可以延缓骨质疏松，预防骨与关节的退化病变。近来还有些研究关注钙元素预防高血压与肠癌的作用，尽管其中的因果联系仍不确定。特别对于跑者而言，缺钙容易导致抽筋。

有的女性通过服用钙质补充剂（例如钙片）来补钙，但收效往往有限。说到如何补钙，克拉克的建议是："平时注意吃适量富含钙的食物，从饮食中即可获取足够的钙。"

她进一步指出："如果午饭你吃的是三明治加奶酪一类的"谷类食物配牛奶"组合，不巧下午你又喝了一杯拿铁咖啡，那么你晚餐还得再吃一份奶制品，才能把咖啡对钙质吸收的影响补回来。"

所有的讨论又都回到了本章一开始就提出的观点——吃在自然界中处于食物链底端的"真正的（健康）食物"制作而成的三餐，就没必要担心营养补充的问题了。

奶制品是钙最集中、最便捷的来源。低脂牛奶和原味酸奶都是极好的选择。虽然蔬菜和鱼等其他食物含有一些钙元素，但是要吃大量这类食物才能获取每日所需的钙。如果你是一位素食者或者你对奶制品过敏，那就考虑一下加钙橙汁和豆浆。

50 岁以下健康人群的每日钙摄入量参考值约在 1000 毫克左右；大于 50 岁者的参考值为 1500 毫克。由于你的身体每次只能吸收 500 毫克，所以每天要吃 2~3 次富含钙的食物。

能量棒和能量胶

最初，能量棒是为运动员开发的，用于训练后快速补充能量。现在，不单是运动员，学生、职员、户外工作人员等都在吃。能量棒的年销售额以百万美元为单位计算。

虽然能量棒 不会伤害健康，但营养学家指出，普通饮食中含有能量棒含有的一切营养物质，并且普通饮食更为价廉实惠。每天运动量在一小时以下者完全没有必要吃能量棒。但是，能量棒的优势在于体积小、能量密集度高。美国营养协会的发言人亚利桑那州洞溪镇专门研究女性运动营养的专家塔米•贝克女士说："如果要么吃能量棒要么饿死，那肯定是吃能量棒活命了。这取决于你的生活方式。相比整天吃垃圾食品，能量棒多少'健康'一些。"

运动营养学家建议，在买能量棒之前先读读产品标签，看它口味如何，以及是否含有足够的热量。早期的能量棒主要含有碳水化合物以及少量的蛋白质，最好是在比赛前或者比赛中吃。后来为了加强功效，配方里增加了糖和脂肪。现在的能量棒已进化为富含碳水化合物、蛋白质、脂肪和糖的高热量食品，在户外旅行等场合可以替代正餐。吃能量棒的时候，最好能喝些水，这样便于消化。当然，也有一些棒棒糖打着"能量食品"的旗号自抬身价。

能量胶和咀嚼片 是另外两种可以快速吸收的能量补剂，可以为身体迅速供能。能量胶吃起来很像果冻，有多种口味可供选择。运动软糖不如一般糖果那么好吃，但比能量胶要可口一些。两者常被用于耐力训练或比赛。

能量胶和运动软糖的主要成分是碳水化合物，很容易被消化系统吸收，而且便于携带。对于长跑运动员来说，是比赛时理想的能量补充来源。现在很多马拉松跑者都在食用，只要把它放在短裤口袋或跑步腰包里，需要的时候取出，吃掉即可。能量胶未必人人合适，如果你之前从没吃过，那么一定要在比赛前试吃，看看是否习惯它的口味，是否会出现肠胃不适。以全程马拉松为例，在起跑后的第一个小时吃一包能量胶，然后每隔半小时再吃一包，最好能够用水送服。

铁

不少女性体内缺乏铁元素，甚至有人还患有缺铁性贫血。贫血症很难发觉，因为它的症状——过度疲劳、无精打采、呼吸短促——都和疲劳相似。为了预防贫血症，大部分女性每天需要 15 毫克的铁元素。虽然跑者对铁元素的需求并不比一般人高，但是铁元素的作用却更显著，直接关系到血液中红细胞的供氧能力。

宾夕法尼亚大学帕克分校运动营养系主任克莉丝汀•克拉克博士说，虽然现在很多食物都富含铁元素，但是它们所包含的铁元素很难吸收。红肉是铁元素的最佳来源。所以，如果你不吃红肉，就不容易获取足够的铁元素。除此之外，克拉克还说，女性跑者每天都要摄入维生素与矿物质。“对于女运动员来说，为了塑形不吃红肉是非常荒诞的想法。市场里有脂肪含量非常低的红肉，甚至比家禽还要低。”

如果红肉不是你饮食的一部分，那你就要特别警惕你的铁元素摄入情况了。鸡肉和鱼肉是非素食者的铁元素来源。干果、豆类、甜菜和甘蓝等绿叶蔬菜以及强化谷物，都是很好的铁元素来源。此外，还可以通过 100% 含有推荐铁元素含量的复合维生素片等来补充铁元素。

维生素和矿物质补充剂

营养学家反复强调“食补好过药补”。首先，食物是营养的来源，而不是营养补充剂。更重要的是，越来越多的研究表明，新鲜果蔬与全麦谷物中的微量元素是多么的重要，营养补充剂所提供的营养，不会超出食物所能提供的范围。

话虽如此，许多女性在一天中仍然无法获取足够的营养，特别是还要为了跑步进行训练，在这种情况下，保证充足的维生素和矿物质就更为必要。尽管营养补充剂可以提供一些维生素和矿物质，但它永远只能是辅助的补充性营养来源，一如其字面的含义。

你究竟需要吃多少补充剂？只需要按照营养师或医生推荐的标准剂量服用即可。俗话说“是药三分毒”，过量摄入维生素也会危害健康，甚至发生危险。脂溶性维生素会堆积在脂肪里。过量服用水溶性维生素（像复合维生素 B 元素和维生素 C）也会引发问题。根据美国国家科学院医学研究院发布的指南，过度摄入维生素和矿物质，会导致包括肠胃不适（过量的维生素 C、镁和铁元素）与肝损伤（过量的铜元素和维生素 A）在内的的各种问题，以及其他并发症。

实际上，直到现在人们才搞清楚补充维生素的上限。而在过去的 50 年里，人们把“推荐膳食供应量（Recommended Dietary Allowance）”作为指导补充维生素与微量元素的参考。现在有了一个更为精确的新参考系统，来解决老标准的缺陷以及可能被误解的问题。这一新的参考标准就是“膳食参考摄入量（Dietary Reference Intakes）”，它提供了众多数据，从避免营养不良的基本摄入量，一直到防止过度摄入的最大允许摄入量。国家健康研究所膳食补充剂办公室（The National Institutes of Dietary Supplements）在其网站上提供了详细的信息和表格，网址是：http//dietary-supplements,info.nih.gov/Health_Information/Dietary_Reference_Intakes .aspx。

饮水

水，看似简单，实则不然？对跑步与饮水的关系可谓是众说纷纭。幸运的是，这时候，观点始终没有脱离常识。

与跑步热一同出现的观点是，跑步必须多喝水，不论你是初跑者还是高手，脱水是可怕的危险。然而，在古代，运动员在跑步时不会喝太多水，因为额外的动作会阻碍运动。

关于运动中补水的建议，其基础为“是否口渴”不是衡量“是否需要喝水”的判断标准。专家们断言，当人感到口渴的时候，就已经脱水了。而且，他们还说，这是因为任何程度的脱水都会引起身体不适与运动能力的下降。这种观点恨不得鼓励跑者在跑步时，只要不至于撑爆肚子，就要使劲喝水和 / 或运动饮料 ，并且还要在跑步前后称量体重，认为重量一致才是理想状态。

到了 20 世纪 90 年代末期和 21 世纪早期，这种想法开始遭到质疑。科学研究表明，剧烈运动中或运动后，短时间内饮水过量会导致人体内电解质紊乱，引发低钠血与低钾血症，严重时可能危及生命。相关个案增多以及研究成果，逐渐引起了跑步界的高度重视，人们又开始重新反思过去的运动补水实践。

相比男性，女性出汗速率低，因此面临的风险也比较高；未受长期系统训练就跑马拉松的女性面临的风险最高。这是因为跑得慢的跑者往往喝水较多。也有专家认为，女性风险高是因为她们更容易听从有关的建议。例如，当她们听到多喝水的建议后，往往倾向于照做。以 8 分每公里配速慢悠悠跑完全程马拉松（约合 5 小时 36 分跑完全程）的女性，可能还会超过比赛前的体重——因为一路上喝的水远远超过代谢掉的水。而高手则不可能因为频繁喝水去费时误事。

那么，跑者到底应该怎么办呢？很简单：根据自己的身体耐受力，想喝就喝。2001 年，国际马拉松医学协会（International Marathon Medical Directors Association）正式通过指导方针，改变了让跑者随意喝水的惯例，取而代之的是根据口渴程度。方针还给出了喝水 上限（每小时不超过 400~800 毫升），但并没有给出最低要求。

对大部分跑者来说，训练或比赛中喝水和果汁就足够了。如果你每次都跑不低于七八公里，你或许需要喝点运动饮料补充电解质 。对于一般的健身跑者来说，根本没有必要去碰这些玩意儿。事实上，对于每天慢跑半小时的塑形跑者，她们喝下的运动饮料里含有的热量未必比运动消耗的少！这可不是她们想要的结果。

时间选择是一切

跑得越多，你就越免不了关注吃什么和什么时候锻炼之间的关系。

如果你每周跑几次，每次大概半个小时，那么这个问题就相当简单了。吃一根香蕉或一块小点心，喝一杯水可以出门跑步了。

如果你是一位追求大赛成绩的“严肃跑者”，那么就不能不重视饮食与锻炼的关系。也许你要花上一天或者更久，才能补回在这之前的高强度训练中消耗的水分与热量，所以保持身体的水分就是永恒的话题。不只是跑步之前，一整天都要喝充足的水。而且，在跑步前还得多吃点能顶饿、有营养又好消化食物。

在高强度的跑步之后，需要尽快补充能量。一些研究表明，高强度耐力运动后的半个小时，是补充糖分的最佳时期，或许可以缓解肌肉不适。除了能够快速吸收的含糖食品，也不要忘了补充蛋白质。根据克拉克的观点，同时补充蛋白质与糖类可以改善葡萄糖在肌肉中的输送。她推荐了 1 克蛋白质对 3 克葡萄糖的比例，粗略地说，相当于吃一个花生酱的面包圈，喝一杯水果酸奶。

训练记录

通过翻看书报杂志，你可以学到关于正确补给的知识。跑步时踩上马路牙子摔个狗吃屎也是学习跑步的途径，虽然这个带些恶搞的例子已经足以让你印象深刻，但是我还是要建议你从别人的失误当中学习。比如，我将要与你分享的下面一则失误，这是发生在我身上的真实事例。

事情发生在我正备战某次马拉松比赛时。我几乎每天都跑两次。与此同时，我每天还得工作 10 小时，所以几乎没有时间去进行聊天和吃零食一类的消遣。早晨我去长跑，之后在上班时吃个面包圈、喝杯咖啡就算是应付一下早餐。

现在，我不能像过去那么草率地对待饮食了。事实上，我非常钦佩自己：我在办公室里存放了一罐花生酱，确保在吃面包圈的同时补充蛋白质和脂肪。在犯错误的那天，我出门跑步前抓了一根香蕉，以为这就足够了。到了公司，我吃了早先存在办公室的面包圈、花生酱和香蕉。一整天我都在忙工作，中间连口饭也没顾上吃。收拾停当后，我下午早早离开了办公室，进行当天的第二次跑步。

刚开始跑 10 分钟的时候，我感觉不错。20 分钟之后，我就饿得头晕体乏。25 分钟之后，我转过身，担心剩下的路程只能用走来完成了。我知道，接下来我可能就要饿得站不住了。我好不容易强打精神回到车上，边开车回家边骂自己简直笨透了！下面是我当天粗略计算的热量摄入值：面包圈，250 卡；花生酱，200 卡；香蕉，100 卡。见鬼了，这比我一天坐着不动消耗的能量还少，而且我一大早还跑了 16 公里！

在车上，我好一阵翻腾，才从储物箱里找出两包能量胶 吃下去，几分钟后就见效了。这次体能耗尽和重新补充之后，我再也不敢轻视补给问题了。

第十四章 瘦下来：跑者的塑形计划

很多女性是带着塑形的目标来跑步的，那她们就来对地方了。如果减少体重秤上的数字是运动目标，那么任何一项常规性锻炼计划都会奏效，但跑步是塑形最有效的运动之一，每公里平均可以燃烧60卡热量，比大部分运动都要多很多。

将跑步和走步进行比较，跑步在热量消耗效率方面的优势就更明显了：对于体重70公斤的女性来说，按每小时5公里的速度走步半小时可以燃烧120卡热量；以每小时10公里的速度（是之前的两倍）慢跑，同样的半小时内可以燃烧大概350卡热量。（精确数字根据运动距离、身材、健康水平而变化。）

对于同一个人来说，在同样时长的条件下，越野滑雪与跑步消耗的热量差不多，但是有多少人可以想滑就滑呢？

跑步和大部分其他运动相比，可以更快地燃烧脂肪，简单而言，跑步比其他体育运动或者活动要耗费更多的能量。首先，在跑步中，你个人要完全承受你所有的重量。这意味着，例如，你不会有自行车或者水的浮力来支撑你。其次，部分因为跑步用到的身体肌肉要比任何一项其他运动要多。跑步时，你的腿得到了充分的锻炼，实际上在跑动过程中，手臂和躯干也能得到锻炼。

当你开始跑步的时候，其他方式也会让塑形更轻松。有氧锻炼会节制胃口，尤其是跑步结束后的那段时间里。很多跑者反馈跑步还能促进生活方式变得更为健康——跑者们偏爱健康饮食，不太可能自暴自弃地狂吃垃圾食物。在健身上的收获将带来更多的能量，彻底改变不健康的宅生活模式。

虽然跑步本身可以促进塑形，但是你的饮食习惯显然对过程和结果都有重大的影响。你可以追随以下基本原则来确保安全、健康、舒适的塑形计划。

你每天燃烧多少脂肪

南希·克拉克提供了下面这组公式来计算每天的热量消耗。

把你的体重乘以 10。这就是你的休息代谢率：仅仅让身体维持运转所需的热量数。

用下面的方法来计算在一天当中你的身体消耗了多少其他的热量。如果你久坐的话，就将第一步中的数字乘以 20%~40%；如果你适度活动，就乘以 40%~60%；如果你经常活动，就乘以 60%~80%。

如何确定跑步时消耗多少热量？每公里大约 60 卡左右（60 公斤中等身量者）。

把你在第一步、第二步、第三步中得到的数字加起来，最终得出的数字就是你每天总的热量消耗量。

重新学习怎么吃

塑形中的最重要策略和天花乱坠的低脂食品没有一点关系。塑形不仅仅是改变食物结构，更不是简单粗暴的节食辟谷。为了将体重控制在健康范围内并保持身材匀称，你所要做的最重要的事，就是改变对食物的看法。

超重者更容易把食物当做每天都在与之殊死搏斗的敌人。

情况真是这样吗？如果是，那么换一种方式来看待食物：营养丰富的美食令人开心，是能量、快乐与活力的来源。享受健康美食乃人生之大幸。

如果你开始不把食物当成敌人，那么恭喜你，你的一只脚已经踏上了健康饮食与控制体重并行的道路。

如果把任何“吃”的行为都当作七宗罪中的“贪食”罪，那么就很难形成健康的饮食习惯，更谈不上保持合理的体重了。

现在已经出版到第三版的《南希·克拉克运动营养指南》的作者南希·克拉克说：“有些人视食物为肥胖之源，或者以‘没时间’等理由饿饭减肥，这是错误的。食物是维持生存和享受生活的‘燃料’，是生活质量的‘改善剂’。”

克拉克接着指出，人应当以尊重的眼光看待食物。通过科学合理的饮食获得健康，是尊重身体。打个比方，我们都不希望开着一辆没燃料的车上街。她说：“饿饭减肥，实际上是对食物和自己的健康都不负责任的态度。”

事实上，研究反复论述不吃早餐的人更容易超重，在白天限制热量摄入经常导致夜晚的过度补偿。克拉克指出，研究还证实了节食本身和超重之间的关联：节食加重了超重问题。虽然她的说法有些难以理解：“合理膳食者更容易控制体重，而那些过度节食的人更容易超重。”

对于女性来说，这是一个好消息。它给了你放宽饮食约束的理由，只要吃得健康就好。

如果你的目标就是通过跑步塑形，那么下面是一些理性健康瘦身的综合指导方针。

跟随本书的训练计划。没有不需要锻炼、只通过投机取巧就能成功的塑形计划。如果你的目标是塑形，不论是初级跑者还是中级跑者，将自己的身体状况与本书中的训练计划与饮食指导结合，就有希望成功塑形。

跑步塑形贵在坚持。尝试每周跑步或走 / 跑锻炼 3~4 天，不跑步的日子去进行骑车、游泳、力量练习或瑜伽之类的锻炼。对于任何有氧运动，增加强度和时长都能够消耗更多脂肪，但是盲目增加运动量，也会增加受伤的风险。因此，需要坚持循序渐进的原则。

不要饿着自己。坚持跑步的同时坚持节食并不能事半功倍，相反还容易导致疲劳和受伤。一如古谚云：食不饱，力不足，安知其能千里也？饥饿会导致身体虚弱，更别提跑步了，严重时还会影响内分泌。

运动营养学家苏珊•昆德拉特说："饿饭的同时再进行高强度运动，很容易导致疲劳与受伤，可谓得不偿失。"

她建议女性跑者逐渐调整饮食习惯："很多人都在开始锻炼计划时迫不及待地与过去的饮食习惯说拜拜，并且信心满满。但是，操之过急是不明智的选择。正确的做法是，务必确保自己的营养能够满足训练时的消耗，并且调整饮食的过程不会导致身体不适。在此基础上，你才可以逐渐改变饮食习惯，才能更好地通过饮食与锻炼双管齐下的方法减掉赘肉。"

总之，在跑步塑形期间，既不要委屈自己，又不能放纵自己。关于塑形与饮食的参考建议归结到一条就是：吃得健康有规律，保证有足够的能量去进行锻炼和维持生理功能。采用运动与营养并重的塑形方式，也不易出现反弹现象。

观察摄入的热量。前文提及的"不必刻意忌口"，并不意味着放纵贪吃。你所要做的，是关注自己每天饭食中摄入的热量，这是影响体重的首要因素。时下流行的各种节食塑形方式可谓殊途同归，基本原理都是一样的：不管吃葡萄柚还是牛排，一定时期内，摄入的总热量与消耗的总热量之差决定了你的体重变动趋向。

坚持每日饮食记录，可以自觉约束自己远离高热量高蛋白食物。如果你想用更精确的方法测度热量消耗，请参照本书前文提到的方法。如果你能够买到带有热量标签的食物，那就能够更方便精确地进行计算了。只要每天摄入与消耗的热量差额稳定且不超过每日热量需求的 10%~20%，再加以适当的跑步运动，你就无须担心体重继续增加了。

对于那些身形精干的资深跑者，跑步时消耗的热量完全可能抵得过一顿大餐的热量。对于他们而言，坚持跑步的一大福利就是想吃就吃，然后通过跑步消耗吃掉的热量。

明智选择食物。与"节食减肥"的传统观点相反，运动营养学家通常不赞成绝对的禁食或只吃某种食物，他们更倾向于限制热量摄入总量，不要暴饮暴食即可。选择健康的食物，按照健康的方法制作和食用食物，对于任何想要塑形瘦身的人都是至关重要的。

请参照第十三章强调的健康饮食指南。做明智的选择，对热量摄入进行科学的管理与规划。这意味着远离饼干、方便面、快餐等垃圾食品和无热量食品；多吃粗粮、新鲜果蔬等接近自然生长环境的健康食品。如果你在美食诱惑面前憋得太久，偶尔打打牙祭也没什么大不了的。

少去应酬。你一定知道快餐是高热量的垃圾食品；可你是否知道，对于同一分量的同一道菜，饭馆师傅为了改善口感，会比家里做的要多放多少调味品和烹饪油？含有多少多余的热量？应酬时点哪些菜式，你能决定得了么？

在家做饭，你可以逐渐摸索自己的健康饮食经。比如，采用有机食材作原料，琢磨做一道菜放什么调料、放多少。你可以慢慢掌握自己合适的饭量，避免饥一顿饱一顿，也不用担心浪费食物或是半晌饿肚子。你还可以根据个人口味偏好决定羊肉汤里放不放葱花、香菜等等。

打打牙祭。在合理饮食的基础上，偶尔喂喂馋虫也未尝不可。享受美食是世间乐趣之一，偶尔解解馋也是为了避免时常犯馋。只要不是顿顿大鱼大肉、天天油炸辣炒就好。记住，你不应该更不可能仅仅依靠节食和禁食去塑形，个别时候放松一下也未尝不可。

根据 90/10 原则：90% 的时间、饭食和饭量达到合理与健康标准就好。其他 10% 允许根据个人偏好自由选择，只要别吃的太过油腻或“重口味”就好。

少吃多餐。平均分配每顿饭的热量摄入，就好像在服药时保持剂量稳定一样。少吃多餐可以使你通过饮食获得均衡且充分的热量，这样就不至于因为一时饥饿吃下过多的食物。例如，不吃早饭的后果往往是不到中午就饥肠辘辘，然后借午饭大吃特吃。这样吃下的食物反而比正常的早饭与午饭加起来还要多。

将这个想法再进一步，你收到的效果会更好：确保每餐都有一些额外的蛋白质摄入，即使这一餐仅仅是工间加餐小食。蛋白质可以保持饱腹感。所以不要只吃燕麦粥当早餐，可以在上面加点酸奶或者坚果；在午餐沙拉里加一些杏仁、芝士或者鹰嘴豆；当下午感到饥饿时，吃一个抹花生酱的三明治，而不是只吃面包。

为“零食”正名。闭上眼睛，我现在要问你一个问题：听到“零食”这个词，你首先想到的是哪种食物？营养学家克拉克认为，多数人会首先想到甜（咸）口味的食品或是油腻食品。

克拉克完全赞同每天均衡摄入热量，但她认为：“我们不能按照传统的观点去看待零食，因为按照那种观点界定的零食范围十分有限。”

克拉克更喜欢把应对下午饿肚子的小点心称为“第二午餐”。当你这样看待“零食”的时候，你就会更重视这些所谓的“零食”，尽量选择小片披萨、酸奶、燕麦卷、花生酱蜂蜜三明治等相对健康的食品，而不是胡乱塞些甜食和薯条去草草应付。顺便说一下，如果你有小孩的话，同样也可以这样做：在孩子放学后来一顿“第二午餐”，你一定会更为精心地为他们挑选食物。

跑步加体能训练。类似“马太效应”。肌肉占体重的比例越大，所消耗的热量也越多，即使在静止休息时亦如此。相反的，如果脂肪占体重比例较大，那么消耗的热量就会较少。这意味着，通过锻炼减脂增肌，可以加速新陈代谢，燃烧更多的热量，帮助塑形。

体能训练是锻炼肌肉的最直接方式，而且它对任何跑步计划都是很好的补充。体能训练的附加益处就是，它可以明显地调理身体——这是保持健康饮食和坚持跑步的动力。

训练记录

好吧，我很瘦。坚持跑上几十年，也会让你变得很瘦。但是，这很好玩。人们在知道我食量之大、食性之杂后，都会忍不住说：“这肯定是你的基因问题。你一定生来就很瘦？”我确实不知道基因等艰深问题的答案。但我知道我的母亲一直都瘦得皮包骨，而且她并不是厌食症患者。但是，我的父亲和他的整个家族中却有不少胖子。说我是天生的瘦子，似乎也说不太通。

但是，我确实是天生的瘦子。我在目前的体重水平上感觉良好，而且并不需要节食来保持体重。除了自己多年的运动习惯，我保持体重的一个办法就是对“吃”有独到认识。

我更喜欢把“吃”看成健康管理，而不是体重控制。我对吃的关注重点，不是该限制哪些食品，而是哪些食品能够带来哪些益处。这样，我既能保持体重，又可以维持健康。例如，我爱吃新鲜蔬菜，倒不是因为蔬菜的热量低，而是因为它含有我需要的丰富营养。

只要形成了健康饮食的习惯，就能自觉抵制垃圾食品和不健康饮食的诱惑。我也会偶尔馋炸薯条和甜食，但多半时间只是想想，一个月最多只吃一次。我更倾向于选择那些健康有机食品，例如用有机鲜奶和有机坚果自制的食品等。

当你这样看待饮食的时候，也就不必为刻意节食发愁了。事实上，只要保证吃的食物新鲜且有营养就够了。例如，夏天燕麦粥上的蓝莓，秋天用甜土豆和胡萝卜做成的咖喱，这些食物同样是诱人的美味。更让人称赞的是，你无须在大快朵颐后对长胖感到内疚和不安。

第十五章 体型问题

对女子健身来说，现在是最好的时代，也是最糟糕的时代。

对女子健身来说，现在是最好的时代，也是最糟糕的时代。为什么是最好的时代？因为女子健身和女性参加运动已经获得了公众的广泛接受和认可，各种相关服务与活动也越来越多。越来越多的女性陶醉于自己的肌肉线条与健康外形，而不是旧时那种“弱柳扶风”般的变态审美观。

但是，之所以说也是最糟糕的时代，是因为媒体所大肆宣传的许多审美观并不符合医学与健康意义上的标准。如果没有“天赋异禀”，仅凭着风险巨大的整形手术，以及摧残健康甚至透支生命的饥饿式节食，有多少女性能有时尚杂志上那样的0码身材和“纤秀+大胸”的身姿？并且，女性在追求这种“病态美”的过程中，付出了多少血泪代价？

希望所有苛求完美身材的期望在自己身上实现，简直是一个疯狂的想法。然而，随着这种想法的盛行，女性为了保持塑造身材的自助式运动也愈发如火如荼。很多人认为，只要付出足够刻苦的锻炼，或者即使你不愿意锻炼，凭借足够的金钱和先进的美容医学技术，也能够收获理想的身材。这与盛行全球的快速消费文化有关：对什么部位感到不满意吗？那就换个称心合意的好了！

这个信息很危险。为健康而锻炼与追求“病态美”完全不是一个概念。如果不清楚二者之间的区别，就会使人迷惑。长跑可以收获纤细而有力的美腿，仰卧起坐可以得到腹部的性感人鱼线，但是对于成年人而言，没有什么能改变你的基本体型（上下肢比例、臀肩宽比例）和身高。

爱自己的身体

对于绝大多数女性来说，从跑步中获得的收益，例如变得强壮、健康以及苗条等，多少可以弥补上述误导带来的危害。曾经服务于美国田径队、加利福尼亚洛杉矶分校越野跑队的卡罗•奥蒂斯博士说：“锻炼可以使女性认为能够控制自己的身体：强壮，力量，协调。”跑步使你开始把身体作为一台精妙的机器来看待。你会学会欣赏自己的力量和能力。对许多女性来说，跑步就是终身挑战体能。与身体和平共处，能够提高幸福感。根据亚特兰大疾病控制和防御中心（Centers of Disease Control and Prevention in Atlanta）行为科学家大卫•布朗的研究，与久坐的女性相比，跑步的女性较少出现抑郁和焦虑，更加富有活力和自信。确实，很多女性发现，自己在跑步后，生活方式变得健康，生活态度变得积极，美丽的改变就自然由内而外的发生了。

但是对于少数女性来说，锻炼是一把双刃剑。她们把对促进身心健康的爱好变成了对极致完美身材的苛求。一个常见的想法是：“我已经很健康了，但如果再练得刻苦一些，还可以更健康、更完美，比如继续减掉多余体重什么的。”当这种想法走向极端时，就会带来过度训练与营养不良等危害。

营养专家南希•克拉克说：“当女性把锻炼作为重塑身材的手段时，就有了自我惩罚的味道。如果你为了参加什么比赛，每天跑一小时，这很好。但如果为了其他目的，也许就有些过火了。你不能把身体视为等待被革命的敌人。”

克拉克说，如果你不幸地怀有“与身体为敌”的想法，那么就该意识到，你的身体不存在什么严重的问题。“只要没有无法自理的残疾和器质性的大毛病，身体就是完美的；不完美的是你看待自己的心态。你需要接受并且喜爱自己的身体。”

相比男性，女性更容易对自己的身体产生不满，并且年轻女性比年老女性更容易不满。参加体操与攀岩等需要长时间伸展肢体的运动的女性，最容易抱怨身材，因为在这些运动中，体型对表现有至关重要的影响。于是，有人提出，这些运动可以使人产生对形体方面不足的内省，进而在训练和生活中纠正这些不足。但是，不要忘了，现在是一个大众广泛参加运动并且强调个性的时代。因此，不要过分纠结于“形而上”的问题。克拉克由此指出：“如果一些女性不去跑步，她们闲来无事就会抱怨自己的发色不理想或是还不够漂亮。”

对体型不满有多重表现，例如过度锻炼与限制饮食。当健身或节食成为强迫症时，也会引发身心健康方面的诸多问题。奥蒂斯医生说：“这类强迫症状好比一个报警器，或许预示着其他方面出了毛病，例如家庭矛盾、人际关系，甚至是卷入暴力事件的历史。”

对形体的极端不满可能发生在女性一生中的任何阶段。精神压力以及家事不睦都有可能引发或加重这种病态心理。此外，处于青春期或更年期、独立求学时期的女性以及空巢老人，也可能面临这种问题。

另一个加重上述病态心理的原因，是奥蒂斯医生所说的“体型—运动不符”。尤其是那些对形体外表有相当要求的运动，例如体操与芭蕾舞等。但是跑步人群中也有这种现象，例如，“有些人天生上身长而腿短，却想成为优秀的耐力跑者，这种情况就是‘体型—运动不符’，可能会导致对自己形体的不满”。

奥蒂斯医生说，精英跑者与休闲跑者之间的夹层人群，最容易对自己的体型不满。休闲跑者不会去追求成绩，所以不必担心体型影响运动表现。精英跑者在身体条件上往往具有常人难以企及的天赋，也不必担心这个问题。而夹层人群既想在成绩上有所进步，又担心体型影响成绩——尽管她们几乎没有可能取得顶尖的成绩。这种“两难”就导致她们的困惑和摇摆，导致她们对体型的不满。布朗博士表示，精英跑者难以享受太多跑步带来的自信，相反她们的情绪更容易随着成绩而波动。即使是先天身材适合跑步，也未必成为世界级的顶级跑者。跑步不可能改变先天的矮宽型身材，但可以让身体更为强壮和协调。女性们应当用更为宽容的眼光看待“正常”身材。

激发动力

女性跑者没有必要因为成绩不佳而迁怒于体型。很多休闲跑者跑步只是为了塑形或者稳定体重。她们中的一些人对跑步的态度也仅限于此。对她们来说，体育活动就是多消耗些热量罢了。当然，她们也会自己测量饮食中摄入的热量以及运动中消耗的热量。

然而，她们减掉的可不只是体重。对运动成绩怀有过度执念者，往往也享受不到运

动带来的增强自信与放松身心等益处。

而且，她们的塑形大业也未必能成功。过分严格限制饮食就没有足够的能量去跑步，甚至在跑步时感到不适，只得草草止步。身体为了储存宝贵的能量，只能降低新陈代谢的效率，这样的后果就是每天消耗的热量也在减少。这样一来，塑形也会失败，因为身体无法达到预期的反应与状态。如果把塑形作为唯一的目的，这种失败也许会直接打消继续跑步的念头。跑步是塑形的好办法，但塑形不是跑步的唯一目的。如果你把跑步等同于塑形，那就不妨对自己的身体宽容一些，从促进身心健康的角度去想想还有什么其他的跑步动机。例如：

- 强身健体
- 健康社交
- 享受快乐
- 了解自我
- 调控情绪

如果你对跑步采取更为包容的态度，那就能享受到这项运动带来的更多好处。跑步能提升自尊、自律以及自信，有利于形成健康的生活习惯和态度，这反过来又可以有效地控制体重，而不是对形体问题自暴自弃。

饮食障碍

虽然媒体对于饮食障碍或饮食失调的报道触目惊心，但是被临床确诊的女性只是极少数。在这其中，占比例最大的还是那些高中或大学田径队的女生。饮食障碍是可能导致后果严重的疾病，因此需要进行专业的治疗。如果不加理会，饮食障碍可能导致危及生命的营养不良、心脏问题或是骨质流失。

对肥胖的恐惧可能导致厌食强迫症，如果体重明显低于按照身高一体型比例计算的正常值，就可能被诊断为厌食症。厌食症患者体形消瘦，却仍然认为自己身材肥胖，并严格限制热量摄入。如果得不到及时矫治，可能导致营养不良，严重时甚至危及生命。

贪食强迫症患者，即使限制热量摄入，进行大量的锻炼，依然会强制性的吃东西；尽管患者也会采取自行呕吐、服用泻药等手段对抗过度饮食。比起厌食强迫症，贪食强迫症不具有体重过低等饮食失调患者的征兆，因此更难被诊断和发现。病情严重时，可能出现龋齿、面部浮肿、咽喉酸痛等问题。

健身强迫症也被认为是贪食强迫症的一个表现，许多运动都有可能表现出强迫症状。但是跑步消耗热量多，因此健身强迫症中的强迫性跑者也不在少数。患者通过强迫性运动消耗热量，作为对贪食和不理想身形的惩罚。

健康的身体形象

如果你被形体问题所困扰，不妨尝试美国田径队与加利福尼亚大学洛杉矶分校越野跑队的卡罗•奥蒂斯所提出的建议。

不要与其他人做比较。

强调健康，而不是体重。

通过询问家人等，了解自己的体型，寻找适宜的目标。

懂得体型健康的含义。自来瘦和易胖体质都可以通过运动保持健康。

用正确的标准激励自己。多看看与自己体型相近者是如何保持健康的。

看到好的一面。例如，腿部肌肉力量较强者，腿围往往也较大。

选择适合形体且舒适的服装，而不是那些一味凸显所谓“标准身材”的衣服。

增加瑜伽与柔韧拉伸练习，这些健身活动都可以增加女性对形体的自我满意度。

多方求助胜过闭门造车。如果你觉得自己在减轻几斤之后，会感觉更舒适，跑得更快，那就听听运动营养学家的建议。在健身俱乐部、运动爱好者论坛等，都可以学到一些有关的知识。

去哪里寻求帮助

关于饮食失调病症饮食障碍、病患支持组织以及康复计划的更多信息，请参阅：国家饮食失调组织（National Eating Disorders Organization）官网，即 www.edap.org；全国神经性厌食症及相关疾病协会（National Association of Anorexia Nervosa and Associated Disorders）官网，即 www.anad.org 。

患有饮食障碍的女性一般是过度的完美主义者，也有可能面临家庭与情感方面的问题。饮食异常行为有时也是一种转移注意力与自我麻痹的行为，用身体上的痛苦或快乐替代内心的痛苦，许多饮食异常的患者还患有抑郁症。奥蒂斯医生说：“在某种程度上，饮食障碍和锻炼成瘾都是对不良情绪等的自我宣泄（一种错误的自我治疗方式）。这些人很需要专业的心理辅导来处理所面临的问题。”

现在，大多数专家都达成了共识：教练一定要慎重评价跑者的体重，以免话语不慎造成跑者的心理问题。运动员本人可能认为教练的言论也许是引发饮食障碍的导火索，专家们表示，其他心理原因也会使某些人更容易罹患饮食障碍疾病。总之，教练与亲友一定要出言谨慎，不要为运动员增加太多的压力。

如果你认为自己或朋友可能患上了饮食障碍，那么请尽快向医生寻求帮助。美国精神病学协会建议采用心理疗法，找到诱发饮食障碍的心理与思想原因，进行相应的行为调整与矫治。在治疗方面，推荐采用营养疗法，必要时结合抗抑郁药物进行治疗。

饮食失调

比起广为了解的饮食障碍，饮食失调在女性运动一族中的影响更为深刻。它指的是那些错误甚至可能有害的饮食习惯。按照克拉克的解释，正常饮食习惯是指饥饿时吃适量适当的食物；而饮食失调却是从控制体重和担心肥胖出发，过分限制热量与某类营养的摄入，将某些食物列入节食或禁食“黑名单”。虽然饮食失调者还没有发展到厌食强迫症或贪食强迫症的严重程度，但仍然需要引起注意。

在某些情况下，饮食失调是缺乏营养学知识引起的。例如，克拉克说，有些人早上和中午节食，而到了晚上却暴饮暴食——实际上，这是极不合理的饮食习惯。因为早餐与午餐包含了人体一天正常生理活动所需的大部分热量，大约 600 卡路里。而这些人晚餐暴饮暴食的原因，无非就是饿坏了。

在更为严重的案例当中，饮食失调是其他心理障碍的症状。奥蒂斯医生说：“这不是因为她们不知道怎么吃，而是因为她们有其他的问题，而饮食失调只是深层次问题的表现形式。”

对于一些跑者来说，他们不知道“适度关注营养与成绩”同饮食失调之间的区别。安格莱德医生回忆了他自己的经历：“当我在为马拉松训练时，我好几次跑完 30 公里了还挑食——而我还学过运动精神医学的课程呢。”如果你可能受到饮食失调的困扰，不妨听听安格莱德的建议，多学些营养学的知识。

对自己进行客观评估：你比过去花了更久的时间考虑吃的问题吗？你的饮食习惯是否有改变？最近有没有特别的压力？

你的训练计划与体重目标合理吗？

问问自己身边的教练、训练伙伴与亲人，他们是否发现你的行为存在异常？

向运动营养学家或者运动医师等专业人士请教相关问题。

女性健身的底线：尊重自己的身体。对于一些女性来说，尊重身体意味着学习科学的健身知识；而对另一些人来说，尊重身体应当是寻求专业人士的帮助。对所有人来说，在生命中的每一天，都要好好照顾伴随我们一生的双腿和肺。

训练记录

某个周日一早，我和几位朋友——一位教练、两位男士以及三位女士一起跑了30公里。之后，我们一起去一家早餐连锁店，吃点东西聊聊天。男士们点了一锅鸡蛋、土豆、蔬菜、芝士之类的。一位女士点了一个奶油干酪面包圈。还有两位女士要了少许黄油小饼。其中一位男士说道："跑了30公里，然后你们就吃这么点？"

同行的女性都是二三十岁的严肃跑者，成绩也能在国内排得上号。我们中间没有厌食强迫症或贪食强迫症患者，很少偏食。我们只是尽量吃得健康。

但是，我们经常限制食物种类和摄入的热量，经常量大腿围，经常和别人比身材，经常对自己的身材心怀不满并挑剔——而且，像我们之类的人并不在少数。

曾经有一位年届不惑的女性专业跑者告诉我，她还没有见过哪位女性在饮食方面没有任何问题。我相信这一论断。

我也出现过短暂的饮食失调。我是如此喜爱美食，恨不得每时每刻都能放开肚皮大吃特吃。然而，30多岁的我正好在进行为期一年半的艰苦训练时，出现了饮食失调的问题。不过，我不知道这到底与跑步有什么关系。当时女性跑步圈子里的风气就是身材苗条才能跑得快。几乎每个人都在催促身边的人使劲多吃，但催促别人的人自己却从来不会多吃。

每一位女性的经历都不一样。对于我，不论是努力不吃甜点，还是哀叹天生腿粗，我都在尽量寻求尽量完美的健康身材。作为跑者，我佩服自己的体力和耐力。但是，当不再为比赛而跑，或是不再将累计跑量作为目标的时候，我突然有了更多的新想法——我不是一台跑步机器，我只是一个平凡的女人，要充当许多角色，面对许多挑战，应当把自己当作一个全面的人来对待。

当你跑出每一步，
你的身体一直都在和你对话。

第十六章 善待身体

当你跑出每一步，你的身体一直都在和你对话。跟腱开始紧张，小腿在过多冲击下隐痛，脚后跟的不适渐渐发作等，这些都是身体传达的信号。只有懂得如何解读，才有可能避免跑步中的一些常见伤痛。遗憾的是，能够读懂身体信号的人太少了。

跑龄越久，你就越能够读懂身体的信号。经验会帮助你辨别出日常的轻微不适与即将发生的伤痛之间的区别。美国田径马拉松发展部的大卫·马丁博士说：“跑步劳损伤害的预兆，往往并不那么直观易见。”不管是腿疼，还是脚跟疼，都是身体传达的信号。跑步受伤基本上都是身体局部反复运动导致的过度损伤，因此小伤积累成大病之前总会发出信号。

如果你感受到这些信息，并且立刻采取纠正错误动作、加强力量练习或是选择更合脚鞋子等对策，那么你就完全可以防止进一步的伤害。但是，放任不管就很可能导致更大的伤害，治疗的难度也会随之增加。

有哪些教训？很重要的一点，就是不要带伤参加高强度训练和比赛。哪怕受伤部位在跑步时突然不疼了，也不一定意味着此时的症状必然减轻。美国田径队的队医刘易斯·马哈拉姆遵循如下经验法则：不影响行走的伤痛可以自愈，而影响行走的伤痛应当由医生处理。

如果之前受过伤，你就知道看医生也许并不是听上去那么简单的解决方式。跑步损伤很复杂。那些不跑步的医生，或者不从事运动医学专业的医生，往往很难对损伤的机制有什么真知灼见。你能从他们那里得到的，恐怕只是类似“不要跑了”的不实用建议。一个可行的建议是，找一位运动医学领域的专业医生。如果能找到一位擅长医治跑步损伤的医生，那就再好不过了。除了去专业的运动医学门诊，资深跑友或许能够向你推荐几位靠谱的好医生。

一些跑步损伤很平常，而另一些却较难治愈。求医时，你应当准确地如实描述自己的训练状况与伤病感，以便医生进行较为正确的诊治。如果某位医生提供的方案不尽人意，可以换一位医生再试试。为了防止损伤再次发生，最好要了解损伤的成因。有些损伤起因于先天生理结构（如脚内翻或外翻、双腿不等长等），有些损伤是因为训练负荷超过体能允许范围导致的。此外，跑步装备选用不当也会导致损伤，例如长期穿着失去弹性的老旧跑鞋或不合脚的鞋子等。

如果某位医生只是对你说“别跑了”，而提不出其他建议，那么就去找其他医生吧。不跑步的日子当然不用担心跑步造成运动损伤，但是如果你重新开始跑步，伤痛还会找上门来。

如果你正在遭受应力性骨折的困扰，那就真的需要暂时停止跑步了——或者只在水池里跑步——直到骨折愈合。在这段时间内，你要做的就是积极配合医生治疗，进行骨密度测试以及饮食和激素水平分析，弄清导致骨折的成因。下面是防止运动损伤的一般规则。

减少跑量。你可以带伤跑步，权当是对医生“不要继续跑步”警告充耳不闻。有很多人认为，跑跑伤痛自然就好了。然而，带伤跑步往往适得其反，有可能加重伤病。如果伤痛与跑步不得要领有关，那么为什么还要冒着加重损伤的风险重复错误呢？一个可行的建议是：将训练量减半或减去 1/3；并且不要进行强度较大的速度跑、山地跑等练习项目，避开过硬或过软的地表，因为它们可能导致伤痛部位受力过多。

改进训练。未经充分热身就跑步，也有可能导致伤病。应该增加或延长跑前热身与跑后放松等环节的时间。

缓慢拉伸肢体。拉伸时，首先应当避开受伤部位。对跑步用力部位的拉伸应当缓慢但到位，并且每个动作保持约 15~20 秒。

慎用止痛药。止痛药可以缓解疼痛，但疼痛其实是伤病释放的信号，因此缓解疼痛也许会影响对伤患形势的判断。建议尽量在跑步后服用药物。

冰敷损伤处。跑完之后，冰敷伤处是一个最快捷的止痛方式。你可以使用专用的制冷袋，也可以用冰冻保存的食物等物品临时代替。例如，把水装在圆柱形的塑胶运动水杯里，放入冰箱冻一段时间，就可以用来当作带冰敷功能的按摩棒。

考虑去看理疗师。美国运动足病医学学院前院长，托马斯·桑卡博士说，在对跑步损伤的治疗方案中，理疗是一个经常被忽视但很重要的部分。高水平的理疗师不仅仅只提供像超声波治疗或者电治疗。他们能够为你提供有针对性的成套康复、治疗与训练方案，帮助你摆脱伤病的困扰。

交叉训练。因伤恢复而减少跑量或者停止跑步期间，仍然要保持必要的体能锻炼。一个有效的方式就是，在专业人士的指导下，进行骑车、游泳或力量等交叉训练。

重新开始训练。伤势完全康复，就可以重新开始跑步了。但一定要坚持循序渐进的原则，不能操之过急。在长期的休息之后，你的肌肉、肌腱、骨骼都需要重新适应跑步。此外，此时应当特别留意曾经受伤的部位，一旦有伤病发作的征兆，就要停止训练、静养恢复。如果你在养伤期间进行过交叉训练，应当将交叉训练的内容继续保留在训练计划中，这样可以减少伤患处的负担。

你的休养时长，决定了重新开始跑步所需的时间。请参考如下建议：

休息了一周：按休息前的强度重新开始。

休息了两周：按休息前强度的一半重新开始。

休息了三周：按休息前强度的 1/4 重新开始。

休息了四周或者更久：不妨把自己当做零基础跑者，从交替进行慢跑和走步开始，给身体足够的时间去适应跑步。不要担忧时间问题，比起真正的零基础跑者，你的优势是具有一定的锻炼基础。

调整预期。不要指望刚一复出就能在期盼已久的大赛中取得好成绩。也许你创造最好成绩的计划要修正延迟。毕竟，在久疏战阵后，“欲速”的后果往往是“不达”。如果能从上面的文字中悟出些什么，你必定能成为更“巧”的跑者。

按摩

运动按摩和传统的放松按摩有着不同的目的。运动按摩可以放松紧张的肌肉，防治一些积累性的运动损伤。运动按摩所作用的部位比放松按摩要深，并且可能伴有疼痛感。

为了保证效果，请找一位专业的运动按摩治疗师。他们的专长就是通过按摩治疗运动损伤。按摩时，你需要与按摩师进行有效的沟通，准确如实地讲述自己的训练情况以及身体感觉。

如果你不习惯运动按摩，在第一次进行时，可能会感到酸痛无力。但是，在之后的按摩中感觉就会好得多。

在临近比赛的运动按摩可能会让你在关键时刻觉得身子懒散，在比赛后马上进行按摩也不是个好的选择——此时通常只需要对肢体进行轻柔按摩。比赛与按摩的间隔应当至少在三天以上。

如果你是一位训练刻苦又不差钱的严肃跑者，也可以每周做一次运动按摩。如果你的跑量不多，可以在将来跑量增加导致肌肉酸痛时定期做一做运动按摩。

你也可以试试自我按摩，用自己的双手或者专用设备 来按摩肌肉紧张的身体部位。你也可以请教按摩专家，学习自我按摩的技术与方法。

健康状况影响性生活吗

有传闻说，有些跑者在健康状况得以改善的同时，还会“性”致大增。费城女性健康和运动妇科中心的妇科医学专家莫沙•西恩古德博士[61]说：“女性的性冲动更多来自心理因素，而非生理因素。”有研究表明，女性跑步时的睾酮含量会上升，而这种物质会增强性冲动。不过这种作用非常短暂，不太可能增强性欲。但是，运动带来的身心状态提升，却能够间接改善性生活。关于跑步益处的文献车载斗量，生活中的实例也比比皆是。所以，跑步能改善健康而健康水平提升能够改善性生活的逻辑，也就顺理成章了。

什么困扰了你

对女性跑者而言，下面是一些与跑步有关的常见损伤、简易治疗方法和注意事项。

跟腱疼痛

大部分跑者叫它跟腱疼痛，但是医学上有时称其为跟腱炎。这是一种难以治愈的退化性疾病。跟腱在跑步时会产生难以忍受的疼痛，并且可能会困扰患者多年。

跟腱炎可能由跟腱滑膜的问题演变而来，最终扩展到构成跟腱的肌肉。这种退化性的慢性炎症会影响肌肉纤维功能，严重时会导致跟腱断裂。

疼痛和肿大是跟腱炎的最初表现。跟腱部位会变得一碰就痛，甚至可以看出浮肿。在运动的过程中，它可能会产生碎裂的声音，听上去像是把雪压碎的声音。

原因：当小腿肌肉绷紧时，跟腱作为连接小腿与脚后跟的部位，会承受力量。速度练习等高强度练习越多，跟腱承受的负荷就越大。

对策：发病时，要立即停止速度练习与越野跑等大强度训练，尽快向医生寻求帮助。最好的治疗方法就是，在第一时间降低训练强度并充分休息，直到患处自行康复。也许你还需要购置放在跑鞋里的后跟衬垫等矫形器材 。此外，按摩跟腱可以改善患处血液流通，也能促进恢复。其他的治疗方法还有口服消炎药、进行冰敷和超声治疗等。康复后，应当注意增加跟腱部位的拉伸与静态力量练习。一组可以参考的动作是：双手伸直扶墙，身体前倾正对墙，背部与一腿保持在同一直线上，另一腿前屈；两脚全部落地，且保持脚尖指向身体正前方；此时，拉伸的部位是伸直腿的跟腱。

痤疮

女性跑者会被脸上、发际线、上背、胸部、上臂和臀部的痤疮所困扰。

原因： 汗液分泌堵塞毛囊、激素与内分泌失调、皮肤与服装之间摩擦都可能是痤疮产生的原因。高温和潮湿会加重痤疮。防晒霜和化妆品也可能堵塞毛孔或刺激皮肤，加重病情。

对策： 请尝试俄亥俄州克利夫兰诊所皮肤科的临床研究主任、美国皮肤科学会前主席威尔玛 •F• 博格菲尔德[62]提供的方法。

- 跑步前，尽量少用化妆品。跑后，尽快认真清洗脸部或痤疮部位，清除皮肤上的尘土、油脂与汗水，然后再涂抹护肤品。
- 在容易生痤疮的部位，使用面部专用防晒霜 。其他部位，选择防晒凝胶或者乳液。
- 跑后，尽快沐浴更衣。
- 清洁痤疮部位时，用力不要过大。
- 在医生指导下，接受药物治疗。

过敏

季节性过敏带来的打喷嚏、咳嗽和流泪，会让你宁可宅在家里睡觉也不愿意出门跑步。幸运的是，一些新的药物可以帮助你对抗过敏，同时没有嗜睡等恼人的副作用。

原因： 对过敏患者而言，花粉或动物毛等特殊刺激物（致敏原）会激活免疫系统，产生上述过敏症状——它们实际上是人体的保护性应激反应。

对策： 避免接触致敏原，选择早上或夜晚 等致敏原较少的时间跑步。花粉浓度较高或空气质量较差时，在跑步机 上锻炼。此外，还可以在医生的指导下进行脱敏治疗。

哮喘

健身跑可以通过改善肺功能来减轻哮喘症状，但跑步也有可能诱发哮喘，所以要做足预防措施。

原因： 在天气寒冷或空气污染等环境下，哮喘患者的呼吸道会变窄，吸入的氧气会因此减少，所以不得不拼命增加呼吸频率。

对策： 内华达州卡森市专攻呼吸道疾病的斯图尔特 • 斯托洛夫[63]博士建议，跑步前全面热身，跑后充分休息。在正式开始跑步前，进行 5~10 分钟的慢速跑。如果气温很低，可以用面巾遮挡口鼻，使空气进入肺部之前能够被加热湿润。同时，要在医生的指导下治疗哮喘。

---

61. Mosa Shangold，Center for Women's Health and Sports Gynecology in Philadelphia。
62. Wilma F.Bergfeld,Ohio's Cleverland Clinic，American Academy of Dermatology。
63. Stuart Stoloff，Carson City，Nevada。

背痛

背部肌肉疼痛的原因可能是过度劳损。如果疼痛向下方蔓延至臀部或腿部，就要考虑是否起因于坐骨神经受到刺激。

原因：只要受到压力，坐骨神经就会产生疼痛感。如果有脊柱畸形等生理结构缺陷或骨质疏松等疾病，身体的受力状况就会发生改变，椎间盘可能受到压迫，并导致坐骨神经疼痛。

对策：进行针对躯干和大腿的力量和柔韧练习，可以改善人体的生物力学形态，有助于消除坐骨神经痛。可以按照本书第十八章的图示进行背部伸展、仰卧起坐和腿部拉伸运动，但需要特别注意不要拉伤背部。由专业医生进行的脊椎按摩疗法也会起到作用。

避孕的副作用

关于口服避孕药片、荷尔蒙贴片、控制荷尔蒙的宫内避孕器等激素类避孕方法对运动表现的影响，研究人员还存有争议。宫内避孕器含有非常少量的性激素，几乎不会引起副作用。尽管多数研究表明，避孕药和避孕贴片不会影响运动能力，但仍有研究指出，服用药物可能会导致有氧运动能力的轻微下降。加拿大不列颠哥伦比亚大学温哥华校区的医学教授杰瑞林·普莱尔博士[64]说：“对于尖子运动员，这种影响也许会导致比赛失利。”

然而另一方面，一些跑者认为，避孕药可以通过减少经期症状提高运动能力。还有人通过决定何时服用药物调整生理周期，或避开那段时期内的比赛。但是，医学专家认为，从长远考虑，这些做法的安全性都是有争议的，因为人为改变生理周期是对人体自然规律的干涉。

原因：避孕药所含的激素在发挥避孕作用的同时，有可能影响身体的感觉和功能。用药的副作用因人而异。

对策：你需要自行判断各类避孕手段能否起到应有作用，以及是否具有副作用。有些人对药物的作用深信不疑，也有人认为有它没它都一样。如果你把跑步作为休闲运动，那么

64. Jerilynn Prior，University of British Columbia in Vancouver。

无需太过在意药物的影响。如果你对比赛成绩有要求，就要考虑可能影响运动状态的方方面面，使用其他避孕方法，避免药物避孕副作用的影响，或是在必要时求助医生。

黑趾甲

在马拉松或长距离越野跑比赛后，脚趾甲可能会因淤血而变黑，既难看，又难受。这可能是跑鞋不合脚的原因。

原因：脚趾与鞋子反复撞击，或者鞋子对脚过分压迫，都会导致脚趾甲下方受伤淤血，产生血泡。由于受伤部位不便处理，这些血泡持续的时间往往更长。

对策：选择合脚的鞋子，经常修剪脚趾甲。如果下坡路比较多，请绑紧鞋带，避免脚在鞋里滑动 。

水泡

有人饱受脚部水泡困扰，有人则很少“中招”。鞋袜不合脚非常容易导致起水泡。

原因：通常是脚部皮肤和袜子之间的摩擦。

对策：买合脚袜子 。袜子应当紧贴脚部，在跑步过程中不会滑脱；同时，内里不能有线头等引起不适的做工瑕疵，也可尝试同时穿两双合脚的袜子。其他的方法，如在脚趾部位涂抹凡士林等润滑剂。

如果水泡已经生成，首先应当避免细菌感染。例如，使用水泡贴或者用酒精消毒后的剪子等物将水泡挑破，挤出液体，然后用消毒纱布进行简单包扎。

骨挫伤

骨挫伤是人体深部的损伤，经常发生在骨骼外层。跑者经常用这个词语来形容足部的疼痛感。但其实这并不是一个医学诊断术语，对应的症状可以包括足底筋膜炎和应力性骨折等等。

原因: 真正的骨挫伤经常由于碰撞到坚硬物体所导致。当骨骼与硬物撞击而中间无缓冲时，就容易导致损伤——例如，小腿正面碰到桌子沿，或是跑步时碰到障碍物。

对策：跑者极少遭遇真正的骨挫伤。如果感觉持续多日的脚部肌肉或骨骼疼痛，那就去看看医生。也许你认为的“挫伤”实际上是其他伤病的表现。真正的骨挫伤需要静养治疗。如果你依然可以按照原来的步幅去跑步，那就坚持训练。否则，去看医生，在休息期间进行交叉训练，或是水中跑步，直到症状消失。

乳房不适

跑步，或者更准确地说，身体在跑步时的晃动不会伤害乳房。但是，却有可能导致胸部下垂。

原因：支持乳房的皮肤在重力和运动的作用下，久而久之容易松弛。如果跑步时胸部没有足够的承托，就可能成为导致下垂的因素之一。根据俄勒冈州立大学运动科学副教授、内衣制造业顾问拉珍•劳森[65]博士所说，胸部下垂只是影响美观，并不造成直接伤害。

对策：穿合身的运动内衣。胸部越是丰满，对内衣承托功能的要求就越高。内衣选购的内容，请参见第二章。

皮炎

跑步时，过紧或材质粗糙的衣服都可能磨损皮肤，导致局部瘙痒甚至诱发皮炎。最常见的部位是内衣的边缘、腹股沟以及腋下。

原因：皮肤与服装之间反复摩擦，如果服装上的汗水难以蒸发，就会增加摩擦。

对策：用凡士林等润滑剂涂抹容易发生摩擦的部位。选择做工精细的合成纤维运动内衣，与棉质服装相比，这种服装不会积聚太多的汗水。同时，选购贴身跑步服装时还要注意尺寸以及针脚等细节做工，挑选那些合身且做工精良的产品。

感冒和流感

在长期持续的高强度训练过程中，或是马拉松等长距离赛事后，有的跑者会抵抗力下降，更容易患上感冒或流感等呼吸道疾病。

原因：当抵抗力下降后，呼吸道疾病就容易趁虚而入。

对策：感冒了还能继续跑步吗？这取决于感冒的严重程度。如果只是流点鼻涕，跑上一会儿或许能够缓解症状。但是如果出现发热症状，或者周身酸痛，甚至更严重的呼吸道感染等症状，你要做的事情就是休息养病，必要时去看医生。

鸡眼和胼胝

脚部摩擦和皮肤疏于保养导致的鸡眼和胼胝等皮肤赘生物，不仅有碍观瞻，而且还会在跑步时带来痛苦，因此不能掉以轻心。

原因：鞋、袜、脚三者之间反复摩擦撞击。不合适的鞋子会加剧问题。

对策：在洗热水澡或用热水泡脚时，用指甲锉、剪刀等磨掉或剪掉增厚的死皮，可以防止赘生物增加。此外，热水泡脚或洗热水澡后，可以在脚上涂抹滋润的护肤品，防止皮肤失水，发生皴裂老化。经常修剪脚趾甲也有一定的作用。

---

65. Jerilynn Prior，University of British Columbia in Vancouver。

头发损伤

在室外跑步时，头发暴露在阳光下，可能会导致发质受损。但是，这种损失是可以预防和补救的。

原因：风吹日晒、污染物质以及跑步时的汗水与油脂分泌物，都有可能导致头发与头皮污染和损伤。

对策：戴帽子可以隔绝太阳直晒，减少头发受空气中污染物的影响，或者也可以把长头发扎起来或是剪短。用符合自己发质的洗护发用品 ，可以滋润修补受损头发。定型产品可能会被汗水融化，也容易吸附脏东西，因此跑步前不宜使用。

补水问题

有关运动与饮水的看法，近几年发生了重大的变化。跑步流行之初，跑者们得到的建议都是在跑步时尽量多喝水，而不是根据口渴程度进行补充。但是，随着过度补水与低钠血症的关系获得越来越多的重视，人们对补水问题又有了新的认识：长跑中需要补充的不只是水分，还有随着汗水一起流失的电解质。脱水和过度补水都会导致头晕与痉挛等症状，影响运动能力，甚至会危及生命。

原因：补水过多或少。

对策：在训练和比赛中不断地摸索和总结经验。安全底线是身体不出现因为补水过多或过少而导致的不适。如果在不冷不热的季节，只是跑个三五公里，也许你完全可以不喝水。如果运动时长超过一小时并且出汗较多，那就需要补充水和含有电解质的运动饮料 。

此外，即使是在生活中，也要喝足够的水（更多关于饮水的内容，请参见第十三章）。

腹泻

跑步时突发腹泻，确实是一个令人苦不堪言的问题。

原因：在跑步时，更多的血液流向四肢的肌肉，肠道供血随即减少。一个可能的后果就是肠道蠕动减缓，消化出现问题。相比资深跑者，没怎么经过训练的跑步新手出现问题的概率更大，而女性比男性出现问题的可能性又大些。

对策：保持体内有足够的水分，因为水分减少也会导致血流减缓。饮食方面，在长距离跑前一天，尽量不要吃纤维含量高，或是容易产生气体的食物；代之以能量密集且残余较少的食物，也尽量不要服用可能导致腹泻的药品。最后，在跑步前还要留足如厕时间。

冻伤和体温过低

虽然人类对低温具有很强的适应能力，甚至连美国的运动医学专家都认为人类就算在极地条件下也可以运动；但是，低温对人体的不利影响，仍然值得我们重视。冻伤、失温、肢体僵硬以及寒冷诱发的其他疾病，是人体在低温条件下面临的主要问题。

当然，人们对低温的耐受能力，还受到个体差异影响。例如，冬季，抵抗力差的人更容易感冒。体脂较低者、老年人以及循环系统疾病患者，对寒冷的耐受能力往往也较低。此外，“面积—体重比”较低者（密度大）也往往不太“抗冻”。

原因：自然条件恶劣、缺乏必要的耐受力以及防护手段。

对策：加强对全身的保护，减少热量散失，避免冻伤。特别要保护好耳朵、手和脚等身体末端部位。按照从里到外依次为速干—保暖—防风的层级增加衣物 ，佩戴有护耳的帽子 以及能够抵抗寒冷的手套 ，穿加厚袜子和保暖运动鞋 ，在鼻子与颧骨等部位涂抹凡士林或是裹上面巾。此外，使用可以粘贴在衣物上的暖宝宝也可以抵御严寒。

湿冷的环境容易导致人体失温，棉质的贴身衣物不适宜在低温天气下运动时穿着。运动结束后，要尽快换上干燥的衣服并回到温暖处。

在低温下运动，一定要充分热身，防止肌肉拉伤；同时，不要做太多的速度训练。此外，还要注意避开冰雪路滑的场所。

中暑

在炎热或者潮湿的天气中跑步，就可能会中暑。按照严重程度，中暑可分为三个等级。

• 痉挛，出现肌肉痉挛症状。补水和休息一段时间通常就可以恢复，适合治疗这个级别的中暑。

• 力竭，最主要的症状是头疼、虚弱以及协调性降低。体温可能升高，但皮肤表面温度升高的速度远不及体温。此时，必须进行休息和补水，必要时还要用水擦拭身体，帮助降温。

• 休克，症状和力竭一样，但皮肤的温度会上升，只是没有出汗。体温可能会升至危险的水平，人也会昏厥。对于中暑休克者，必须尽快送医急救。

原因：炎热或者潮湿的天气可能降低人体的散热功能，例如汗液不能及时蒸发带走身体热量等。缺乏训练的初级跑者、体重较大的跑者（通常也是较胖者）中暑的风险往往比较大。而万米跑比跑马拉松时中暑的风险又要大一些。

对策：在夏季跑步时，尽量避开湿热的时段。如果气温高于 30 摄氏度，相对湿度大于 85，那就更值得警惕了。根据马哈拉姆博士所说的，跑者要特别注意“85-85”这个危险区域，即气温超过 85 华氏度（30 摄氏度）以及湿度超过 85%，务必提高警惕。此外，还需要在运动时补充适量的水分与电解质（详见前文“补水”部分），并且穿着不那么吸收热量的浅色衣物。

过去流行的“使劲喝水防中暑”观点实际上没有太大用处，光靠喝水并不能降低中暑的风险，反而容易出现“过量饮水”的症状（见第十三章）。

虽然保持身体水分充足有助于散热，但是中暑的决定因素却是人体散热与环境吸热之间的关系。由此可见，不管你喝多少水，在湿热天气下拼命跑步都有可能出现中暑。

痱子

热天跑步的另一困扰就是痱子——身上长出发痒的类似皮疹的东西。

原因：汗腺无法及时散热。

对策：痱子本身并不是什么大毛病，但它却提醒你注意防暑降温和防晒。当然，如果痱子长久不退，那就要去看看皮肤科医生了。

髂胫束磨擦综合症

髂胫束是从臀部延伸到膝盖的肌腱。与多数跑步导致的损伤一样，髂胫束摩擦综合症也是逐渐积累的慢性损伤；膝盖外侧偶发刺痛，就是最明显的症状。

原因：当髂胫束部位负荷过大时——这种情况经常发生在脚部过度内翻或者过度外翻的跑者身上——跑步过程中，髂胫束与膝盖外侧的其他肌肉与骨骼反复摩擦，最终导致疼痛，甚至发炎病变。

对策：服用药物，或是采用冰敷与超声治疗等物理治疗方法都可以减轻疼痛和炎症。此外，还需要定期进行静态动作练习与按摩。髂胫束不能被拉伸，但是可以通过拉伸增强其周围肌肉的力量。一组拉伸的参考动作是：（1）右腿练习一靠左侧墙壁站立，左腿置于右腿前；然后保持右腿直立，上体左倾并保持；（2）左腿练习一换边进行。同时，还要选择合脚的运动鞋 。在病痛未愈期间，不要进行耐力练习、速度练习以及越野跑等加重受伤部位负担的运动。

尿失禁

与男性相比，女性更容易出现尿失禁的麻烦，这是由女性的生理解剖结构决定的。估计大约有一半的女性曾经遭遇过这种令人厌恶和尴尬的难言之隐。坚持健身跑可以在一定程度上减轻尿失禁症状。

原因：跑步本身不会导致尿失禁，但可能诱发本已存在的尿失禁症状。

对策：很多女性通过凯格尔[66]运动来强化骨盆区域的肌肉，使症状得到缓解。这种运动与有意识的憋尿动作类似，坚持几秒钟，然后放松几秒，重复做 5 分钟。为了得到最好的效果，建议在躺、坐、站各种姿势下分别练习。此外，还可向医生救助。

---

66. 凯格尔运动，又称会阴收缩运动，本来是一种为了治疗和训练产后大小便失禁的女性的手段。它以洛杉矶医生阿诺德•凯格尔（Arnold H. Kegel）的名字命名，他在 20 世纪 40 年代推广了这项训练。凯格尔运动的目的是加强盆腔底部肌肉，或称耻尾肌。这些肌肉从耻骨后方向前方伸展，并包围阴道口和直肠。加强训练耻尾肌可以促进尿道和肛门括约肌的功能，防止肛门失禁。

方案 1：

（1）站立，双手交叉置于肩上，两脚尖呈 90 度，脚跟内侧与腋窝同宽，用力夹紧。保持 5 秒钟，然后放松。重复此动作 20 次以上。

（2）简易的骨盆底肌肉运动可以有时有地进行，以收缩 5 秒、放松的规律，在步行、乘车、办公时都可进行。

方案 2：

（1）平躺、双膝弯曲。

（2）收缩臀部的肌肉向上提肛。

（3）紧闭尿道、阴道及肛门（它们同时受到骨盆底肌肉支撑），此感觉如尿急，但是无法到厕所去需须闭尿的动作。

（4）保持骨盆底肌肉收缩 5 秒钟，然后慢慢放松，5~10 秒后，重复收缩。

（5）运动的全程，照常呼吸，保持身体其他部份的放松。

跑步与药物的相互作用

根据马哈拉姆教授所言，健身跑步通常不会影响药物疗效。然而，有些药物却有不利于运动的副作用，例如引起嗜睡与腹泻；或是通过影响体重、饮食与体能水平，间接作用于跑步。

原因：在跑步与药物的相互作用方面，几乎每个人的情况都不尽相同。

对策：向医生或药剂师了解相关知识。

月经问题

有些女性会经历经期不适，但就多数人而言，月经对跑步的影响并没有那么明显。甚至，不乏专业女子运动员在经期还能夺冠甚至破纪录的事例。临床研究还没有发现月经周期对心率、力量以及耐力的影响。不过，也有研究认为，供氧能力会受到排卵的轻微影响，这一观点还没有被广泛认可。

原因：月经是女性的正常生理过程，受激素的调控与影响。

对策：在经期之前或者经期之中进行适当锻炼能够提高舒适感，减轻不适的生理反应以及焦虑等情绪波动。一些医生甚至将运动作为治疗经期综合症的辅助疗法。但是，随着绝经期的到来，运动的益处会逐渐减少。此外，运动也会改变生理周期，例如导致黄体期缩短。

月经紊乱或停止是女性跑者可能遇到的另一问题，特别是那些运动强度超过身体承受能力的女性。用专业术语描述，就是运动性经期紊乱。

原因：过去，人们认为长期的超负荷运动可能引起停经。而今，运动成为诸多身心压力因素中的一项。训练负荷、成绩要求、低脂肪比、热量摄入不足，都有可能导致出现停经。

各种因素相互作用，构成了人体的能量平衡关系。跑步过量等身心压力的不利影响占据上风时，一部分女性就会出现月经不调的生理反应。年轻的女性跑者、训练强度大的跑者以

及有月经不调经历者更容易出现问题。但是，也有人从未遇到过这些麻烦。

到达绝经年龄的女性，最严重的健康风险之一就是骨质疏松症。患者容易发生骨折等意外伤害以及骨骼畸形等退行性病变，这是因为维持骨骼中钙质的雌激素分泌减少。

普莱尔教授指出，女性跑者可能面临的又一担心就是排卵减少。因为女性即使是在不排卵的情况下也会有月经现象，所以仅仅凭着有无月经并不足以衡量女性生殖健康水平。

原因： 缺少排卵标志着黄体酮的含量不足。黄体酮缺乏会导致对子宫内膜的过度刺激，增加罹患子宫内膜癌的风险（研究人员对黄体酮缺乏是否作为导致骨质流失的单一因素还有争议）。

如果怀疑自己不排卵了，那么要像怀孕期间那样坚持测量并记录体温。一般而言，女性在生理周期的最初阶段体温较低；其后，随着排卵期的临近，体温会逐渐升高。可以尝试坚持记录一个生理周期的体温数据：每天清晨睁开眼，第一件事就是用基础体温表测体温并记录数据。如果一个周期内的体温走向趋势没有呈现这种先低后高的走势，那么就要当心排卵异常的风险。此外，完全感觉不到月经期间的生理变化，也是排卵异常的一个可能的信号。如果担心自己出现这些问题，请向医生寻求帮助。

对策： 如果怀疑自己月经失调，请尽快去医院进行治疗。医学博士莫纳•西恩古德告诉大家："女性运动员不能对月经失调掉以轻心，仅仅认为这是训练艰苦造成的。因为任何可能导致妇科疾病的问题，都可能遇到。"对任何原因引起的月经问题，最好的办法都是尽快去医院检查诊治。

虽然有些人通过减少锻炼逐渐恢复到了正常水平，但这并不是唯一的方法。下面是一些其他参考建议：

- 记录一个完整的月经周期内的生理状况，包括体温、身体感受等。
- 评估饮食状况。保证摄入均衡和足量的营养，特别是钙质、蛋白质以及脂肪。必要时，请营养师或医生制定健康食谱。
- 去医院进行检查，看是否存在运动之外的导致月经失调的原因。
- 评估训练强度与休息。在训练与比赛之余进行足够的休息，调整身心状态；避免过度训练、情绪不稳定、睡眠失调以及体重波动等问题。

肌肉痉挛

肌肉痉挛的感觉有轻有重，可能是轻微的颤抖与刺痛，也可能是瞬间的无力感以及撕裂般的剧痛。躯干与四肢的任何部位都有可能发生肌肉痉挛。从肌肉的轻微刺痛，到严重的令人虚弱的肌肉收缩，各种症状也都有可能发生。

原因：身体失水过多、电解质紊乱以及柔韧性差都可能导致肌肉痉挛

对策：在跑步前，进行充分的拉伸热身；锻炼之后，进行放松整理。跑步前 1 小时与跑步过程中，都要补充足够的水分与电解质。平时加强拉伸与柔韧练习。

骨质疏松

对女性来说，骨骼随着年龄增长而发生退行性病变是一个非常严峻的问题。跑步是一把双刃剑。一方面，它可以帮助强健骨骼；另一方面，跑者队伍中通常瘦人多，而瘦人又容易发生骨质疏松等骨骼疾病。那些同时面对精神压力、营养失衡、月经失调的女性，患上骨骼疾病的概率更是高于普通群体。

原因：有研究表明，月经失调者的骨密度水平往往较低，也更易发生慢性骨折。通常认为，女性运动员的内分泌紊乱与骨密度偏低存在联系，但因果关系尚不明确。例如，一些研究假设，追求运动成绩的人也许在其他方面也承受着较大压力，而不断依靠苦练追求成绩正是释放压力的一个途径；即使不锻炼，压力也会影响内分泌。同理，许多女性通过大量的锻炼维持身材，像她们这样的体脂较低者也更容易发生内分泌紊乱。

对策：专家一致认为，女性应当采取行动，减轻或避免骨质疏松症的危害，因为 20 岁的患病者，其骨骼质量可能与 50 岁者相当，危害程度不言自明。女性在 35 岁后，骨骼质量就开始走下坡路，并且只能尽量维持在此之前的骨骼健康程度。

在长期的高强度训练中，跑者必须采取各种措施来应对骨质流失。例如，注意均衡饮食与营养，保证摄入维持运动与基本生理活动所必需的营养，特别要补充钙质。此外，女性跑者还应当注意自己的生理周期有无异常变化。一旦发现问题，应当及时就医，或许医生会推荐激素替代疗法。

骨密度测试也是一个好办法。有关的检测技术经常出现在健康展会或体育展会中，检测的成本不断降低，流程也变得更为快捷便利。但是，这些检测只能大体上反应骨骼健康程度，并不能取代医院进行的正规医学检测。

足底筋膜炎

不跑步的人可能终其一生也不知道足底筋膜是什么，更谈不上体会足底筋膜炎的痛苦。而很多跑者却对这种运动损伤有着刻骨铭心的认识。足底筋膜是足底部位脚掌与脚跟之间的膜状结缔组织。足底筋膜炎的表现就是脚底疼痛，通常就是在脚后跟底下。最初的表现可能并不引人注意，但是当症状加重时，就会让患者疼痛难忍。早上刚起床下地的时候，往往痛感最为强烈。

原因： 足底筋膜是横跨足底并且连接跟骨底部的一层没有弹性的结缔组织。持续承受运动负担，就有可能引发积累性的运动损伤。桑卡博士说："足底筋膜的主要功能不是屈伸，而是支撑足弓部位。低足弓者或者大体重者在运动时，足底筋膜与跟腱要承担更大的负荷，可能会从脚后跟处逐渐撕脱，组织也会产生退化。对于病情严重的患者，X 光扫描可以显示出一条从跟骨突出的骨刺，能够看到跟骨部位损伤和骨质沉积。

对策： 一旦患上足底筋膜炎，拉伸按摩、冰敷、超声波理疗以及口服止疼消炎药都可以促进恢复。必要时，还可以在晚上睡觉期间佩戴矫治支架。这种器具的原理是固定并拉伸跟腱以及足底部位，还能减轻每天晨间的足底筋膜疼痛。

预防措施：

- 购买具有足够弹性并针对低足弓提供支撑的跑步鞋 。
- 进行专业的步态测试，了解是否需要定制矫形鞋垫等器材。
- 长期坚持足底部位的柔韧性与拉伸练习，特别是脚底部位。在治疗期间，不要继续加重伤患处的负担，可参考第十八章的拉伸动作"拉伸股四头肌"，将躺卧姿势的拉伸改为侧面倚靠墙壁进行，用靠近墙壁的脚支撑身体，拉伸另一只脚。动作要领是保持拉伸脚的脚尖与小腿在一条直线上。

对于历经数月久治不愈的严重患者，还有手术、皮质类固醇注射以及冲击波治疗等方案。但是，冲击波治疗可能有损伤神经的风险，治疗过程痛苦并且费用昂贵。手术与皮质类固醇注射治疗则是最后的手段。

剃刀肿块

经常进行脱毛的腋下等皮肤薄弱部位，往往是对汗液、油脂与细菌十分敏感的部位。剃刀肿块就是这些部位的毛囊炎症。

原因： 跑步时，毛囊被汗液、油脂与灰尘等堵塞，加之皮肤之间或皮肤与衣物之间难免频繁摩擦，因此导致炎症发作。

对策：博格菲尔德博士说："使用脱毛器时，要顺着毛发生长的方向进行。逆着毛发生长方向进行修剪，会把皮肤碎屑和其他堵塞物埋进毛囊。此外，在洗澡时，还应当仔细清洁这些部位。"

此外，还可以尝试化学脱毛与激光脱毛，但是它们也有各自的风险和不适宜人群。

在跑步特别是参加马拉松或更长距离比赛的前几天，请耐住性子，不要去激惹你的皮肤。

跑步膝

膝盖骨周围，特别是下方以及前方的不适甚至疼痛。

原因：髌骨软化等病症可能是"跑步膝"的成因。正常情况下，膝盖应当在一定范围内沿着上下方向运动。而当膝关节没有沿着正常的轨迹运动时，就会导致相邻软骨之间的磨损，并且这种损伤不可逆。过度足内翻可能导致膝关节运动轨迹偏离，小腿的运动路径会受到影响。女性的生理结构是臀围较大，这样就容易产生 X 型腿等现象，也比较容易出现跑步膝等症状。此外，身体的肌肉力量，尤其是双腿力量不均衡，也可能是跑步膝的成因之一。

对策：问题发生，就要重视。也许疼痛会在跑步时逐渐消失，但并不意味着病症消失，而且大量重复的动作会加剧损伤。如果能够尽早发现症状，物理治疗与改进生物力学等方法是可以解决问题的；但如果软骨严重损伤，就有可能要进行手术了。

另一个建议是，进行专业的步态分析，判断是否需要矫形支具 等辅助治疗手段。此外，还应穿着具有支撑作用的合脚运动鞋 ，在治疗期间减少高强度训练，也不要在倾斜的路面上跑步。关于拉伸练习等内容，请见本书第十八章的内容：“臀部与核心拉伸”以及“力量练习”。

胫骨疼痛

胫骨疼痛和骨挫伤类似，并不是真正的医学诊断术语。膝盖和脚踝之间的任何疼痛都可以用这个词描述。

原因： 训练强度超过身体的承受能力。胫骨疼痛在缺乏训练的新手跑者以及年轻跑者当中最为普遍。胫骨骨膜炎是最常见的诊断结果。病因是长期高强度运动导致骨膜和临近骨骼的肌肉承受了过多的负担。

对策： 通过冰敷减轻疼痛，并应减少训练量。进行专业步态测试，查看是否存在过度足内翻或外翻等现象，并采取定制矫形鞋垫 、加强小腿与跟腱的柔韧练习等措施。训练时要注意循序渐进，不能过急地追求跑量，或是安排太过密集的速度与越野训练。桑卡博士解释说：“小腿、跟腱以及足弓之间的相互作用非常关键。小腿和跟腱处于紧张状态，对附近的肌肉和肌腱就会产生较大的作用力。”

肋下疼痛

在跑步时，两肋和腹部的剧痛可能会突然来临，通常的感觉是在胸廓下方刺痛，喘不上气。这种情况大多发生在初跑者和进行高强度训练的跑者身上，当她们的运动强度超过承受能力时，出现肋下疼痛的可能性就会增加。

原因： 肋下疼痛一般是由隔膜痉挛引起的。

对策： 只要停止跑步，疼痛就会迅速减缓。如果不想停止跑步，可以减慢跑步速度，用手指按压痛处。当与身体疼痛部位相反的那只脚触地时，用力呼气。每三步一吸气，第四步呼气，然后继续重复。跑步前注意进行热身运动，吃喝与跑步间隔不少于半小时；此外，跑步时要由腹部深呼吸。

皮肤损伤和皱纹

环境和生理因素会在皮肤上留下印记。区别是，前者造成的损害有一部分是可逆的，而后者导致的衰老痕迹则不可逆。对于经常在户外奔跑的跑者而言，过量紫外线导致的皮肤癌也是需要警惕的危机。

原因： 博格菲尔德博士表示，风吹日晒是环境伤害皮肤的主要因素。

对策： 适当的护肤步骤，可以减轻皮肤伤害。

- 在晴天跑步前，涂抹防晒霜。找一款防晒系数在 15 以上，可以阻挡长波紫外线（UVA）

和短波紫外线 (UVB) 并且防水的产品，这样汗水就不会把防晒霜融化在皮肤上。如果你容易长痘，那就挑防晒胶和乳液，不要使用含有较多油脂的防晒霜 。

- 在跑步和洗澡之后，用乳液进行保湿。含有阿尔法羟基酸与维生素 A 等成分的新产品能够修复某些皮肤损伤 。
- 努力保持体重稳定和身材匀称。
- 平时注意喝水，补充足够水分。
- 在早晨或傍晚，也就是阳光最弱的时段跑步。
- 戴有沿帽子，阻挡阳光射向面部。
- 购买使用具有防晒和抗紫外线功能的运动服，可以通过查看吊牌了解服装的功能。

肠胃不适

初跑者容易“中招”，不过很少有跑者能够与这种麻烦绝缘。一般的胃肠问题不会导致危险，但也足以影响跑步。

原因：吃了不易消化或容易产生气体的饮食，或是吃饭与跑步离得太近。

对策：在跑步前几个小时不吃不喝可以解决问题，但是这样做可能会损害健康，尤其是对那些要持续奔跑数小时的耐力跑者来说。但是，你可以训练自己的肠胃去适应食物与饮料，并且回避那些不宜在跑步前吃喝的东西，例如刺激性食物、高纤维食物或是易产气食物。例如，开始的时候在跑步前两三小时不要吃东西，只喝一点水。如果在跑步中没有不良反应，那就继续缩短吃东西与跑步的间隔，从吃点面包喝点水开始，直到可以在跑步前一小时能够吃一些易于消化的食物。

应力性骨折

在跑步人群中，应力性骨折多发于腿部，特别是小腿的下半部分和双脚，大腿和骨盆部位也有可能发生。跖骨（连接脚趾与脚跟的长条状骨）是最易发生骨折的部位；足部骨骼也是高发部位。

原因：应力性骨折属于积累性损伤，多发生在训练强度不断加大的情况下。桑卡博士说：“当累积作用在脚骨上的力量，超过了脚骨可承受的范围时，就会发生应力性骨折。营养不良、骨质流失和月经紊乱等疾病患者更容易出现问题。”

对策：在大多数情况下，应力性骨折始于骨骼外层的损伤，这种损伤会随着运动强度与时间的积累逐渐加重，最终导致骨折。因此，尽早诊断应力性骨折至关重要。应力性骨折的第一个信号就是慢慢发作的疼痛。在 X 光检查下，应力性骨折不会迅速被发现，但是大概 10~14 天之后，损伤部位骨头生长的迹象就可以看出来了。骨扫描可以马上确认损伤，但是这种检查过程复杂且花费昂贵，还是留给那些专业运动员吧。

治愈骨折的唯一方式就是休息。在治疗期间，你不应当意志消沉，更不能把养病作为听由身材走样的借口。你可以通过交叉训练等来锻炼未受伤部位。运动时，应当注意避开受伤部位。同时，还应加强营养，补充钙质 ，缺钙等营养不足会使愈合过程变得缓慢。

阴道瘙痒

一些跑者似乎被这个部位的不适所困扰，而一些却从来没有这种烦恼。

原因：在锻炼的时候，被服装遮盖的腹股沟部位会流大量的汗，这里是通风“死角”和滋生细菌的黄金位置。

对策：运动时，穿着速干透气的服装。运动后，尽快换掉汗湿的衣物，并用温和沐浴露洗澡。劳森博士建议选用速干贴身运动内衣，而不是棉质衣物。

训练记录

我的第一次严重的跑步损伤可谓经典——不管是问题本身，还是我的事后反应。我的膝盖越来越疼，但是我不想因此停止跑步。所以我就忽视这个问题，继续跑，同时希望第二天早晨起床时疼痛消失。但哪有这么好的事？最终，我的膝盖疼得动不了，这时我才真正知道什么是沮丧了（太糟糕了）。

跑者应当对伤病采取正确的预防与治疗方法。随着医学的进展，诊断已经不存在太多障碍。

那时，在我看来，恢复似乎遥遥无期。但是，医生很快诊断出是“跑步膝”，并帮助我矫正过度内翻的问题。过了一段时间，我就可以逐渐恢复跑步了，而且也没再经历过同样的伤病。

教训是，如果伤病严重到需要休息一段时间的程度，那就认认真真的休息。与其叫苦连天或是等待奇迹，还不是做点实事。比如，意识到发生问题是，就要在第一时间看医生，减少训练负荷，积极配合治疗；同时，还可以在医生的指导下进行一些拉伸运动和游泳与力量训练等交叉练习。

另外需要注意的是，急躁对恢复没有任何帮助。不要指望任何人能够计算出恢复的具体日子——相信我，我试过，完全没有任何作用。因此，你完全可以利用这段时间，做一些在训练期间无暇去做的事，比如读书写作、养花种草、学画练字、聚餐会友等。

如果能做些有意义的事情，恢复的过程就不会感到枯燥无味。用积极的态度配合治疗，能够战胜伤病带来的挫败感。当你伤愈复出时，感觉也会好一些。

第十七章 安全

安全可能不是大多数女性在跑步时的首要关切。但是，这并不意味着跑步时可以忽略安全。美国公路跑者俱乐部进行的一项针对女性跑者的调查发现，73% 的调查对象在跑步的时候遭遇过令人害怕或感觉不适的情形。

俱乐部的亨利·盖碧尔说：“我希望女性去跑步，但我更希望她们跑得安全。”她本人就在 1981 年的一次跑步中出现过状况。在总结了经验教训后，为了自己，也为了公众，她发起了一场呼吁关注女性跑步人群安全的倡议运动。盖碧尔说：“我不喜欢谈论过去的不愉快！因为那件负面的事情，不能拿来和跑步这种积极的事情相提并论。现在，女性跑者越来越多，因此人们就更不能忽略安全问题！”在上述调查中，被访者反映的大都是一些没有造成人身伤害的意外；即便如此，那些可能不怀好意的嘘声和眼光，也会让许多女性认为跑步是一项不安全的运动。

任何事情都不可能是 100% 安全的，但是我们可以采取措施来降低不安全事件发生的概率。盖碧尔与安防专家们表示，安全措施总是“有胜于无”。不论跑步还是其他运动，你都要面对眼前的形势，并根据基本常识进行选择和判断。尽管有过不愉快的经历，盖碧尔等人还是喜欢单独跑步，因为她们不愿意因为潜在风险而放弃独处的时间。为此，她也采取了安全措施：随机变换跑步路径、携带自卫催泪剂、告诉亲友跑步安排等等。她说：“我们每天都要面对一些偶然事情和选择。很多时候，这与对错无关，只在于个人选择。在生活中，要具备起码的常识。”

发现异常

下面是跑步时可以借鉴的一些安全措施。

相信直觉。面对麻烦时，你的第一道防线应该是直觉。面向女性开设安全座谈的美国公园巡警中尉科尔西 •M• 史蒂芬森 建议："如果凭直觉就觉得有什么事情不对劲，那么十之八九都是有原因的。人类对危险情况做出预测是一种动物本能。它的意义就在于保护我们自己。预测危险的直觉对我作为警察和跑者都是不可或缺的。"

盖碧尔也举了一个例子。几年前，一位女性跑者遭遇车辆轻微碰撞，但是她拒绝了车上两位男子提供的帮助。时隔两天，这两名男子就因绑架并谋杀其他女性而被捕。

盖碧尔说："我们都习惯了从容有礼，但当遇到令人不安的情况时，还是要果断行动。比方说，如果你发现跑步时总是被某人跟着，你就应当立刻向人群跑去，然后做出引人注意的怪异之举——这或许可以保证你的安全。"

展示自信。你的行为举止对人身安全有重要意义。史蒂芬森中尉说："如果呈现出自信的态度，表明你有备而来，那么恶人就会在作恶前盘算再三—。那些容易受到侵害的，总是加害者认为能够控制的人。"

盖碧尔说："我观察了很多女性户外跑者的神态，有的人都不敢正眼看我。显然，这是有问题的。"这样给人的感受就是好欺负，加害人可能会认为"连正眼看也不敢，所以她很可能记不住我的长相"——这恰恰增加了遭到侵害的危险。

如果潜在的加害者认为你敢于正眼看着他，就有可能有所收敛，因为他会担心你记住他的样貌特征。史蒂芬森中尉补充道："最好的办法是，既不要让对方产生被盯着看的感觉，又让他意识到你已经有所防备。如果身边有人行为不端，进行力所能及的警告和抵抗总好过逆来顺受。记住，一定要自信。"

注意路线。即使在白天跑步，也要注意不要一个人去荒凉地带。跑长距离时，尽量约朋友一起，好有个照应。同时，还要注意与来往车辆保持距离，特别要警惕那些停在路边或是跟随自己较长时间的陌生车辆以及路边的小树林。

摘掉耳机，至少调低音量。有的人喜欢戴着耳机边听音乐边跑步，但是这会干扰你的判断力与专注度。如果在路跑或越野跑，这样更加容易导致危险。戴着耳机跑步，会明显降低你对背后及周边事情的感知与反应能力。

既然全神贯注也不见得百分之百安全，那么为什么还要主动屏蔽掉一个感知危险的信息来源呢？史蒂芬森中尉说："戴着耳机跑步，很难发现身后正在接近的潜在威胁——不管是坏人、车辆，还是恶犬。"如果真是想带着耳机跑，那就在家中或健身房的跑步机 或是去学校操场等安全的地方跑吧，记得顺便把音量调低，以免损伤听力。

留下联系方式。将你的跑步路线和预计返回时间告诉亲友。出门时，记得带上手机、紧急联系卡和应急现金。

熟悉路线，但不要总是沿着同一路线跑步。如果你每天都沿着同一条路线跑步，或是在固定的日期跑固定的路线，就有可能被心怀叵测的歹人惦记。一个好办法是随机变换跑步路线，不要让陌生人了解自己的行踪。你可以在朋友的陪伴下，多“开发”几条安全的备选路线，并且不断加深熟悉程度。

财不外露。跑步时，不要随身携带显眼的贵重物品。这一点在前往陌生环境跑步时尤为重要。

避免言语挑衅。对嘘声和其他任何评价置之不理。很多情况下，回应只会让冲突升级。

注意过往车辆。注意身边的过往车辆，不管它们是在行驶中，还是停在一边。建议逆着车辆行驶方向跑步，这样就只需关注迎面驶来的车辆。

自卫装置。便携式的声光报警器和催泪喷雾器都可以用于自卫防身，可以选购并学习使用方法。

保持戒备。如果发现了可疑人员，要及时向警方报告。你应该对潜在的危险人物怀有本能的戒心，比如长期在某处闲逛的陌生人、停放位置反常的车辆等。

史蒂芬森中尉说：“谁也不愿意活在别人的怀疑中，但你还是应当相信自己的本能。发现异常后报警，或许还能拯救更多人免遭袭击。”

盖碧尔曾于 1981 年遭到过袭击，其他女性也向警方反映过遭遇可疑人员，与盖碧尔遭遇的加害人为同一人。加害人甚至会直接对受害者进行暴力袭击。她至今对当时警方未及时向社会发布治安预警而耿耿于怀。因此，她倡导女性发起一个自助救援组织：收集信息，并向警方提供线索。同时，警方的态度也有所转变。史蒂芬森中尉表示：之前，为了稳定人心，不会轻易公布治安预警信息；而现在，为了提醒人们自保，开始公布治安动态。他补充道：“当然，报警时最好能够说明详细情况。但是，警察并不一定总能在情况紧急时瞬间出现，关键时刻还是要靠自己和身边的同伴。”

当年，盖碧尔在跑步途中被隐藏的坏人抓住肩膀，也许是出汗使身体变得湿滑，得以侥幸躲过一劫。事后，她认真进行了反思：“我似乎在遭到袭击前见过这个人，但是那时没有太在意。现在我不会每天沿着相同的道路跑步了，而是随机选择路线。我已经 55 岁了，偶然的一次遭遇不会让我停止跑步，我打算一直跑到老呢。”

其他威胁

比起发飙恶犬、急驶车辆和无盖窨井等，歹徒还不是最常见的威胁。下面我们就来看看，应当如何应对几类日常安全威胁。

动物

在城市里，对跑者威胁最大的动物是狗。尽管大多数时候狗不会主动扑咬行人，但是冲着路人狂吠不止或是在你身后紧紧追赶，总是使人紧张不安。要知道，在短跑方面，人可不是狗的对手。

问题是，除非被狗咬，你才会知道哪条狗并非善类。美国动物保护协会的兽医莱斯利·辛克莱博士的建议：面对企图不明的狗，千万不惊声尖叫，或是表现出攻击恐吓的动作。因为有的狗，特别是大型猛犬，根本不吃这一套，相反还会被激发起攻击欲望。如果狗开始追你，不要试图逃跑，因为你跑不过它。此时应当停下来，保持冷静站定，双手自然下垂，然后面对着狗慢慢后退。在注意狗的动作的同时，避免目光接触——因为对视可能会被狗当成挑衅。在多数情况下，狗与你僵持片刻后就会自动退下。

万一遭到攻击，应当团身倒地，这样或许会让狗失去继续攻击的兴趣，记住保护身体重要部位。辣椒水喷雾器或许能够驱赶恶犬，报警器也能召唤路人救助。

机动车

机动车本身并不是什么威胁，需要警惕的是交通事故以及尾气污染。尽量不要在车流密集的地方跑步，同时还要集中精力，时刻注意迎面驶来的车辆。粗心大意的司机是最大的威胁。如果他们没有全神贯注地避让行人并及时采取相应的措施，就很有可能发生惨烈的交通事故。

因此，跑者与行人应当主动避险。在光线较好的条件下，最好的选择是迎着车流的方向奔跑——这样可以让驾驶员在更远的距离就发现你，从而避免事故。此外，还要注意躲避停放在路边突然开门的车辆，违规停放、超车超速或是紧急刹车的车辆，以及需要较长制动距离的公交车与大货车等大型车辆。最后，如果选择夜跑，记得穿上正面和背面全方位印有反光图案的服装，或是携带反光条、头灯 等标志，好让司机能够在尽量远的距离就发现你。

地形

当在不平坦的地面跑步时，要倍加小心。布满石块与树根的崎岖道路，会增加膝盖和脚踝扭伤的风险。要特别小心凹凸不平的下坡路；速度越快，要想稳定地控制落地就越困难。要把目光集中在前方的道路上，同时保持精力集中，这样就可以避免摔跤了。

在冰上跑步，要特别留意。尽可能选择雪覆盖的路面跑，这种路面提供的摩擦力比光滑路面要大。此外，还可以去购买专用的冬季越野跑鞋 ，它们通常具有 GTX 面料的防水层和特殊设计的防滑大底。

对赤脚跑者而言，尖锐物体扎伤皮肤是最大的危险。

天气

在夏季或山区，天气经常变化。甚至一天内都要经历数次变天，早上还是阳光明媚，到了中午就下起瓢泼大雨。如果你不幸被困在夏日的暴雨中，此时面临的最大危险是雷击、淹溺以及泥石流。应对措施：发觉天气将要变化时，立即离开危险地区。减少淋雨，保持衣物干燥，可以避免感冒。冬季跑步时，不要忘了在腰间缠一件保暖外套，还要注意对耳朵与手指做一些防冻伤保护，如果是在积雪季节跑步，还要戴墨镜保护眼睛。

- 雷雨与冰雹。尽快躲进室内，不要在露天场所或树下等处逗留。
- 大雪。降雪时，不要在公路或户外跑步，因为视线受影响，容易出现危险。同时，要避开结冰地带，防止滑倒受伤。注意肢体末端保暖，戴墨镜防止雪盲症 。

训练记录

身高 1.6 米，体重 50 公斤，还长了一张有小雀斑的脸，在我看来，这些都不是影响我享受跑步的问题。因为，当我跑步时，我能感受到自己的力量和坚韧。不过，如果有人在此时故意找茬，那我一定会用行动告诉他：我可不是好惹的。如果在跑步时遇到了我认为举止可疑的人，我会用表情和肢体语言向他们发送这样一个信号——你们找错人了。

仅凭这些就能保证我在跑步时的人身安全吗？恐怕没人知道。安保专家们说态度与所处环境有关，也许这是真的吧。

以我的个人经历来看：不管是从疾驶的车辆中飞出杂物，迎面而来的车辆突然在我身边打开车门，还是遇到什么下流猥琐男，这些事情发生的地点，不是什么熙熙攘攘的大都会，也不是在什么人迹罕至的荒郊野岭，而是在我跑步回家的路上，就在我居住的本以为治安良好的社区里！

毫无疑问，在跑步时遇到这些不愉快的经历，会让人出离愤怒、心情全毁。但是，我不会仅仅因为担心遇到这些小概率事件就停止跑步。

所以，要跑得很聪明，跑得很谨慎，还要带上几分戒心和胆量上路。你可以随机变换路线，可以把跑步时见到的可疑情况及时报警等等。我喜欢夜跑 ，也喜欢通过跑步探索未知，有时还带着耳机在户外跑步，只是不会把音量调到妨碍我对环境保持注意力的程度。我知道风险：如果真的有什么要发生，我在第一时间能够依靠的，只有自己的娇小身躯。

因为喜欢跑步，我坦然承担了与跑步有关的风险，并且想尽办法去对这些风险进行防控。有人认为我是鲁莽冒进、不负责任的，也有人认为我足够谨小慎微。由他们去吧。只要我的行为符合我的意愿，处在安全的范围内就好。

最后，每一位喜欢跑步的姐妹，都应该了解必要的运动风险知识，防患于未然。只有这样，才能安全地享受跑步的乐趣。

第十八章 成为全能跑者

一旦习惯形成，
跑步就会成为生活中不可缺少的一部分，
跑者对跑步的热爱程度往往超过其他运动。

初跑者和资深跑者之间的一个区别，在于她们对跑步的投入程度。初跑者往往发现，很难坚持每周锻炼四次。但是，随着时间的推移，习惯成自然。渐渐地，会产生如同生物节律般的内在规律。这种规律，能够让你把运动习惯当做洗澡一般的常事。只是，有些人需要数月就能养成坚持锻炼的习惯，而另一些人却需要数年。无论如何，一旦习惯形成，跑步就会成为生活中不可缺少的一部分，跑者对跑步的热爱程度往往超过其他运动。

写到这些，是因为我想起了许多资深跑者把跑步作为唯一的运动方式。跑步简单易行，能够锻炼到身体的各个部位。一旦你习惯了跑步，很可能就只好这一口了。

当然可以只跑步。但是，为什么还做其他运动呢？因为如果把各种不同形式的运动综合起来，对健康的益处会比只从事一项运动好得多。即使成不了精英级别的运动多面手，一个全面发展的跑者也具有更好的身心健康水平。

同时，时常参与其他运动，也可以避免跑久了起腻。尝试不同运动的过程，也是面对多种挑战的过程。七次获得铁人三项赛冠军的生物力学专家雷•布朗宁说：“反复做一件事，总会让人感到无聊。如果我把自家附近所有能够锻炼身体的活动加起来，恐怕得有 70 多种；就算是修剪草坪和搬运木柴等力气活，也可以看作锻炼上半身。有的人喜欢在健身房里呼朋唤友，更喜欢成群结队地尝试进行各种运动。有的人喜欢独处静思，就连锻炼身体也是自己玩自己的。”

事实证明，参加多种活动对各个水平的跑者都有好处。跑步是一个极好的全身锻炼方式，但是身体很容易迅速习惯一项运动。这意味着，如果每周跑四天，每天跑一次，每次 40 分钟，那么从这种重复的运动中取得的健康收益不会持续增加。因此，如果想让自己更健康，还要参加其他运动。有点像每天猜一个新的字谜来保持思维敏锐，新的运动和新的动作会让你的身体以新的方式来实现对肌肉与骨骼的刺激，有利于发展敏捷和平衡能力。

学习新运动技能的过程带来的，绝不仅仅是更好地保持健康。布朗宁指出："学习时，你要注意跟随指导教程或教练，模仿或纠正动作。在领会新动作要领的同时，也要想一想它与跑步有什么相通的地方。"有些跑者在跑步时肩部动作僵硬，甚至把肩膀都耸到耳朵垂了，但他们就是不知道自己的动作出了问题。如果让他们去学游泳，事情就能变得容易解决——因为如果游泳时也保持这种错误姿势，那是不可能学会的。换个思路和方法，也许就能解决原来长期存在的问题。

一个无法忽视的事实是，跑者在跑步时反复做相同的动作，是一项机械重复的运动。在跑步过程中，没有什么水平或垂直方向的动作。但就在同时，你的腰腹、腿部与脚部的骨骼和肌肉却长时间受力，如果肌肉力量不够，动作也可能逐渐走样。如果你的动作存在罗圈腿、八字脚、躯干后仰等不符合运动力学"完美"定义的缺陷，那么还会增加出现疼痛甚至受伤的风险。事实上，多数人的动作都与"完美"动作存在差距。

交叉训练、力量练习、静态拉伸以及动作练习，都可以作为跑步的补充。通过对薄弱部位进行锻炼，让疲劳部位得到休息，可以减少受伤。

除了防止损伤，全面锻炼身体还可以让你跑步更快、更轻松。比如，强健的核心部位可以对抗跑步时的疲劳，而这种疲劳会导致躯干部位出现塌腰挺肚等动作变形。此外，姿势的改善还可以提高跑步动作的效率，对缓解上肢的疲劳与疼痛也有帮助。

为帮助练习者提升全身各部位机能，耐克公司发起了 Nike Training Club (NTC) 召集全球运动女性，以及开发了移动端上的 N+TC 应用程序让每一位女性体验个性化、全面化的私人训练。N+TC 课程简单易学，要求的器械非常少甚至可以徒手完成一套训练。其趣味性强，适合于每一个人，并能在短时间内达到有效的训练效果。

该全身训练课程包含了 5 大元素：力量训练、有氧运动、核心训练、平衡性训练和柔韧性训练，可以满足任何水平的训练需求。至今已经包括超过 115 套锻炼课程，每一套课程包含 10-20 个训练动作。其动作包含将在章节后面介绍的力量训练及动作练习，训练者可以选择为期四周的课程或一次性锻炼课程训练者可以制定为期四周的训练计划或进行一次 15 分钟的局部训练计划，以达到窈窕、健美或强壮等不同目的。本章将在最后一部分举例介绍如何利用 N+TC 应用程序辅助跑步训练、制定个人全面锻炼的计划。

你认为怎样才称得上"全面"？你也许会瞅着手表问："要多久才能练成全面跑者？"这取决于你的目标。所有跑者都可以进行柔韧性练习。健身跑者每周可以进行两次力量练习，而竞技跑者可以酌情加练。每个跑者都可以进行交叉训练——每周抽出至少一天，去做点别的运动。下面，就让我们看看这些让你全面发展的运动。

拉伸运动

有的人在跑步后累得全身僵硬，连自己的脚趾都够不到。但其实只要经常进行拉伸，就不必担心肢体僵硬，还可以扩大肢体活动的范围，增加身体柔韧性。

依靠拉伸可以改进跑步吗？不一定，至少现有的研究还不足以支持“拉伸可以提高竞技水平和避免伤病”的观点。

但是，多数运动员与教练员仍然相信，拉伸可以促进运动后的恢复，并且通过提高柔韧性来增加步幅。仔细想想，做运动按摩、吃黑巧克力与针灸治疗等的效果经过实证研究证实了吗？这些都很难通过量化的方法去证实，但并不妨碍有些过来人对它们的益处赞不绝口。如果去问问那些年长的跑者，或是任何年长的运动爱好者，他们或许会更加赞同拉伸在改善柔韧性方面的作用。开个玩笑：喵星人为什么爱伸懒腰？因为觉得舒服呗。

本章当中的拉伸动作是四次参加奥运会的精英运动员柯林•德•瑞克[67]协助开发的。德•瑞克对跟随她训练的女士们提出的建议中就包括类似计划。她相信，坚持做拉伸练习能够取得益处：“如果我们在更年轻点的时候通过拉伸运动来增强肢体柔韧性，那么我们年老时要好过得多。”

她说，从整体上看，跑者们的柔韧性并不突出，自己在作运动员的时候也没有努力进行过柔韧性练习。因此，作为教练，她尤其主张学员们增加柔韧训练，还研究出一套紧凑简便、室内室外同样可以进行的拉伸动作。

跑步前的拉伸动作应当轻柔，逐渐预热肌肉。跑步结束后，可以进行动作幅度更大的拉伸。注意，拉伸时不要弹跳，也不要让动作幅度超出自己控制——正确的拉伸动作应该舒适并略感肢体紧张，而不是疼痛。即使动作不到位，也不要勉强。如果在拉伸过程中感到疼痛，那就稍微放松一下。只要勤加练习，就可以逐渐改善柔韧性。

如果身体某处受伤或是担心拉伤肌肉，那就不要进行针对该部位的拉伸，否则可能会加重损伤。此时，应当让该部位休息数日。

德•瑞克建议，在拉伸时加入肌肉收缩运动，二者交替进行能够更有效地提高柔韧性。例如，先保持一个拉伸动作 10 秒钟，然后收缩肌肉或进行阻力练习（例如用墙壁与地面的夹角拉伸足弓部位）10 秒钟。在同一姿势下，如果略微向其他方向移动身体重心，就可以练习到不同部位的肌肉。

在做某个拉伸动作时，可以尝试向各个方向略微移动身体或四肢，好让更多的部位得到锻炼。应该注意的是，只有在拉伸时保持正确的姿势，才能达到良好的锻炼效果。例如，多数拉伸腿部的动作都要求保持背部挺直，而不是僵硬。最后，再强调一次：拉伸运动以不感到疼痛为宜。

67. Collin De Reuck，生于南非的美国精英跑者，4 次参加奥运会；马拉松最好成绩 2 小时 26 分 35 秒（1996 年）。

拉伸小腿

以拉伸右腿为例：在离墙一步的距离站住，双手扶墙；把左脚放在靠近墙的位置，屈左膝，然后向后伸右腿。首先，保持右膝盖伸直，右腿向后伸展，两脚脚尖同时指向身体前方，尽量保持右脚全部落地。然后，上体保持原先姿势，左腿微曲，右膝盖向下弯曲，身体下沉，同时右脚后跟抬起，仅脚趾部位接触地面。随后，抬起身体，重复这组动作。

换腿，重复。

拉伸腘绳肌

以拉伸右腿为例：仰面躺下；保持左腿、背部与头部紧贴地面，右腿膝盖伸直并尽量抬高，用双手抓住右腿向身体拉近，注意在此过程中右腿不要弯曲。这时能感到右腿以及腰背部有被牵拉的紧张感，保持姿势约 10 秒；然后放松，换拉伸左腿。

换腿，重复。

在做这项拉伸时，你可以稍微向左右方向拉伸抬高腿，从而锻炼不同位置的肌肉，也可以用一条毛巾或弹性绳代替双手。

拉伸大腿

很多跑者都会以站势来拉伸大腿，但是他们在进行站姿拉伸时却难免弯腰弓背，结果就是起不到拉伸的作用。你可以试试下面的侧卧拉伸姿势。

以拉伸左腿为例：向右侧卧；头枕右臂，保持头部、躯干与臀部在同一直线上；右腿外侧贴地并在膝盖处成 90 度弯曲。（1）左手抓住左脚向后牵拉，拉伸左腿股四头肌，直到左脚接触左侧臀部。（2）此外，还可以像向上向后拉伸左腿，要点同前。每次拉伸 10 秒钟，然后做一次放松。

转向左侧卧，拉伸右腿。

拉伸臀部和下背部

以拉伸右侧为例：坐在地上，双腿膝盖向上抬起；躯干略微后仰，双手在身后支撑身体；同时保持脊背与头部在一条直线上。（1）将右小腿搭在左膝盖上方，拉伸右侧臀部肌肉。（2）继续保持双手支撑身体，抬起臀部，用左大腿去贴近左小腿。用体重调整拉伸的程度。

换腿继续。

拉伸臀部和核心部分

左腿在前，右腿在后，双腿呈弓步分开，双脚脚尖指向前方；右脚脚跟抬起。上半身的左半边贴近左腿，双手位于身体两侧作为支撑。随后旋转腰胯部位，双手同时置于左脚外侧，尝试将整个胸部置于左大腿上方，右臂置于左膝之上。

交换左右方向，重复该组动作。

拉伸臀部和下背部

平躺，水平伸展双臂，身体呈十字型。（1）双手手掌接触地面。双腿膝盖向上抬起，将左腿置于右腿上方，左脚脚踝搭在右大腿前方。（2）保持双腿交叉，自腰胯部起向右侧旋转，尝试将右腿连同左脚脚踝接触右侧底面；同时上体保持水平紧贴地面。

交换左右方向，重复该组动作。

拉伸大腿内侧和腹股沟

坐在地上，上身保持直立，双脚脚底相对，膝盖外展，尽量使双腿外侧接近地面。同时双臂伸直，双手按在双脚脚趾部位。保持双脚脚底相对但双腿尽量外展接地；上身前倾，双臂自肘部弯曲；强化拉伸效果。始终保持头部、背部、腰部在一条直线上。

拉伸臀部和腰部

双腿分开约 75 厘米站立，双臂在身体两侧自然下垂。脚尖向前。向身体左侧弯腰；左手扶左脚踝，右手举高，并保持左右臂在同一条直线上，保持姿势 10 秒以上，然后换边。始终保持头部、背部、腰部在一条直线上。

拉伸腹部

（1）俯卧，双手掌心与肩同宽撑地面；双脚分开约10厘米。（2）用双手撑起上半身，同时双腿与腰部不离开地面，拉伸腰腹部位。

拉伸背部

双手与肩同宽位于身体略前方，以手掌支撑地面，背部伸直，双腿跪地。（1）双臂放低，身体向下，尽量保持双臂与背部在同一直线上。（2）用臀部去碰脚跟，胸部去碰膝盖。

力量训练

德•瑞克说："对于任何一位跑者，力量训练都很重要。也许有的人会想‘我又不用胳膊跑步’，当他们做负重练习时，最多只是练练上身和核心力量。"

德•瑞克和其他跑步教练同样推荐腿部力量练习。跑步是一项重复性很强的运动，同一部位的肌肉群要承受这些重复动作施加的力量。而且，跑步不像足球或滑冰，肌肉很少需要横向用力。腿部力量薄弱的后果就是容易劳损受伤。同时，长跑只能锻炼耐力型肌肉，无法锻炼力量型肌肉。而进行负重训练可以增加腿部力量，从而提高奔跑速度。

德•瑞克建议，每周去健身馆进行两次力量练习。具体建议是，严肃跑者把力量训练安排在间歇跑训练的日子，这样就可以把大强度训练集中到同一天进行；在轻松慢跑的日子里，逐渐恢复体力。即使是休闲跑者，也应当选个方便的日子去做做力量练习。

休闲跑者，可以把一项力量训练计划贯穿全年。竞技跑者可以在冬季和休整期集中进行力量练习，在这段时期，力量练习可以增加至一周 3 次，主要目标是增加身体力量。而随着春夏季的到来，跑步练习再度成为主要内容，此时再把力量训练减少到每周两次。只要长期坚持，你就会感到竞技状态的提升，此时的目标是巩固基础争取进步。把动作练习、力量练习与场地速度训练安排在同一天，这样，在那些安排用作休息放松的日子，就可以进行全面休整了。

这里的计划改编自德•瑞克对各个水平跑者的建议。你没必要把健身房里的所有设备都玩一遍，或是每天必须拿出一小时去练习力量和稳定性，因为你的终极目标和出发点是提高跑步能力，使身体各部位均衡发展以及避免伤病，而不是去当一个会跑步的健美运动员。德•瑞克说："重要的是循序渐进。如果一项练习对你而言已经相当简单了，那么就可以适当提高难度，来点更有挑战性的内容。"

在开始你的力量训练计划时，记住下面这些提示：

（1）每组练习以重复 15 次为一组。

（2）在进行力量训练时，身体的主观感觉应当略微费力才能完成 15 次重复。其中最后几次动作应当在保证动作不走样的前提下，花费较大力气方可完成。

（3）当你可以轻松完成一组训练时，就可以适当增加重量和难度。

（4）每次锻炼完成 2~3 个动作组合。对于健身房新人而言，应当遵循从易到难的原则，避免受伤。

（5）腿部锻炼和上肢锻炼交替进行。这样可以让各处肌肉一起恢复，提高利用时间的效率。

（6）在训练时，始终保持正确姿势。每个练习动作针对的只是身体的特定部位。进行腿部与手臂练习时，请注意保持挺直背部，既不要含胸，又不要驼背。在健身房锻炼时，可以请私教协助纠正指导动作。

下蹲

初学者：

双脚分开同肩宽站立，双手前伸保持平衡。（1）屈膝，慢慢地向地面放低臀部，至大腿与地面平行，保持抬头挺胸。（2）再回到站立姿势，重复 15~20 次。

提高者：

杠铃负重练习，下蹲至大腿与地面基本平行。对于某个重量，如果能够不太费力地完成 15 次，就可以继续增加杠铃的重量。

弓步下蹲

初学者：

弓步下蹲前进：身体站直并保持双手掐腰，身体下蹲且双腿呈弓步，前方腿的小腿与地面垂直，膝关节 90 度弯曲，然后前方腿发力站起再呈双手掐腰的直立站姿——相当于想前方迈了一步。

提高者：

将杠铃举在头部后方，肩部上方进行练习。如果追求更高难度，可以尝试在下蹲时双臂伸直，将杠铃举过头部正上方，当站起时再将杠铃置于肩部上方。

后屈腿

初学者:

使用健身馆里的胭绳肌与腿部力量锻炼器材完成。趴在器材上，采用如图所示的姿势，先用双腿共同将重量抬起，然后自然放下左腿，只用右腿承担负重并慢慢放下。双腿交替进行练习，这样可以保证双腿两腿均匀用力，不至于使强者更强、弱者更弱。

提高者:

（1）仰卧，将双脚放在健身球上，腿部与背部大致保持直线，以头颈、肩部与手臂作为支撑。

（2）双腿用力，双膝向上曲起，通过腿与膝盖的力量，以脚跟将健身球滚向身体。同时，大腿、臀部与腰背仍维持在一条直线上。然后，用双脚再将健身球想远离身体的方向滚动。最难的动作是，保一条腿向上抬起，与臀部、腰部与背部保持在一条直线上并尽量伸直；用另一条腿滚动健身球。

踮脚

初学者：

（1）身体站直，双手掐腰；用脚前掌站在台阶边缘，脚后跟悬空。保持身体直立，然后踮起脚尖。

（2）如果能够轻松的双脚完成动作，那就不妨试试每次凭借一只脚完成。

提高者：

一旦你可以轻松的用双脚完成这项动作，就可以尝试单脚进行，方法是将一只脚盘在另一侧的小腿上（如图），手中还可以持握哑铃 等重物并自然下垂。

俯卧撑

初学者：

利用与坐姿臀部等高的椅子或支架等牢固物品，进行俯卧撑练习，注意保持腿部、腰部与背部保持在同一直线上。身体下降至肘部呈 90 度时即可（如图所示）。

提高者：

在平地上做标准俯卧撑，并且保持腿部、腰部与背部始终在一条直线上。

三头肌练习

初学者：

坐在高度恰当（膝关节恰好呈 90 度弯曲时双脚能平放在地）的椅子上，双臂伸直支撑身体，保持腰部、背部与颈部在一条直线上；身体向前移动，直到臀部离开椅子。双臂缓慢弯曲，身体向下移动，至肘关节呈 90 度角时为止。然后，再用双臂支撑身体回到原来的姿势，并反复练习。

提高者：

在大腿上方放置实心球等重物后进行练习。

背部伸展

初学者：

双膝跪地，双手撑地，保持腰部、背部与脖颈在同一条直线上。将一只手臂与对侧的那条腿同时抬起，并且与背部和腰部在同一水平面上保持一分钟，然后更换动作（例如，首先抬起左臂和右腿，然后换成右臂和左腿）。

提高者：

平趴在地上，用类似自由泳和蝶泳的姿势进行练习，每个动作保持约 1 分钟，如图所示。

弹力带横向步行

将健身弹力带置于双脚脚腕处，身体直立，双手掐腰，双脚分开与肩同宽，且脚尖指向正前方。双腿横向逐渐分开，至感觉到弹力带的弹性。重复动作进行横向步行练习。同时，该练习也可以在前后方向上进行（此时或许需要使用较短的弹力带）。

弹力带踢腿练习

将健身弹力带套在双脚脚腕处，身体直立，双手掐腰，双脚分开与臀部同宽，且脚尖指向正前方。抬起一条腿，向支撑腿的斜前方做踢腿练习，直到感受到弹力带的力量。

你还可以向前后左右各个方向进行练习。

如果担心摔跤，也可以尝试把弹力带的一端固定在桌腿等结实的物体上。

上腹部练习

初学者:

平躺，双腿并拢向上屈膝，双脚平放在地面；双手交叉抱住肩膀。然后，抬起腰部以上的躯干部位，先进行与仰卧起坐类似的练习 20 次，但注意保持肘部不要触及大腿，肩膀不要触地。再在肩膀不触地的情况下，以腰部为原点左右旋转 20 次（如图）。

提高者:

双手在胸前抱着重物，做同样的练习。

下腹部练习

初学者:

躺卧，但注意肩胛骨以上的部位不要接触地面。双腿并拢向上屈膝；双手交叉抱住肩膀。（1）然后，抬起腰部以上的躯干部位，先进行与仰卧起坐类似的练习 20 次，但注意保持肘部不要触及大腿，肩膀不要触地；并且身子抬起的高度要比上腹部练习时略高一点。（2）再在肩膀不触地的情况下，以腰部为原点左右旋转 20 次。

提高者:

双手在胸前抱着重物，做同样的练习。

更多腹部练习

双脚脚背放在健身球上，双腿与躯干保持在同一直线上，双臂伸直与肩同宽并支撑身体。依靠腿部的屈伸推动健身球滚动。腿部向身体弯曲时，将球拉向身体；腿部向后伸直时，将球推离身体。在整套动作中，始终保持臀部、腰部、背部与颈部在同一直线上。

弓步后蹬

以俯卧撑的姿势把双手放在地上，一条腿向后伸，另一条腿弯曲，收在胸前——类似短跑起跑姿势。保持手和手臂不动，用双腿向前弹跳——落地时更换双腿前后位置，比如跳起时左腿在前右腿在后，那么落地时右腿在前、左腿在后。刚进行练习时，可以先从 10 次开始；随着力量的增强，可以逐步增加到 50 次。

持哑铃摆臂

持哑铃摆臂是练习跑步时所要用到的上肢与核心力量的好办法，甚至能改进跑步姿势，因此非常具有针对性。在训练前，先要找一对能够舒适持握的杠铃（大多数女性会选择每只重 2 公斤的哑铃）。双腿站定并像跑步那样分开，双手持哑铃 摆动（模拟跑步时的摆臂动作）。将此动作重复 50 次，然后交换双腿前后位置，再重复 50 次。

建议面对镜子练习，这样可以观察自己的动作并纠正错误的姿势。动作要点是：身体放松，肘部呈 90 度弯曲，双肩保持水平放松，躯干不要扭转；摆臂时注意“前不露肘，后不露手”。通过这种动作练习，可以在以后的训练与比赛中保持正确的跑姿。

动作练习

从字面上看，有点格斗的味道。但其实这里所谓的“动作练习”是一类综合力量练习，像儿时与小伙伴们一起跑跳打闹那样简单快乐。

保持着60岁以上女子跑步纪录的戴安•帕尔马森教练说:“动作练习可以发展全身肌肉群。一些训练动作就是跑步时相应动作的夸张和放大。这些练习可以增加双脚轮替动作时的力量，从而提高跑步水平。”她指导过各种水平的跑者，并鼓励她们进行动作练习，将力量练习与跑步训练有规律地结合起来。

虽然跑步时并没有纵向跳起的动作，但做一些单脚跳起的动作练习，可以锻炼你的后蹬力量，而后蹬力量可以增加跑步时的步幅。其他的练习可以锻炼臀部和腘绳肌，这样你就不会踽踽而行了。“你会看见很多跑者在跑步时看上去无精打采，只能勉强抬腿前行。如果你的腘绳肌等部位力量充足，就可以增加肢体活动范围，提高跑步的效率。”此外，还有一些锻炼腿部肌肉缓冲能力的练习，能够更好地帮助腿部肌肉适应跑步时的震动。帕尔马森说:“不同于举重，这里的力量训练是动态练习，涉及腿部和脚踝的所有肌肉。”

为了达到最佳效果，建议每周进行两次动作练习。如果每周只做一次，那么锻炼效果可能会大打折扣，身体的适应性也难以养成。每次练习的时间，可以从几分钟开始，逐渐增加到十几分钟。移动身体的练习，每个锻炼的距离大约在 50~100 米。

最好的方法是在比较平坦且具有一定吸震能力的水平表面上进行力量练习，草坪是一个很好的选择。帕尔马森建议，每次都对训练内容做一些微调:“不管你的练习内容是什么，都要保持正确的姿势，把动作做到位。要知道，动作走形的练习毫无意义。此外，在练习开始前，还要充分热身。”左右大步跳、跳过低障碍等童年玩耍的内容，也可以加入到训练中来。为了优化训练效果，还可以增加柔韧练习。在跳跃训练后，可以加一个“娃娃跑”环节——不摆臂，而是让手臂自然垂在身体两侧。训练结束后，不要忘了轻柔拉伸。

下面是一些常见的动作练习:

跳跃

上体挺直，大步慢跑。在脚蹬地时发力跳跃，看看自己能跳多远、多高；在跳起时，摆臂姿势也要“放大”，尽力向上或向后。在这个练习中，速度并不重要。你跑得越慢，动作就越到位，练习效果也就越好。

高抬腿跑步

跑步时尽量抬高大腿，保持上体挺直，双臂自然摆动，但不要在意步幅。

踢臀跑

上体挺直，双手掐腰，向前跑动，同时，脚后跟尽量去碰臀部，不要在意步幅。在努力用脚后跟踢臀部的时候，快速跑。不要担心跑了多远。

大步跑

用很慢的“放大”动作跑步：一条腿跳起，再过渡到另一条腿，双腿腾空的过程中保持尽量大的步长；摆臂的动作也要“夸张”。

横跑

往侧边跑，先把左腿放在右腿的前面，移动一段距离。然后换个方向再次练习。双手在胸前横向摆动。

单脚跳

用一条腿单脚跳几步，然后换另一条腿跳。每十步左右，更换弹跳腿与弹跳的前后方向。

泳池跑步

老实说，泳池跑步不会让人感到心情激动。它是一项重复单调的训练，面对枯燥的环境要不断重复同一组动作，而在室外跑步，多少还能看看景、散散心。不过，对于一些正处于伤病恢复与休整期的严肃跑者来说，泳池跑步是促进身体恢复的良方。

进行泳池跑步时，不用穿专用的救生服，只要穿一件带绑绳（与池边物体固定）的浮力背心就可以舒服地漂浮起来，你只需要保持躯干部位的自然挺拔就可以了。

当在水里跑步时，要保持躯干垂直，尽量使姿势与在地面跑步时相同。最容易犯的错误就是自腰部往上的身体前倾——这使得动作看起来更像“爬行”。而当你的姿势正确时，由于水的阻力，前进的步幅其实会很小。

一如陆地跑步，你可以通过改变步频和步幅来控制在水中跑步的强度。由于池中跑步的环境单调，你也许会发现，体验不同的速度或许能增加些趣味。你可以通过改变步幅的抽运速率来改变锻炼的强度。请记住，水中跑步时的速度，主要取决于步频快慢，因为水中的阻力要比在陆地大得多。有的跑者在水池中进行间歇跑：先缓慢热身，再逐渐提速，然后全力进行几组间歇训练，最后再进行放松。同时，在水中训练时，不要在意心率，因为水的冷却效应会使水中跑步时的心率低于在陆地上跑步时。

水的阻力可以带来良好的力量与耐力训练条件，但也容易导致疲劳。在水中跑步时，越是努力，水的反作用力就越大，你就越容易劳累，这没什么可担心的。需要做的就是逐渐增加训练强度，不断适应更大的训练负荷。

交叉训练

交叉训练是一个可以囊括任何训练的术语。身为跑者的你如果每周跑四次，周末和家人一起远足，又花了一个早上和朋友一起游泳，那么远足和游泳都可以当成交叉训练。这个词的使用很宽泛，可以指你主要从事的运动之外的任何其他运动（简称补充运动）。

虽然这个词听起来有点像医学检查，但是交叉训练并没有严格的要求，并且结果也不是立竿见影的。进行交叉训练时，不必太在意强度，只要动作到位即可。交叉训练的作用之一是为你提供主要运动之外的休息和放松。不论健身跑者，还是专业运动员，都可以从交叉训练中获得适当休息。不管是在一周内找一天时间去游泳，还是在赛季过后休整一个月，都可以让劳累的双腿得到彻底的放松。通常而言，年龄较大的跑者，往往需要更多的交叉练习。

你选择的辅助运动，主要取决于你作为跑者的目标。下面是一些参考建议。

如果你想锻炼不常用到的肌肉，那么就多做一些身体侧面以及上半身的力量训练，锻炼大腿内侧、手臂以及躯干部位。这类运动包括普拉提、单排轮滑、网球、壁球、篮球以及武术。

如果想放松压力，可以去游泳和划船。这两种活动都很轻松，是无负重的休息调整。与跑步类似，这两类运动还适合放松思维、休息大脑。

如果你想跑快，那就试试负重练习。建议进行的活动包括动作练习、越野滑雪以及长途雪地行走等与跑步较为接近的运动。但是，跑者们对骑车的功效尚存争议。有人认为，这是一项能够休息腿部关节，并且增加肌肉力量的练习；也有人认为，骑车反而加剧肌肉疲劳，并且容易令腿部肌肉过于发达，甚至导致跑姿走样。看好骑行的，主要是那些上了年纪、希望放松关节的跑者。

底线：在主要运动之外，另选一项或几项你喜爱的运动，作为交叉训练项目。布朗宁说："选择交叉训练运动项目的一个重要标准就是，你能从其中感受到快乐，并且能够让你放松精神；至于它是否与跑步联系紧密，反倒是次要的。"

不管对于休闲跑者，还是精英跑者，有一点是相同的。布朗宁说，痴迷跑步者可能会对交叉训练带来的跑步水平提高惊叹不已，但这是益处主要来自于在交叉训练中获得的精神放松。

对休闲跑者而言，一个推荐的方案是，每周跑三四天，另找两三天进行交叉训练。对于精英跑者，在比赛淡季，可以进行一些强度较大的交叉训练；在训练与比赛高峰时段，可以每周跑 4~6 天，其余日子安排放松跑或是较低强度的交叉训练。

NTC 介绍

耐克公司发起了 Nike Training Club (NTC)，这是一个全球女子健身社区，激励女性提升全身机能，通过运动和健身积极展示自己。

N+TC 应用程序是 Nike Training Club 的核心，包含超过 100 项全身训练计划，汲取顶尖耐克运动员灵感，并由 NTC 大师级教练团队精心设计。帮助训练者追踪训练进度、保持活力，卓越提升训练成果。。通过该全身训练应用程序，训练者可以根据自身体能和训练条件，量身定制专属训练计划。训练者可以制定为期四周的训练计划或进行一次 15 分钟的局部训练计划，以达到瘦身、健美或强壮等目的。每一训练目的又根据训练强度划分为三个等级：初学者、中级、进阶。训练者可以直接选择一套计划进行锻炼，也可以定制专属训练计划。例如，希望增强肌肉强度的入门跑者们，可选择一套名为“Full Action（全力以赴）”的 30 分钟训练计划，位于 N+TC App> 选择“强壮” > 初学者 > 全力以赴

N+TC 应用程序包含了量训练、有氧运动、核心训练、平衡性训练和柔韧性训练 5 大元素；涵盖超过 115 套锻炼课程，每一套课程包含 10-20 个训练动作。N+TC 课程简单有趣，对器械要求低，几乎可在任何地点进行，甚至可以徒手完成一套训练。几乎适合所有人，并能在短时间内达到有效的训练效果。

iOS 和 Android 系统用户均可免费下载，语言版本包括英语、中文、日语、俄语、法语、德语、西班牙语和意大利语。欲了解更多信息，请登录耐克官网 Nike.com 查询。

iOS 版本 N+TC 应用程序，
扫描即可下载

训练记录

受到我那些多才多艺的朋友们的鼓励，我决定在夏天参加一次三项赛，而不单单依靠跑步去打发光景。我觉得自己的状态很好。三项赛能有多难呢？不妨看看：我顺利地结束了跑步赛（和其他三项赛顺序相反，我参加的这个比赛的项目先后顺序是跑骑游）；经过努力拼搏，在 500 多人参加的自行车赛中侥幸没有垫底；但游泳时却奈何不得一个 11 岁的孩子。比赛结束了，别人都在吃发放的饼干，我只好默默地品尝苦果。

跑步可以让你变得健康，但它不是唯一的选择。在这次比赛之后，我面临着一个决定：是多长点本事，提高三项赛的成绩？还是继续坚持跑步？对于我来说，答案很清楚。跑步是我的真爱，我也会继续跑下去。论骑车，别人给我挡风还差不多；论游泳，我也就是个淹不死的水平。这次比赛暴露了我在运动方面的短板。赛后，我增强了力量与柔韧练习，全面提高体能。

不是每个人都需要成为全能运动员。有的人喜欢专精，而另一些人爱好广泛。其实，二者都可以做到圆通。如果你能够全面认识自己的优缺点，如果你通过长期的运动获得健康快乐，如果你能同时保持强健和灵活，如果你除了跑步还会游泳，这也算是锦上添花了。

第十九章 准妈妈跑者

运动不仅可以抵抗孕期的不良反应，还可以令为人父母的过程轻松愉悦。

劳里想不出来为什么自己不能再跑快点。她回忆说：“我结束了高海拔训练，来到正常海拔的地方比赛，但是我感觉不到什么提高。当时在芝加哥火车站，我告诉一位朋友自己感觉懒散、心虚和疲劳。而她似乎意识到了原因，带我找了临近一家药店，买来怀孕测试用品，到女厕所里一试——原来我怀孕了！”

除了在火车站临时检查这个部分，劳里的经历和许多女性跑者十分相似。运动教会女性关注自己身体的变化，有些准妈妈正是从运动的感觉中发现了新生命成长的蛛丝马迹：你发现自己要用更快的心跳和呼吸频率，付出更多的努力，才能达到与先前同样的运动水平，并且这种现象已持续多时。这时，如果你做一下怀孕测试，也许就能找到问题的根源：你不是一个人在跑步。

过去，孕期运动被医生视为女性的禁忌——特别是跑步之类的运动。但时至今日，专家们指出，对绝大多数孕妇而言，运动有利于自身以及胎儿的健康。许多研究指出，适量运动可以减少孕期的身体不适与恐惧情绪，令孕妇以更积极的心情去面对怀孕，并能更好地维持形象待产；同时，还可以减少剖腹产的比例，促进产后恢复。具体来说，跑步可以减少疼痛、肿胀、便秘等不适感；同时，高血压的发生率也能降低 35%。

在怀孕期间坚持锻炼的女性也会保持更多的肌肉，能够在产后尽快恢复身材与体力。此外，体育锻炼能够改善情绪，促进睡眠，调整新陈代谢。所有这些，都是母子平安的必要条件。

佛罗里达州奥卡拉的妇科医生道格拉斯•霍尔博士，专门为孕妇研究锻炼计划。他说："锻炼可以抵抗孕期的不良反应，使为人母的过程相对而言轻松愉快一些。对于那些坚持运动的女性，孕产期间的感觉要好得多。她们能够更好地适应并控制怀孕与生产期间的种种身体变化，而不是被这些变化弄得无所适从。"

吉娜是一位平时参加 5000 米和 10000 米的健身跑者，她讲述了自己的经历：经过了怀孕头三个月的种种不适，她强迫自己出门透气，走走或是慢跑。虽然用传统观点来看，她不应该这么做。但是，她说："运动对我来说好像一副良药，改善了消化和睡眠，缓解了胀气和呕吐。"

怀孕过程受到多重因素的影响，这些因素对胎儿的作用更是难以预测。尽管如此，目前专家们的共识是：孕期坚持适量运动至少不会损害胎儿，前提是避免运动中的疲劳以及任何不适感觉。在生育后，爱运动的妈妈可以把更多用于恢复的时间去照顾宝宝。霍尔博士说："在孕期坚持运动的女性，更能对自己的健康负责，而不是只想着咬牙熬到身体恢复。二者对孩子的影响显然是不同的。在身体素质方面，孩子不是一张天生的白纸，母亲在怀孕期间的作为对新生儿的健康绝对是有影响的。"

即使医学界已经达成了共识，准妈妈们可能还是对孕期跑步有诸多担心：怎么掌握适当的跑量？运动时呼吸心跳加快、体温上升对宝宝有什么影响？什么样的运动可能会伤害宝宝？

基本答案是放松身心。人类对运动的适应能力是自然进化赋予我们的神奇礼物，这是防止胎儿受伤的第一层屏障。当然，在怀孕期间，需要经常关注身体的变化情况，特别是在进行运动时。

最初的反应

对于那些费了老大力气才怀上孩子的准妈妈，得知怀孕的一刻多半是充满了欣喜与激动的。但是，对于另一些人，特别是精英跑者而言，得知怀孕时的震惊与迷茫或许要多于惊喜。因为，在怀孕之前，你的健康、身材、朋友圈子等等可能都拜运动所赐；而现在，到了必须减少运动的时候了，这多少会令许多人感到矛盾和唐突。

竞技跑者劳里在 28 岁那年怀孕了。她回忆当时的情形："我那时正好要去以最佳状态参加比赛，得知怀孕的第一反应是感到震惊，还有些不知所措和失落。过了一阵子，我也高兴起来了。但实话实说，我的第一反应就是不知道该怎么办！"

这并不是稀少的个案。在当今我们的流行文化里，事业成功、个人自由以及外表等不断得到强化，对亲情以及生命的价值反而有所忽略。这就意味着，怀孕，对于一部分人而言，也许是一个甜蜜的负担——其中就包括那些喜爱运动的女性。孕产期必须调整运动规律并暂时牺牲身材，这与先前依靠运动维持身材之间的矛盾，可能会让一部分人产生"负罪感"。

其实有这种矛盾心理的人不是少数，因此存在这种想法也没什么大不了的，不要因为对怀孕感到恐惧和无所适就责备自己。生活与家庭的方方面面都值得用心去欣赏，对怀孕的负面情绪多半会在最多几周后烟消云散。

在 29 岁时怀上第一个孩子的玛雅 说：“当我得知自己怀孕时，正在拼命健身来维持身材。但是，我并没有感到失落。因为我知道生完孩子还能大把拿奖的姐妹们多了去了，我完全可以像她们那样。至于身材恢复，多少‘辣妈’的例子摆在那里呢！”

妈妈的安全

怀孕期间，身体会发生一些变化，来适应胎儿的生长。这些变化对跑步也会有影响：

- 激素会使骨盆部位的结缔组织松弛，来适应分娩的要求，可能导致一些关节的活动范围增加。
- 腹部变大，会影响身体的重心、平衡性与稳定性。
- 腰背以及全身的肌肉与关节，都要分担体重增加所带来的额外负荷。

这些是否意味着孕期跑步必然增加伤病风险呢？英国的一项研究认为，孕妇跑者的关节损伤及摔跤风险增减与怀孕未必存在关系。准妈妈跑者也没有必要过度介意怀孕期间身体平衡性与稳定性的改变。在跑步时需要做的是，更加集中精力，看好脚下的路，特别是注意那些不平坦的路面。

调整优先级

当你确认自己怀孕的时候，就要立刻调整跑步的目标。如果在此之前你把塑形、保持身材和追求速度作为目标，那么现在就要把健康、舒适和放松放在首位。

霍尔医生说：“最难做出改变的，是那些对保持身材怀有执念的女性。她们往往认为自己在运动中再怎么努力也不为过，因此让这类人调整目标是最为困难的。怀孕期间，你需要维持必要的体能，但不是去当运动健将或女模特——这就是最大的差别。”

下面是一些孕期调整运动计划的建议。

随心所欲。不要担心体重增加、身材走样以及怀孕的不适，看看明朗的那一面。你完全有理由享受即将为人母的期待与幸福。事实上，这九个月多里，你可以建立起终身受益的健身习惯。任何一个把宝宝健康放在首位的负责任的准妈妈，都会注意饮食、保证睡眠——这也许是她们一生之中生活最有规律的一段时期。1995 年法国全国万米跑冠军、曾参加奥运会的纳迪亚•普拉萨德居住在科罗拉多州博尔德，她在三次怀孕期间都没有停止跑步。她说：“作为一名孕妇，你有义务照顾好自己。在这段时期，跑步是对将为人母的庆祝和享受。”

出门就好。怀孕前三个月的不适让一些孕妇吃尽了苦头，她们被呕吐、疲惫与乏力折磨得筋疲力尽，更别提跑步等运动了；甚至有女性抱怨，就算是在产前几个月跑步，感觉也会好过这段时期。但是，过来人的普遍看法是，就算再难受，只要能坚持出门走动一会儿，也可以重新激发体能。

米娅说："我很幸运；没有很多的不适症状。唯一影响跑步的就是感到疲劳。但是，跑步使我重新焕发活力。如果你在怀孕前就坚持跑步，那么怀孕后也不要停下来——大不了跑慢些就是了。跑步可以帮助你改善身心状态。"

放宽要求。你会很快学会顺其自然。在怀孕的前三个月，干脆不要有什么运动计划，因为这是徒劳的。因为在这段时期，每天的心率、血压、呼吸以及不适感等状态，都可能区别与前一天。同时，这些"信号"可能是来自胎儿的"呼声"，他（她）用这种方式，告诉你运动的"度"。

明尼苏达州圣保罗市墨尔波墨女性健康所（Melpomene Institute for Women's Health Research）的前主席朱迪•马勒•拉特说："对一些女性来说，她们在这段时期很难以同样的努力跑出过去的水平，所以也许会有些失望。但是，在这段时期，你必须尊重身体发出的信号，理智地看待运动强度。"

由于在怀孕期间无法像早先预想的那样去按计划运动，拉特的女儿怀孕时也有过类似的不愉快经历。"许多人需要通过运动来保持身心活力和减轻压力，这已经融入了她们的生活。但是，如果她们意识到计划已不适用后，事情反而会变得简单和更容易坚持。例如，之前跑步可以防止久坐导致的腰酸背痛，但是怀孕后跑步反而会加重腰背部位的负荷。如果有什么感觉不对劲，千万别勉强。即使如此，也不意味着你必须完全放弃锻炼。"

尊重身体的信号

在怀孕期间，应当保持怎样的运动强度呢？现在你不是一个人在跑步，因此也就不要去理会什么跑量和配速之类的东西。相反，你的新目标应该是：不和小生命"较劲"。这就意味着，必须保证他（她）获得足够的血流、足够的氧气以及足够的营养和能量。你的目标应当是"适度运动"。

即使怀孕期间，身体也会有足够的适应能力，来降低过度训练的风险。研究表明，当孕妇运动至"危险"强度的边缘时，她们就会"自动"停下来，或是减低强度。因为怀孕期间核心体温会上升，孕妇在运动之初就会感觉到过热和不适，有的人可能干脆不再坚持。同时，怀孕初期心跳加快也会提醒孕妇跑者减速前行。下面是一些保证母子平安的建议。

适度运动。在坚持谨慎原则的前提下，让你感觉良好的运动量，就是你需要的运动量。不要跑到气喘吁吁或是头脑发热的程度。如果在运动中感觉不适，那就要小心了。多数医学研究认为，如果孕妇已经适应了孕期锻炼的强度，那就说明这个运动强度对她来说是安全的。在这方面，许多建议来自于直接经验，而非严格的科学研究。例如，美国妇产科学院[106]表示，怀孕期间锻炼引起的体温上升，并不会对胎儿造成直接的不利影响。

既往不咎。如果你突然发现自己怀孕了，并且在这之前还进行过筋疲力尽的速度练习，不要紧，放轻松就好。这好比是发现自己怀孕前喝了两杯葡萄酒一样，不会造成什么影响。身体会自动发送信号，提示你减速，阻止你达到可能伤害胎儿的运动强度。

如果你担心自己在怀孕初期的训练强度太大，不妨看看纳迪亚在怀第二个女儿时的经历。她回忆说："我那时候每周跑 160 公里，也没有错过任何强度练习等训练项目，而且我还跑出了 33 分 40 秒的万米第二好成绩。不过，与以往不同的是，在训练结束后，我感到特别疲劳和恶心——后来我才知道自己已经怀孕五个月了。"到那时为止，她的体重确实没什么变化。但是，随后她就减少了跑量，降低了运动强度，采用水中跑步进行锻炼。四个月后，照样生了个健康快乐的宝宝阿尼塔[68]。举这个例子，不是让孕妇们都去"大干快上"锻炼，而是告诉人们，你的身体以及你的孩子比你想象的都要结实。

推迟比赛。怀孕期间，不要参加马拉松比赛，或是追求什么最好成绩，也不要从事什么挑战速度与距离极限的训练。如果你正在从事这些行为，最好马上停止。哪怕你仅仅是以完成马拉松为目标，也要经历数小时的疲劳——对于母子来说，这期间蕴含着巨大的健康风险。

放下仪器。心率表只能检测孕妇的心跳，而孕期的心跳又快于平时，因此这时候心率表的作用大打折扣。美国妇产科学院一度建议孕妇运动时期的心率应当控制在 140 次 / 分以下，但是后来又提出了"体感运动强度"的建议，那就是运动不应达到感觉疲劳或是喘粗气的程度。

舒适第一。过去，医生建议孕妇进行非负重运动，因为跑步之类的运动可能会颠簸冲击身体。但时至今日，研究表明，对于怀孕前就习惯跑步的女性而言，孕期依然可以坚持跑步，但前提是以舒适为限；至于距离，大可以因人而异。纳迪亚在三次怀孕期间跑步的经验都是跑到 7 个月的时候就停下来，因为她认为此时"大腹便便"的姿态有些别扭。而玛雅直到生孩子前 2 周，还进行了一次 6 公里慢跑。如果从什么时候起，跑步令你感到不舒服了，那就散散步，或是去进行水中跑步与游泳等锻炼。总之，你可以通过锻炼保持健康。如果你在怀孕初期就一直没跑，那么也不必在随后的时间里拒绝运动。建议你向医生请教更为详细的建议。

基础先行。怀孕前的健康水平，直接决定了你在怀孕期间能够承受的运动强度。多数竞技跑者在怀孕期间能够承受的运动强度要大于普通孕妇。你也不用担心孕期进行适度运动会损伤宝宝，只要你能根据自己的体能基础选择适当的运动。就算是那些靠比赛奖金为生的专业运动员，如果打算要孩子，也要准备好在跑步训练方面做出相应的调整甚至牺牲。

拒绝低氧。专家建议，孕妇避免在海拔 1800 米以上地区（或同样含氧量的环境）进行跑步或者其他剧烈运动，因为那很可能提升出现恶心、头晕、呼吸急促等高原反应的风险。当然，如果你是高海拔地区的长久居民，则另当别论。详情请咨询医学专业人士。

68. American College of Obstetricians and Gynecologists（ACOG）。

风险因素

大多数女性在怀孕期间可以继续进行轻度到中度的锻炼。不过对于少数女性来说，怀孕期间的运动却可能导致危害母婴健康的风险。这类人群包括：

- 怀孕导致高血压
- 早产性胎膜破裂
- 有早产和流产经历者
- 子宫颈过早张开
- 怀孕中期持续流血
- 胎儿生长不足

有的医生建议，有过流产史和怀着多胞胎的女性在从事孕期运动时采取更审慎的态度，但也有医生认为，这些担心属于多余。

另外，美国运动医学学院还建议你在锻炼的时候仔细留意身体感觉。如果出现下面的情形，请立即停止运动，并尽快向医生求助：

- 阴道出现血性分泌物
- 阴道出现任何液体分泌物
- 脚踝、手或者脸突然肿胀
- 持续且剧烈的头疼或者视觉模糊
- 小腿出现肿胀疼痛
- 锻炼后脉搏或者血压持续上升
- 过度劳累、心悸或者胸疼
- 持续的宫缩（可能是早产的预示）
- 已知原因无法解释的腹痛
- 体重偏轻

增加饮食

怀孕后，每天需要的热量要增加至少300卡，怀孕初期需要增加的热量较少，越往后越多。如果你在怀孕期间还坚持运动，那么需要的热量也就更多。如果你在怀孕前严格节制甜食与高热量饮食，现在不妨多吃一些。孕妇的消化也会与常人有所区别，不论在静止还是运动时，都需要更多的碳水化合物。

不管怀孕还是锻炼，你都要注意自己的饮食和营养。如果怀孕时的呕吐干扰了食欲，请看看下面的建议：

少吃多餐。少吃多餐，变化花样，可以应对恶心、食物反流和胃口不佳，同时还能保证营养。

固液分离。对于一些孕妇而言，同时使用两类形态不同的食物可能会加重消化负担。可

以试试把固体饮食与液体饮食分开食用，至少相隔半小时。

空腹勿跑。跑步前一小时，吃些面包或饼干之类能量富集且易于消化的简餐，增加能量储备。

三餐规律。补充足够的营养对孕妇而言非常重要。孕期是加强营养，而不是注意保持身材的时候。一些怀孕前非常纤瘦的人，怀孕后的体重都可能猛增若干公斤甚至十几公斤；这是身体储备能量的正常变化。

劳里说："在刚怀孕的时候，我也有些难以接受体重如此快速的增加。要知道，我还从未超出比赛最好成绩时的体重 5 斤以上，而那时在短短几周的时间里，我胖了不止 10 斤，就好像我的身体告诉我'现在必须增加体重'一样。我想，照这样下去，我还不得胖 80 斤呀！开始我也认为，这样简直太可怕了。但是后来体重变化逐渐消失，我也就不再担心了，我只是想吃就吃，绝不能因为纠结体重而影响自己的情绪和宝宝的健康。"

放松。一些在怀孕期间坚持跑步的女性表示，临近生育的几个月里，很难保持（从母婴健康角度来说）适当的体重。新墨西哥州圣达菲的艺术家跑者雪莉说："怀孕的头 7 个月里，我胖了 25 斤，但是后来体重就开始下降。我女儿出生体重大约 8 斤多，她出生前肯定也消耗了我体内不少能量。在生产前的几个月，我即使多吃也无法增加体重。"

劳里也有类似经历，经过了孕期体重的正常增长后，到了第 8 个月，她的体重不再增加。她说："哪怕不饿，我也总是吃东西，但是体重已经不增加了。感觉好像是跑步所额外需要的能量都消耗去瘦腿和瘦臀了，我吃下去的食物都养活了孩子。”虽然有的专家建议孕妇在产前保持一定的体重增加，但是只要营养充足并且身体健康，就没有必要去在意体重的波动。

巧提示

采取以下预防措施，或许能帮助你在孕期跑得舒服：

- 喝足够的水，避免干渴和缺水。
- 服装要通风并且舒适，因为此时你更容易体温过快升高。
- 在安全的场所跑步，确保跑累了可以尽快回家，或是随时去医院处理意外情况。
- 抹防晒霜。阳光会加剧“妊娠斑”，影响容颜仪表。
- 如果觉得腹部形状影响身体重心，不妨试着买一套孕妇托腹带。

明尼苏达州圣保罗市墨尔波墨女性健康研究所提供关于孕妇运动的滚动更新信息，请参阅：www.melpomene.org。

亲友的声音

图书、报纸、杂志与医学专业人士都表示孕妇可以参加运动，但是身边的亲友可能不这么认为——这不光受传统观念影响，更来自对母婴安全的担忧。

雪莉说：“亲友们确实都努力地劝我放弃跑步。我丈夫得知我加入了运动队，准备去泰勒山参加冬季综合运动会（自行车、跑步、滑雪以及雪地越野四项）的跑步赛时，还吓了一跳。当看着我因为太累而落泪时，他十分心疼，批评我的“鲁莽”给他带来了压力。实际上，他并不是不愿意我去运动，而是担心我和孩子的安全。而我，虽然很累，但还想继续跑下去。当丈夫看到我在怀孕的中期和后期比其他孕妇更为健康时，过去的一切担忧就都烟消云散了。

如果你爱的人都劝你不要跑步，请试试下面的方法：

记住他们是好意。对于孕妇来说，没有什么比母婴平安更重要。

让亲友安心。要通过解释让他们知道，孕期运动能够提高母婴健康水平，跑步能够为孕妇带来身心两方面的积极影响。

善于倾听。有时候“旁观者清”。怀孕期间，如果你不再像以前那么“雷厉风行”，或许能够更好地处理与家人的关系。每周拿出一天多陪陪家人，甚至干脆放松休息，也是个不错的选择。

产后恢复

跑步可能是你在分娩刚结束的一瞬间最不想做的事情，但是生育后更不能忽视健康和恢复。越来越多的研究支持这样的观点：运动或许是对抗产后抑郁的上佳方法。

专门研究妇产和女性心理健康问题的精神医生纳达·斯多兰德博士[109]说：“锻炼是对付

抑郁症的良策，不管是产后抑郁，还是其他刺激下的抑郁。怀孕前经常锻炼而怀孕和生育后被迫不再锻炼的女性，患上抑郁症的风险也较大。生育后的女性，需要逐渐恢复有规律的运动，特别是那些怀孕前坚持锻炼的人。”

当然，这里不宣传跑步是治疗抑郁的万能药。但是运动确实使不少女性在生育后重获自信。因为她们通过运动获得了控制自己身体的信心，逐渐摆脱了生育期间在生理方面的种种困扰。

然而，生育后恢复跑步，可绝不是穿上鞋出门那么简单。怀孕期间的那些不利于运动的身心感受也许还要存在几周。而生育过程消耗大量体力，也有可能引起持续性的令人难受的生理反应。

重新开始跑步时，请参考以下建议。

目标要可行。不要为自己设定恢复到产前运动水平的时间表。这样的时间表可能迫使你进行超过身体承受能力的运动，或是使你在达不到目标时感到失望。你要承认，不能为这段时间的恢复运动设定时限。因为从怀孕到生育的过程中，影响身心状态的因素实在是太多了。

循序渐进。让身体状况决定运动强度和时长。恢复伊始，你要做的多半是到户外去走走之类的轻松运动，并且不要考虑时间与配速等指标。平安度过轻松运动的第一阶段后，你就可以逐渐增加运动的时常和强度，比如进行慢跑——好比是第一次接触跑步的初级跑者那样，逐渐达到能够走跑结合半小时左右的水平。只有你能够轻松完成每周 4~5 次、每次半小时左右的慢跑，才可以考虑逐渐提高速度。如果你在跑步过程中出现流血等意外，及时去看医生，或者休息几天。

因人而异。拉特博士说：“每位女性在怀孕与生育后的体验都不尽相同，因此不要用别人的标准去衡量自己，因为那样可能会让你失望。虽然有研究认为，运动能使你在生育后 6 周内恢复到原来的体型，但是对于许多女性而言，就是给她们 6 个月，恐怕也不现实。为人母之后，光是照顾嗷嗷待哺的孩子，就足以把人累坏，因此所谓‘6 周’回归，基本是不可能的。因此，不妨把其间的困难想的多一些。如果认为自己能在半年内恢复，结果实际上只用了两个月，那真是十分了不起的成就。”

尊重身体。不但不同的人在各自的怀孕、生育过程中体验不同，就算是同一个人也不可能经历完全相同的怀孕过程。因为每个人的每一次经历都是独一无二的，所以既不要与别人相比，也不要与自己先前的经历相比。不要认为自己应该怎样，或是能够“像以前那样”。在恢复期间，你需要做的就是尊重身体的感觉，怎么舒服怎么来。玛雅在剖腹产之后三周就可以逐渐恢复跑步了。又经过几周的练习，她觉得可以去参加比赛了——当她参赛时，6 周大的儿子迈克尔也前往观战助威。雪莉的经历更为复杂。“生孩子 6 周后，我试着恢复跑步，但是由于哺乳的原因，我的胸部疼得厉害。于是我就又歇到第 10 周才再次开始跑步。没过多久，我就参加了个小比赛，我当时的感觉不能用“状态良好”来形容，但跑得也算轻松。毕竟我在给孩子喂奶和跑步时消耗了不少脂肪呢。”纳迪亚先后生了三个孩子，经历更为丰富。生完老大和老二后，她都是休息一周多就恢复跑步了。她生完老二仅过了 6 周，就去跑半程马拉松，成绩为 1 小时 11 分。但是，她在生育老三时遇到些麻烦，因此恢复跑步的过程也延长了。事后，她说：“我以为自己能像以前那样，但是这次我错了。”

在本书的编写过程中，我采访了许多女性跑者。她们中的为人母者都承认，从得知怀孕开始，生活的重心就发生了变化——孩子和家庭成了重中之重。这一点，就是那些顶尖水平的竞技跑者也不例外。至于运动水平能否达到生育前的巅峰状态，她们的普遍观点是：如果能达到，那最好；假如无法超过生育前的水平，那也没什么。而那些通过跑步保持身材的休闲跑者在有了孩子以后，对自己身材的关注也明显减少。总之，对母亲们而言，运动只要适度就好，多数时候作为生活的有趣调剂就够了。因此，既不要把运动当做一切，也不要以忙和懒为理由拒绝运动。在怀孕、生育和哺乳的过程逐渐结束后，更应当对如何负责任地照顾自己的健康有更深刻的认识。而且，你还要继续相夫教子，如果没有一副好身体，也是难以承担家庭与亲情义务的。

纳迪亚说："生完孩子之后，我想，我既要恢复跑步，又要照顾孩子健康快乐地成长。在一位母亲的心目中，后者永远是第一重要的。"作为一位关爱子女和热爱运动的女性，她的话语十分具有代表性——"我每次跑完步回家看到孩子，那感觉就像是房间里有个温暖的小太阳，给予我能量。有了孩子，生活变得更丰富和踏实了。跑步，也不再是自己一个人的事情，我带着家人的爱奔跑，觉得自己更是无所不能了。"

怀孕和运动能力的神话

有说法认为，怀孕提高运动能力。而事实上，不论怀孕期间，还是非怀孕期间，都有女性创造过自己的最好成绩。虽然相关的研究还很少，但是关于"怀孕提高运动能力"的说法，目前大约有这么几种解释：激素水平变化说、有氧能力提高说以及痛苦耐受力提高说。还有一种说法是，在 20 世纪 80 年代，也就是兴奋剂在竞技体育界泛滥成灾之际，某些国家的体育官僚和教练热衷依靠兴奋剂提高运动员成绩，制造"民族威望"幻觉，他们甚至还想过让运动员通过怀孕与流产来提高成绩！

明尼苏达州圣保罗市墨尔波墨女性健康研究所的朱迪•马勒•拉特说："尚无证据表明，怀孕能够提高运动成绩。仅有的极少数案例研究，都以精英运动员为研究对象，而且结论还存在争议。而对那些草根跑者来说，就更没有什么确定性的结论了。有人说自己怀孕后运动水平提高，也有人表示生育后就回不到原来的水平了。而且，对于任何水平的跑者，就算怀孕真的有可能提高运动水平，也不要对此抱太大期望。难道怀孕的目的就是提高成绩吗？显然，理性地考虑是否要孩子，以及有了孩子以后如何让他茁壮成长，比什么成绩之类的东西都要重要得多！"

哺乳的注意事项

是否选择母乳喂养，也会影响生育后恢复跑步的过程。并且这种影响也是因人而异和难以预测的。有人说，哺乳可以多消耗热量，从而较快地减少体重。也有人认为，为了产生足够数量和质量的奶水，身体在哺乳期会囤积脂肪。如同怀孕期间的诸多考虑因素，哺乳期仍应把孩子的需求放在首位。如果你决定在哺乳期就开始跑步，那就应当多留意孩子的体重增加情况。如果体重增加不足，那么你就要少跑多吃，并且吃饱吃好，优先保证奶水供应；而不是急着去塑形瘦身。

一些研究指出，在运动后短时间内产生的奶水可能含有乳酸。尽管乳酸不会影响孩子的健康，但却有可能影响奶水的味道。如果孩子不喜欢喝运动以后的奶水，那就可以买个吸奶器，在运动前准备好奶水。或是在运动后一两个小时，等乳酸回到正常水平后再哺乳。

训练记录

不要以为我只是随便一写。就在成书的过程中，我怀孕了。从知道自己怀孕开始，我的生活、工作和跑步也就完全不一样了。我承认，我对怀孕的认识还达不到什么“创造生命的神圣时刻”的高度。我只是想，接下来会怎么样？下一步怎么练？通过奥运选拔赛还有没有戏？

一周过去了。我去做超声检测，看到了宝宝：一个显示器上模糊动弹的小点。检测时间虽短，但我感觉那好比一生那么长。从此开始，我的生活和跑步都不再会是以前的样子了；一周前脑海中的那些疑问也统统散去。我不再关心肌肉线条，因为首要任务是给胎儿提供营养和保护。我有时一天吃五六顿饭，可还是会感到饥饿。从此开始，“训练”不再为了追求成绩而不顾一切，而是控制在保持母婴健康所必要的强度和数量范围内。跑步时，我注意身体反应，只要感到心跳加速，就不再勉强坚持。当身体状况允许时，我会走跑交替活动个把小时。当我不想动弹时，我干脆连门也不出。

奥运会选拔赛怎么呢？对我来说，生下孩子后，什么身材和成绩都已经不是最优先的问题了。陪伴与照顾孩子健康快乐地成长，会成为我生活中的头等大事，而运动，就当是保持健康的手段吧。

怀孕，是上天赐给我的一份意外大礼。在这个过程中，我知道了自己的身体在跑步之外还有许多神奇之处。生孩子前，我为展现自身力量和运动水平而奔跑；有了孩子后，我为生命而奔跑。

第二十章
年轻跑者

保持运动的乐趣，
鼓励孩子进行各个领域的运动，
并且与孩子一起参与运动。

金·琼斯的马拉松最佳纪录是 2:26:40，她是她那个时代全美顶尖跑者之一。但她最为自豪的跑步成就不是一场比赛或一个时间，而是她的女儿——杰米。

杰米的高中成就包括全国冠军和全国十佳，在这坚实的基础之上，她转向去了科罗拉多大学，作为一名新生开创自己的锦绣前程。从小培养孩子跑步的琼斯说：“我一直认真努力，因为我知道她有天分，可以成就一番事业。”

正如事实所证明的，妈妈的良苦用心没有白费。琼斯提供了一个典型案例——如何在养育这个跑步的女儿时做对每一件事。杰米从一年级开始跑步，在校内参加了一系列小比赛。琼斯回忆说：“她们从来没有‘训练’，就只是‘玩’。比赛都在 1.6 公里左右，在公园的草地上进行。”杰米很早就表现出了潜力，小学的纪录是 5:50 跑 1.6 公里，赢得了市级的比赛。但是琼斯表示，杰米在垒球、排球和篮球等其他运动方面也很活跃。“我鼓励她尝试每一项运动，涉及范围几乎覆盖了所有运动。但是，我依然希望她把跑步作为主要的运动爱好，但是我从来没有把她往这条路上引。”正如事实证明的，杰米按照自己的意愿选择运动，中学之后，更是将注意力集中在跑步上。

教育专家在青少年健身问题上一再重复：保持运动的乐趣，鼓励孩子进行各个领域的运动，并且与孩子一起参与运动——这在孩子的成长过程当中是很重要的一种亲情支持。琼斯在这些方面可谓表率。对她的最高赞扬以及严厉批评都来自杰米。“她给我的帮助太多了。”想要成为专业跑者，并且有一天打破妈妈最佳纪录的杰米说：小时候，我从没感觉到压力。我只是看着妈妈，就学到了很多东西。”

健康地成长

父母的行为，以及孩子对父母行为的模仿，对孩子的成长至关重要。然而，孩子看到和学到的东西，并不全是积极向上的。据估计，美国有一半的孩子并不怎么运动——不爱运动，这能算是他们应该从父母身上学习的正面行为吗?

现在，不爱运动的孩子多了，原因是多方面的。电脑游戏、网络、电视取代了运动，成为孩子们打发课外时间的主要方式，甚至有的孩子守着这些电子产品能连续枯坐数个小时。体育教育被学校管理层不断“边缘化”，相关费用和预算被一砍再砍。私家车成了城里孩子通勤的主要方式，而步行和骑车则越来越少。多数家庭的父母都要工作养家，学龄前的孩子只能被送去托儿所。邻里关系也变得陌生和冷淡，就算是在治安最好的社区，独自在外活动的小孩子也十分罕见，因为父母生怕他们遭遇不法侵害与意外伤害。

后果是，随着物质条件的丰裕和改善，年轻一代的身体素质，相比他们的父辈而言，反而下降了。加拿大安大略省麦克马斯特大学的儿童运动营养中心主任、儿科教授奥代德•巴尔博士说：“在我们生活的世界上，肥胖成了一个严峻的健康问题，并且日益紧迫。”以美国为例，过去的几十年里，肥胖儿童和青少年的数量已经翻番。

巴尔博士指出，运动锻炼是解决肥胖问题的最有效方法。如果没有内分泌方面的问题，一个生活习惯良好又爱运动的孩子，能胖到哪儿去？知易行难，这并不是一件小事，因为孩子从小受到的影响会影响他的一生。心脏病是美国人的头号死因，而导致心脏病的那些不良习惯，在孩子身上就已初见端倪。不过，从积极的角度看：如果能引导一个 2 岁的娃娃爱上运动和健康饮食，那么这些好习惯也会令他终身受益。

对于女童，运动的意义不仅是改善健康，更能带来人生方方面面的益处，可谓终身坚持，终身受用。根据纽约东梅多女子运动基金会的资料，这些好处包括：

- 减少吸毒与滥用药物的发生率
- 有运动习惯者在感情与性爱方面更加自重自尊
- 更容易获得良好的学业表现和较高的教育水平
- 更容易在评比中获得高于平均的评价

明尼苏达州圣保罗市墨尔波墨女性健康研究所的专家林恩•雅菲说：“参加运动的女孩可以从不同的角度来看待身体。她们不会极端地追求以瘦为美，而是会把健康和力量作为美丽，对自己的身体抱持更为欣赏和友善的态度。”

同时，女子运动基金会的报告表示：青少年时代就开始运动的女性，与不运动者相比，往往更加自尊自爱，具有更加坚强的意志，也更懂得欣赏自己的健康，此外发生抑郁的风险也比较低。

正确的开始

从何时起，就应当鼓励孩子参加运动？答案是越早越好。1989 年的一项研究表明，如果一个女童在 10 岁时还没有运动习惯，那么等她成年到 25 岁，中间这段时期培养运动习惯的可能性也许只有 10%；“三岁看老”这句话并非妄言。好在现在越来越多的女性，不论年龄和肤色，都逐渐加入到运动健身大军的行列中来了。但是，不要忘了，一个人越早参加运动，从运动中获得的生理与心理收益就越多。

这并不意味着只要孩子一会走，你就非得赶着她去跑步不可。首先，与孩子在一起时，你要创造一个让你们都忘掉“跑步”、“竞技”之类字眼的环境，培养活泼好动的性格是最重要的。只要让孩子在潜移默化中爱上运动并且学会坚持，第一阶段的目标就算顺利实现了。过早让孩子去参加强度较大的竞技运动，结果往往适得其反，容易导致伤病，还可能使她对运动的热情过早减退。

所以，在培养孩子的运动爱好时，不要过于强调竞技因素，而是要让她通过运动获得快乐。在孩子上中学前，运动应当成为孩子在日常生活中的习惯和乐趣；没有必要，也不应当让她非要从事哪一项特定的运动不可。

学前阶段

室外玩耍。让孩子尽早养成户外玩耍的习惯非常重要，总比小小年纪沉溺电子游戏来得健康。

全面发展。投球、翻跟头与跳跃等孩子们经常进行的娱乐活动，都能培养灵活性与协调性。

小学阶段

尊重顽皮天性。在孩子们的游戏中，跑占据了相当大的比例。女子精英跑者、来自科罗拉多州的普利希拉•韦尔奇[69]，马拉松最快成绩为 2:26:51，她回忆了儿时的经历：“小时候，妈妈经常把孩子们撵出家门，让我们跑跑跳跳，享受童年的快乐。我和兄弟姐妹们就这么跑来跑去尽情玩闹。”

69. Priscilla Welch，精英跑者，马拉松最好成绩 2 小时 26 分 51 秒（1987）。

金•琼斯儿时的经历也颇为类似："我们家男女老少有11口子，但只有一辆自行车。我们家距离海边只有1.6公里，如果想去玩，就得跑着来回。这不是训练，只是与生俱来的本能。"

不要揠苗助长。一块平整的空地，就可以让孩子们开心地度过童年，进行各种游戏，甚至从小养成运动锻炼的习惯。美国跑步协会的前任执行董事苏珊•卡利什说："对孩子来说，跑步的目的不是健身塑形，更不是竞技比拼，而是享受乐趣。如果能在跑步中获得快乐，那么他们当然会有自发的动力坚持下去。所以，不要向他们过早灌输竞技体育和什么大道理，也不要树立什么硬性目标。如果你对孩子跑步耳提面命地施加强迫要求，结局往往适得其反。"

和孩子一起玩。向孩子学习她和小伙伴们经常进行的游戏，多陪伴孩子和朋友们一起玩。

言传身教。专家说，父母是孩子的第一任老师，任何言行都会为孩子所模仿——跑步、骑车、健走等良好的运动健身习惯也不例外。因此，父母有必要把对健康负责任和充满活力的一面展现给子女，让他们以此为学习的榜样，从小培养运动习惯。

把家庭出游变成快乐的运动。全家外出游玩时，记得带上孩子，并且让孩子享受在户外多走多跑以及骑车的乐趣，让孩子自己决定运动的强度。卡利什说："当我开始带女儿们跑步时，她们还在骑童车。当她们想跑步时，我就和她们一起跑步。不管她们想跑多远多快，我都会陪着，其中还会穿插一些有趣的游戏。我们会比赛跑到小河边，如果她们想下河捉蝌蚪，那就由她们去吧。我从来不强迫她们去做什么。我干脆让她们跑在我前面，这样她们想什么时候停下来都可以。

让孩子接触不同的体育活动。学龄儿童参加运动的原则是广泛，而不是专一。你可以为孩子提供多种不同的运动项目，供她选择。例如，冬天学舞蹈，夏天学游泳，春秋季练习球类运动。要鼓励孩子多参加各种体育活动，从中发现她最喜爱和最擅长的项目。鼓励孩子多运动，就是为孩子提供培养多种才艺的机会。

选择孩子喜欢的运动兴趣班。如果孩子喜欢体育兴趣班，那就给她选一个或几个报名参加，前提是是她是自愿参加的。如果孩子热爱某项活动，那么她就能从其中学到技巧，并且持之以恒。对于儿童来说，最重要的是在快乐中学习，而是不是按照专业运动员的方法去进行训练。

初中阶段

利用周末和假期。孩子进入中学阶段后，学习功课以及与同学交往的时间明显增加。因此，如果想安排些“全家上阵”的体育活动，就要利用好周末以及她们的假期时间，多安排一些适合全家参加的活动，比如在周末出游中加入远足与长途骑行的内容。

一起参赛。全家可以一起报名 5 公里跑小比赛或徒步长走活动。一方面，全家一起锻炼；另一方面，也能让孩子感受比赛的快乐气氛。

考虑团队运动。到目前为止，孩子应该对运动产生了持久的兴趣。她喜欢团队项目，还是喜欢像跑步这样的个人项目？她喜欢正规的竞技体育训练氛围，还是喜欢自己随便玩玩？只要孩子自己能够坚持运动，而不是迫于父母或者教练的压力，就是好事一桩。任何时候，强迫她参加她并不喜欢的项目，只能适得其反。

未成年人与马拉松

时下，民众参与马拉松运动的热情不断高涨，就连一些未成年人也跃跃欲试。但是，面对这种“人小志大”，就连一些身为马拉松跑者的家长也想不明白：对未成年人来说，训练和参加马拉松一定是锻炼体力和毅力的好事吗？答案是未必。

如果仅仅是因为某个孩子“可能具有跑马拉松的能力”就让他去比赛，并不是件好事。国际马拉松医学协会的一份声明指出：“不建议 18 岁以下人士参加马拉松。因为他们的身体大多未发育成熟，可能面临更高的慢性骨折等伤病风险。此外，与成年人相比，未成年跑者的步幅较短，只能通过增加步频的方式去加快速度，因此他们正在发育中的骨骼与肌腱要因此承受更大的运动负荷；并且，未成年人身体的散热能力也较差，容易中暑。

除此之外，参加马拉松还可能导致心理问题：“在未成年人看来，马拉松的训练过程可能十分单调重复，这就容易导致他们对跑步的兴趣与热情过早耗尽；如果在训练和比赛中遇到不顺利的事情，就更容易产生挫败情绪。”

最后，家长要注意引导孩子的运动目标，让他们参加与年龄相适应的运动。对于志在马拉松的长跑神童，还是静待他们成年后再去“一鸣惊人”吧。

高中阶段

把运动和社区工作结合起来。鼓励孩子参加慈善赛，或是通过参赛为扶危济困筹款。

继续鼓励健康休闲。将跑步、游泳、户外运动等体育锻炼，作为课余时间里的健康休闲方式，而不是沉溺于电子产品和网络。

让孩子参加俱乐部或者兴趣组。团队的气氛可以培养合作和竞争精神。高中阶段的学生应该学会并且有能力去合理安排训练与比赛时间。

全面体检。心脏科医生建议，即使是高中生，在首次参加耐力项目前，最好也进行一次全面体检，筛查是否具有不适宜参加这类运动的健康隐患。即使发现疾病的风险极低，也要确保安全与健康。

除了鼓励孩子去运动，父母还可以做许多事情，让孩子从运动中体会到健康与快乐。请参考下面的建议：

鼓励引导为主。一味的批评与否定，会打击孩子对运动的信心与兴趣。琼斯说："当孩子取得哪怕一丁点成就的时候，我也要使劲鼓励她一番。而当她犯错时，我总是想办法帮她改进提高，而绝不是一味的斥责批评。"

通过创造一个宽松融洽的氛围，鼓励孩子的挑战冒险精神以及主动学习能力。

了解和参与。在孩子面前，做个好听众。如果孩子述说自己面临压力，那么不妨和教练以及孩子本人好好聊聊，找出问题所在，或者暂时尝试其他运动和训练形式——最好身为跑者的妈妈能够与跑二代的女儿分享过来人的经验教训。琼斯说，她十分关注女儿杰米高中时的训练情况，并且经常和教练保持沟通。在她的帮助下，杰米很早就了解了关于饮食营养和休整恢复方面的重要知识，成为同龄人中的精英跑者，更是一位健康乐观的年轻姑娘。琼斯谈起了自己的经验："杰米在运动能力和情绪控制方面都有很大进步，对自己的生理与心理状况了如指掌。通过跑步，杰米逐渐培养了乐观精神。此外，因为多了共同关心的话题，我们母女之间的关系也更加融洽。我们有时一起晨跑，她对我无话不说。"

跑步与成长

跑步阻碍孩子生长？青少年健康专家说，这是无稽之谈。加拿大安大略省麦克马斯特大学儿童运动营养中心主任、儿科教授奥代德•巴尔博士说："这种可笑的说法，来源于过去错误的观察。这些错误的观察还得出了一个结论：跑步的孩子长得慢。但是，这是对运动促进儿童生长发育的误读：与不动的孩子相比，运动的孩子生长高峰期会提前。"长得慢"的表象忽略了"长得早"的实质。现在的研究证明，跑步以及其他运动，都不会对少年儿童的发育产生不利影响。"

事实上，跑步还可以强化少年儿童的骨骼。美国运动医学院的一份文件指出，儿童时期的运动可以提高骨密度，并且维持至成年时期。这种对骨骼的健康益处可以长期维持。同时，每次进行 10~20 分钟跑步等运动，每周坚持三天，可以促进少年儿童骨骼的发育。而青少年骨骼健康的重要意义在于，它直接关系到成年后的骨骼健康以及骨质疏松等老年疾病的预防。

青少年身体发育的过程也会影响跑步水平。在长身体的时期，骨骼生长速度比肌肉快，也许会导致跑步能力下降。巴尔博士解释说："用通俗的话解释，这种骨骼—肌肉之间的生长速度不同步，就好比是把人'拉长'，身高增加而肌肉不变。女生肌肉生长速度赶超骨骼发生在青春期结束之际；男生的肌肉生长赶超骨骼时间还要再长一些，甚至长达一年多。"虽然跑步是一项安全的运动，但是为了照顾生长发育，还是不能过快过多增加跑量——毕竟，青少年的最大任务是长身体，而不是马拉松。

向比赛过渡

没有什么关于"几岁必须或应当开始竞技体育专门训练"的年龄规定。无论如何，专家们反复建议，孩子应当多参加各种体育运动——趁着他们处在学习的黄金时期，多掌握些运动技能总是件好事；而且这种多样化的尝试，可以防止长期从事一项运动导致的枯燥感。巴尔博士说，任何年级开始跑步都不算晚。因为跑步不像体操和花样滑冰那样，必须从小就练习童子功，跑步不需要这些运动所要求的高难度技能。

训练开始早晚与后来取得成绩之间的关系，并没有人们想的那么复杂。通常来说，高中阶段是许多青少年跑者从把跑步当做游戏到把跑步当做竞技运动的过渡时期。在美国，只要孩子希望参与竞技运动，就能找到一个相应年龄组的训练团队或是训练计划。有 40 年执教各层次与年龄段跑者经验的资深教练、心率训练法专家罗伊•本森说："团队训练的乐趣足以吸引孩子们参加，而在家单练或许更具有目的性。父母应当为孩子选择合适的训练团体与计划。"

本森还说："只要孩子们能够获得跑步与人生方面的积极体验，那么就是有意义的。例如，他们可以学到回报是与付出成正比的；他们可以学到，获得成就可以提升自我满足。不过，如果孩子在训练过程中自尊与自信受到打击，那就是得不偿失了；如果她听到自己不够努力或不够坚强之类的批评声，就可能失去对跑步的兴趣。"

如果孩子只对跑步等单一一种运动感兴趣，请参考以下建议：

多参赛。大多数教练都同意，只要孩子有天赋，就让他多参加比赛，这样才能从发挥天赋中不断获得快乐。有些"新秀"过早凋零隐没，要么不再跑了，要么无法再现"神勇"——也许是他们整日埋头训练，参赛太少。他们无法从这种枯燥的体验中获得并保持前进的动力，而长期的高强度训练又使他们过早透支了体力和毅力。

不要偏执。本森说："除了真正的精英天才，多数人需要苦练 4~6 年方能有所突破。不能指望人人天赋异禀，随便跑跑就能成就精英。对多数人来说，要想成为高手，就必须付出时间、努力和心血。有些孩子的跑步训练几乎占据了全部业余时间，不可谓不刻苦，但是这样能度过一个快乐正常的童年吗？过早开始专业训练，往往导致过早的厌倦和疲劳。如果让 10 岁孩子去苦练跑步，那么他也许坚持到 16 岁就到头了。”

适度训练。本森和其他教练都同意，青少年不应承受过高强度的训练负荷。毕竟，训练的重点是让他们跑得长久，而不是如流星般转瞬即逝——不论他们将来选择竞技体育，还是仅仅将跑步作为休闲健身。对青少年跑者来说，控制训练时的跑量，能够避免发育不健全导致的伤病，或许还可以更长久地保持新鲜感和兴趣。

说到底，跑量是因人而异的。对青少年跑者而言，总的原则是，控制跑量可以防止受伤和腻烦。即使是那些小小年纪就展示出过人才能的才俊，在起步时保守一些，也未必是坏事。一个参考建议是每周约 25~40 公里。随着体能提高、身体发育和训练深入，逐渐提高每周训练量，顶尖的青少年跑者完全可以承受每周 50~70 公里的跑量。

保持健康

伤病是跑者面临的首要风险。对于女性青少年跑者而言，高中女子项目越野长跑是胫骨疼痛或应力性骨折等伤病发生率最高的跑步项目。部分原因是由于赛事在秋季举行，而刚刚经历了艰苦夏季训练的参赛者们没有足够的时间去休整。

避免伤病的良策是：不要盲目追求跑量和速度，选用合脚的跑步鞋袜 ，也不要在过硬或过软的地面上进行训练。如果比赛集中在秋季，那么应当在夏季的集中训练结束后，进行一段时间的休息调整，之后再参加秋季的比赛。这样，既可以避免长久不运动导致的肢体僵硬，又能够充分放松身体防止疲劳导致的慢性损伤。

与教练的关系

训练，实际上只是青少年体育教育里最简单的环节。在跑步中启发思想、培养乐观精神同样是青少年跑步计划的重要内容，甚至应当具有更高的优先级。青少年跑者在跑步中培养的意志品质，将是他们一生受益的财富。

“从小学直到初中，教练最主要的作用是引导学员，而不仅仅是带领训练。”精英跑者、密歇根州安阿伯市的跑步教练安•博伊德说，“教练最主要的工作是教授方法，对学员提供精神和情感支持。特别是针对女孩子，你不能只是站在场边对她们大喊‘快跑！快跑！’。”

父母和孩子要警惕那些为出成绩而不择手段的教练。本森说：“教练的功德，莫过于授人以渔，传授正确的方法，塑造积极乐观的性格。”

如果父母和孩子感到教练的方法有问题，最好与教练沟通一番。父母不需要非得成为运动训练方面的专家才能与教练平等交流，只要发现孩子训练后经常情绪不振或是过度疲劳，那么就有可能是教练那里出了问题。如果与教练的分歧无法解决，那么最好是换一个全新的跑步社团。一直密切关注女儿训练状况的琼斯说：“父母一定要记住，孩子的快乐和健康是最重要的。”

身体形象

饮食失调和肥胖等问题，已经开始影响更低年龄的群体。专门研究女性和饮食失调问题的精神病医生纳达•斯托兰德博士说："现在，就连六七岁的孩子都在讨论变胖的问题。"美国儿科学会（American Academy of Pediatrics）的一份文件指出："许多年轻女性对节食与锻炼等与塑形关系密切的话题大为关注。不当的饮食控制甚至使得一些青少年停止生长发育。"

尽早发现问题，依然是有效应对的前提。这份文件还提到，饮食失调问题存在的时间越长，就越难以纠正。家长要警惕有关的信号，一旦发现有什么不妥的地方，要尽快向医生求助。

斯托兰德说："家长应当关注下列情况，比如，孩子的饭量、在家就餐次数减少、隐瞒就餐情况以及持续的消瘦等。"

运动究竟与饮食失调有什么联系？目前的研究对此尚无定论，并且人与人之间的个体差异较大。曾有研究称，具有运动习惯的女性罹患饮食失调疾病的风险较大，但并不存在什么因果关系。还有研究认为，在高中阶段的一般水平运动爱好者中发生饮食失调的概率较低，同时，有运动习惯者普遍对形体的不满意度也较低。

换句话说，没有证据可以证明运动可能增加饮食失调的风险。一些专家认为，那些天生具有运动员身材和"斗志"的人，也正是那些具有较高饮食失调风险的人。

父母可以参照以下建议，确保孩子正确看待饮食与健康。

• 树立好榜样。父母首先要有健康的生活习惯（通常意味着身材不会严重走样），并对自己的体型抱有“乐观欣赏”的态度。

• 不要纠结体重问题。只要孩子没有被诊断为肥胖，那就不必强迫孩子减肥，更不能发表尖刻的讥讽评论。

• 保证孩子获得足够的营养。如果想帮助家里的小运动员提高成绩，最现实的办法就是让她能吃饱吃好。此外，不妨跟她讲讲科学的营养补充对于运动的重要性。

• 避免孩子过多接触电视与电脑等“宅生活”设备，多督促他们参加户外运动，尤其是那些小学阶段的孩子。

在女儿的成长过程中，身为母亲的琼斯对“言传身教”深有感悟。她说：“我总是很关心孩子们的饮食问题。如果我发现其他姑娘的饮食有问题，我就会提醒她注意：吃，不仅涉及跑，更与健康息息相关。”如果父母怀疑孩子的饮食出了问题，请尽快咨询医生。关于饮食失调，详见第十五章。

少儿跑者营养提示

儿童的饮水与营养有别于成人。虽然孩子们看上去不知疲倦为何物，但其实他们更容易出现脱水和中暑的问题。巴尔博士说：“儿童的身体散热机制还不成熟。他们出汗散热的效率不及成人。同时，由于儿童的体表面积与体积比大于成人，身体也更容易积聚和吸收热量。”这三点原因导致了儿童在长时间的跑步等运动后更有可能出现身体散热方面的问题。

为了防止孩子在运动时中暑，应当保证他们在运动前后喝到足量的水。如果运动的时间很长，应当每过 15 分钟就让他们喝水。但是，孩子们对饮料的兴趣要远远超过清水，为了让他们补充水分，也可以喝稀释果汁或不含兴奋剂的运动饮料。

在饮食方面，低脂低糖这种适合多数成年人的健康餐饮模式未必适合儿童，因为他们要长身体，必须保证全面均衡的足量营养供应。但是，这并不意味者孩子可以狂吃垃圾食品和甜食。健康的儿童餐饮方案要包括充足的蛋白质和钙质，例如花生酱、牛奶和五花肉等。此外，新鲜果蔬也必不可少，同样不容忽视。最后，不要让孩子吃太多糖果，以减少龋齿和肥胖的发生率。

训练记录

我的女儿天生就会跑步。至少身边人都这么说。她的爸爸是五次世界纪录的保持者，两次参加奥运会。从这点上看，孩子比我强多了。但是，我认为自己的跑步水平也在平均之上。

所以，当人们看到我女儿比安卡的时候，看到修长的四肢和小巧的脚丫子，往往会问：“姑娘已经开始跑步了吗？”呃，没有。

比安卡才 6 岁。她热爱体操和舞蹈，有时在家周围骑自行车，有时也去公园跑会儿步。如果我家附近有什么儿童跑活动，她也偶尔会去露一脸——当然，全凭她自愿，我们从不强迫。

我的父母让我去跑步，我对这件事本身也没什么意见。从初中开始，我就参加了许多比赛。进入高中后，我曾被赶鸭子上架参加了不少比赛——从此，我觉得兴趣全无，也不怎么跑了。幸运的是，成年后，我摆脱了父亲强迫我去比赛的不快乐，又开始自觉自愿跑步了。

父亲让我去跑步，并且决定了我的体育运动？是。反思当年，有什么能让我在跑步中得到快乐，而不是产生焦虑的方法吗？有。

我希望能引导女儿爱上跑步。我们全家有时在公园赛跑，我和我先生几乎天天跑步，也算是对孩子耳濡目染的“身教”了。她也会参加比赛，并且为小伙伴的父母呐喊助威。

如果有一天她决定跑步，她就会知道这是一个选择。也许她擅长跑步，也许她甚至能成为一位伟大的跑者。但是，我希望她能在跑步中获得快乐和健康，把跑步作为一生的爱好。只要她愿意跑，我还是很乐意陪她去选购跑步服装的。

第二十一章 老年跑者

戴安·帕尔马森身姿灵活，神态年轻，体型甚至比30岁的女性更健康。然而，当她告诉人们她的真实年龄时，总会引起质疑：69岁！帕尔马森拥有多项全美以及全球长跑年龄段纪录。她在38岁时开始跑步，并且认为跑步是自己保持健康和魅力的关键所在。

她说：“我的个人体验是，跑步能够减缓衰老。我的体能素质、健康水平、身体形态好过多数同龄人。跑步延缓了衰老过程，我不会放弃跑步。”

跑步不能让时间停止，但是它确实能够抵御时间的侵袭。不运动的女性，在30岁后，肌肉体积、骨密度、代谢率和免疫力等身体素质都会下降。

一些研究表明，跑步之类的有氧运动和负重运动，可以减缓衰老对肌体的影响。除了对身体有生理方面的益处，跑步还可以改善老年群体的心理健康。有规律地进行跑步等有氧运动，可以减少以下情况的风险：

智力下降、心血管疾病、糖尿病、高血压、乳腺癌、中风、更年期症状、肥胖、情绪失调。

好消息是，不只是像帕尔马森这样从中年或青年时期就坚持跑步的人才能受益。明尼苏达州圣保罗市墨尔波墨女性健康研究所的林恩·雅菲说：“只要身体条件允许，任何时候开始跑步都不晚。” 不管是 40 岁出道，还是 70 岁入行，哪怕你之前没有什么运动经历，也不会影响你收获跑步的益处。

确实，很多女性反应，跑步使她们感觉到健康和活力，甚至比实际年龄要年轻。帕尔马森说：“如果每个人都运动起来，那么或许就要重新定义‘老年人’了。”

要跑步，先查体

很多女性忽视了心脏健康，而媒体也把相关报道的注意力集中在乳腺癌上。心脏病是美国人口，乃至美国女性的头号死因，每年死于心脏病的人，要比死于乳腺癌的人多。

一个明智的建议是，不论男女，不论年龄，任何想要开始跑步的人，最好都去做个心脏检查，排除或诊断心脏病风险。对 40 岁以上的女性而言，这一点尤为重要。纽约特殊外科医院女性运动医学中心的合作创立者丽莎·卡拉汉提醒，任何运动人群，都要警惕潜在的心脏病风险。

确认病情并且接受治疗是关键：只要有正确有效的治疗，心脏病人也可以进行低强度的健身跑锻炼。最危险的，是那些患有隐蔽性疾病但从不进行有关体检的人，以及忽略已有疾病的逞强者。这两类人有可能在跑步时突遇心脏病发作。

运动心脏病医生、美国运动医学院前院长史蒂芬·凡·坎贝尔博士说：“最危险的，是那些不知道自己的心脏有问题，或是对已有问题置之不理的人。那些患有心脏病，但是经过正确诊疗并且适量运动者，反倒不会有什么大麻烦。有的人可能本身就有不易查出的疾病，运动对这些疾病也是无能为力。”

不论之前的体检报告结果如何，在开始跑步之前去检查身体总是有好处的。特别是那些有家族心脏病历史或者患有高血压、糖尿病以及高胆固醇等疾病的人，更是如此。哪怕是资深跑者，如果遇到从未经历过的胸痛、呼吸紧迫和乏力等症状，也应当尽快去向医生求助。

对中老年人而言，心脏健康是必须关注的问题。同时，高血压、糖尿病以及骨骼肌肉形态、关节灵活性等问题也不容忽视。上述病症同样可以在体检中发现，并且采取有针对性的诊疗方案。曾是精英跑者，后来担任健身跑教练的卡拉汉博士说：“如果能够及早发现这些问题，并采取有效对策，那么跑步带来的收益就远不止是成就和满足感。但是，如果不采取任何措施就带病运行，那么只能是频繁承受伤病的痛苦，整个健身计划也不会有什么进展。”

永远不晚

玛丽·柯斯林是在 64 岁那年才开始跑步的。她跑步的契机是为参加新墨西哥州阿尔伯克基市杜克城市马拉松 的家人现场助威。8 岁的孙女向她发出挑战："奶奶，如果你明年能跑完 5 公里，那么我也能。"柯斯林应道："好的。我想我最好明天就开始跑步。"随后，她就开始跑步了。虽然一开始只是从一根电线杆跑到下一根。

她说："开始跑步之初，我就随便找了一双老旧运动鞋，穿着它跑到一个路口的距离。很快，我发现这不是个好办法。然后，我就去买了一双全新的耐克跑步鞋。"柯斯林打算用一年的训练时间去实现一次跑完 5 公里的目标，并且做了循序渐进的阶段性计划。她惊奇地发现，自己只用了 10 个月就实现了目标。后来，她和孙女一起参加了人生中第一个 5 公里比赛，并取得了年龄组第二名。

从那一天开始，柯斯林参加了十几场半程马拉松赛以及全国老年人奥运会 。在 80 岁之际，她已经是全美最好的女子老年跑者之一。现在，这位 80 多岁的老太太还保持着有规律的场地跑和长距离跑训练，有时还参加全国大赛，享受着运动的快乐。

她说："作为一名护士，我见过的病人多了去了。一些 70 多岁的老人成天窝在摇椅上，我知道我不想变成这样。在开始跑步和参赛后，我遇到许多年龄在我之上的老人家，但是他们充满了健康与活力，看上去比实际年龄年轻得多。我也在不断感受运动的益处，比如一旦有点小毛病可以好得更快，身上也更有力气了。一些 60 多岁的亲友有时说'我们也想去跑步，但是……'，之后就是陈述各种不跑步的理由。对此，我都会鼓励一句'只管去跑就好了，就像我当年那样！'"

终生训练

跑步运动的一大优点就是时间上的可持续性。哪怕是老年人，只要经过系统的练习，也可以长期锻炼，甚至创造佳绩。美国跑步协会的前任执行董事苏珊·卡利什说："看看女性跑者至今为止取得的成就，我可以自信地说，我有望成为 85 岁的奶奶级跑者。我喜欢的另一项运动是足球，是对抗式运动。比起年轻人，骨骼与肌肉力量逐渐退化的老年人在踢球时容易出现意外伤害。跑步则没有这种担心。或许上年纪后我只能慢跑，但是我还能坚持跑。"

女性跑向高龄，跑步水平随年龄衰减的情况远不如预期那么严重。2004 年，耶鲁大学的一份研究中指出，在过去几十年中，参加纽约马拉松的老年精英跑者，成绩是在提高的。他们的成绩比年轻跑者提高得更快，并且在女性老年跑者中成绩提升尤为突出。

没有什么硬性规定说 40~60 岁的女性跑者必须调整训练计划。52 岁的罗琳·莫勒住在科罗拉多州的博尔德，她曾四度参加奥运会并夺得 1992 年奥运女子马拉松铜牌，现在依然将跑步作为健身爱好。她说："一些人谈起自己要到 40 岁了，就好像害怕坠下悬崖那样。年龄不是决定训练计划的唯一因素。你只需要遵循跑步训练的一般规律，然后针对自己的身体情况稍加注意就好了。每个人的衰老速度不同，因此也没有一个关于调整训练的时点或方法能够适应一切跑步人群。”

纽约特殊外科医院女性运动医学中心的合作创立者丽莎·卡拉汉博士的解释是，不论你年龄如何，运动训练的普遍性规律就在那里。但是，随着年龄的增加，体能下降不可避免，遭遇伤病的风险以及休息恢复所需的时间也会增加。此外，对五六十岁或年龄更大的人来说，伤病后休息恢复的时间甚至可能达到年轻时的 2 倍。

卡拉汉博士说：“跑步的原则对所有年龄的人都一样，但更重要的是跑步对每个人的影响。”对中老年跑者而言，一些不易被重视的问题更值得关注。“有些事情要趁早去做，晚了就真是来不及了。”科罗拉多州柯林斯堡的简·威尔哲尔，一位五次通过奥运会马拉松预选赛，并且参加过 50 场马拉松比赛精英跑者如是说。威尔哲尔在 40 多岁时，仍然可以与那些只有她一半年纪的年轻跑者同场竞技，并且取得佳绩。她把这归因于自己长期坚持有规律的训练，其中除了跑步，还有力量和柔韧性方面的练习。她说：“如果你还没有良好的营养，也不进行有规律的拉伸等训练，那么随着年纪增加，出现伤病的风险就会越来越大。”

对于中老年女性跑者，下面是能够帮助你维持最佳健康状态的 7 个跑步好习惯：

1. 在跑步前，务必充分热身。正确的热身可以放松肌肉，减少运动导致的肢体紧张。热身后再运动，可以减少肌肉拉伤等损伤的风险。

2. 注意休息。年龄增加对跑步最明显的影响，就是两次训练之间需要更多的恢复时间。如果你是竞赛跑者，这可能意味着两次训练前需要更多的放松跑等休整。如果你是健身跑者，每周最好要少跑些。

除了减少单次跑步的强度，还要削减跑量。精英跑者帕尔马森建议：“如果你在年轻时每一周进行 3 次强度训练，那么现在每两周进行 5 次就足够了”。

但是，不要迷信数字。判断恢复最重要的依据是身体感觉，而不是其他。如果你无视身体对休息的需求，继续“坚持”，就容易导致伤病和累积性疲劳。帕尔马森说：“跑者必须关注身体的感觉，五六十岁的中老年人更是如此！”

3. 轻松享受休息日。现在你会有更多的休息日，好好利用它们吧。但是，在休息日进行远足等活动，并不会起到休息的作用。如果你在休息日进行其他运动，可以选择游泳和骑车等非负重运动，在让跑步时使用的肌肉和关节得到休息的同时，锻炼身体的其他部位。

4. 跑后拉伸。随着年龄的增加，克服跑后肌体紧张变得越来越重要。因此，在跑后需要进行拉伸，但是不要弹跳，以免受伤。

5. 不要穿过旧鞋跑步。每跑 600~800 公里就换一双新鞋，确保跑鞋具有足够的支撑与缓冲保护性能。

6. 试试在多种地表上跑步。不要总是在坚硬的柏油路和水泥路上跑步，经常在平整土路和草地等较柔软的路面上跑步，可以放松双脚。

7. 坚持挑战自己。随着年龄的增高，跑步速度会趋于下降。尽管如此，你仍然可以试试自己的能力。你仍然可以设定某个时期内的目标成绩，只是不要企图超越自己年轻时的最佳纪录。

营养问题

女性的肌肉和骨密度会随着年龄的增加而下降，并且女性的肌肉和骨骼密度先天小于男性。因此，保持肌肉与骨密度就成为中年与老年女性面临的一大挑战。坚持体育锻炼，是保持运动水平乃至健康状态的有效途径。

较年轻女性而言，中年与老年女性进行力量训练尤为重要。力量练习可以减缓肌肉力量下降的自然过程，还能保持骨骼健康；不仅有利于跑步和其他体育活动，而且能够维持健康的体能。

跑步能够维持骨骼密度和肌肉力量。停经期之前开始跑步的女性获得的益处会更多。在停经期之后开始跑步，只能维持在此之前的骨密度水平。拥有较好骨密度水平和肌肉力量的益处是，减少老年时意外骨折的危险。

另一个对老年女性的建议是少喝可乐。研究发现，女性喝可乐与骨密度流失之间存在联系；不论可乐是否含有咖啡因，也不论糖分含量高低。

最后，在年轻时补充复合维生素，也对上了年纪之后的健康大有益处。随着年龄增加，身体吸收营养的效率下降，但是对补充钙质以维持骨骼健康的要求却并未降低。注意在日常营养中补充足够的维生素和矿物质。此外，还要多喝水，少喝苏打水或咖啡之类有利尿作用的饮料。

能力变化

跑步可以减慢衰老，但不能改变自然趋势。即使是那些大牛们，也有靠着回忆吹嘘辉煌历史过干瘾的那一天。

在长跑运动中，女性跑者的巅峰状态一般在 40 岁之前。但是，无论年龄，科学合理的训练一定能提高运动水平，这是毋庸置疑的。例如，在 64 岁之际才开始跑步的玛丽•柯斯林，她在 70 岁后的成绩进步明显。戴安•帕尔马森在 38 岁开始跑步，在随后的 8 年里，她的成绩一直在提高。一般说来，从你开始跑步算起 8~10 年里，提高成绩的空间总是存在的。

虽然运动状态随着年龄增加而逐渐下降是无可避免的事实，但接受这一事实并不是那么容易。也许你会倍感挫折，找出一堆理由，比如：来年会好些吗？威尔哲尔说：“在过去，你的跑步成绩一直在进步；但是你发现，终于有一天，进步到头了。如果你是以享受的态度跑步，那么快慢显然没有那么重要；只要身体条件允许，继续跑就是了。而且，在跑步中，除了成绩，你还会发现其他的收获和跑步理由。只要把对成绩的过分关注放下，没有什么能够阻挡你继续跑下去。”

中老年和老年女性跑者们应当更关注下面的内容。

随着年龄的变化改变目标。随着年龄的增加，你依然可以设定相应的目标来挑战自己。

例如，当你步入天命或花甲之年时，可以试试自己的水平在相应的年龄组中能排到什么位置。前文中的乔安•斯科特已经50多岁了，她开玩笑说："多亏现在比赛中的年龄组按照每5年一区间。"从40多岁开始，她就陆续多次参加美国境内的业余比赛。斯科特身上体现了"不服老"的乐观与顽强。她回忆自己44岁时的心态："不要对自己要求太高。如果经过了多年训练，而成绩依然不见提高，那么不妨去把跑步当做健身和娱乐，降低要求。总有那么个水平，在这个水平上，你既能跑得舒服，又能把它作为挑战。等我到了45岁时，我会按照自己45岁的体能状态制定目标并努力达成。"

随着老将们作为一支越来越庞大的队伍在各个级别的比赛中崛起，赛事组委会开始考虑她们的需求，对参赛年龄规则等做出调整。柯斯林回忆说："我是在1980年代开始跑步的，当时的比赛中，年龄组的划分上限大多是60岁及以上。这是因为当时参赛的老年跑者太少了，而其中的女性更是少而又少。在比赛中，我有时只能孤单地独自奔跑。"现在情况好多了，老将越来越多，比赛主办方也增加了年龄组划分，把每5~10岁作为一个区间。特别是在一些大赛中，你能找到70~80岁甚至80岁以上年龄组。当然，在每个年龄组中，"年轻人"依然占有优势。说句玩笑话，为了在年龄组中占有优势，你得抓紧进入下一个年龄组呢！

变换花样。如果你过去把全部精力用于提高路跑成绩，现在不妨试试越野跑、团队趣味跑或是三项全能等花样翻新但竞技性相对不那么强的比赛，从中发现跑步的新乐趣。

为健康而跑。跑步不仅仅是为了不断挑战自己，更重要的是保持终生健康。例如，将健身跑作为控制血压与胆固醇的辅助手段。

为爱奔跑。现在，越来越多的赛事融入了慈善与爱心元素。你可以通过参加比赛中的慈善跑项目奉献爱心，或者为慈善组织筹集善款，或者宣传关注弱势人群，或者亲力亲为号召晚辈也来与自己一起跑步。

以跑步的名义去旅行。到各地参赛，可以增长见闻和阅历。老年跑者拥有更多的自由时间，可以多参加异地比赛，以跑步的名义去旅行。

更年期

还没有太多研究关注跑步与女性更年期之间的关系，仅有的研究也只是提出了一些有趣的理论，但并未达成一致。正如帕尔马森所言："现有研究还仅仅是开始。"

有证据证明，运动可以缓解女性更年期的不适。几项研究的结论是，与不爱运动的女性相比，经常运动者较少出现情绪波动、潮热与盗汗等现象。还有一项研究指出，女性跑者在更年期之后出现体重增加的概率也比较低。1998年，明尼苏达州圣保罗市墨尔波墨女性健康研究所的一项研究，对Runner's World的625名女性读者进行了调查，研究人员分析后发现，其中74%的女性跑者改善了更年期与随后的感觉。

该研究的一个有趣发现是，跑步会加速更年期到来。研究中涉及的跑者的更年期起始年龄平均为47.6岁，而美国女性的更年期起始年龄平均为51岁。该研究负责人雅菲说，这项问卷调查似乎支持了传说中关于跑步与女性更年期的一个观点。但是，这其中的因果关系，还有待于进一步的研究；目前的一种假设是，经常运动女性的激素水平较低。

处于更年期的女性，跑步成绩是否会下降？这是有待进一步研究去解释的另一问题。雅菲说："确实有人抱怨，说在更年期时会遇到跑步速度大幅下降的麻烦。而对另一些人，速度则是随着年龄增加而缓慢下降的。在速度降低方面，女性跑者会遇到比男性跑者更为复杂的问题。"但是，现在还无法解释，年龄变化与更年期，到底哪个因素对女性跑者速度下降影响较大。一个假设是，如果更年期的影响较大，那么在更年期结束后，这种影响会随之消失。目前，许多跑者的体验似乎是支持这一结论的。

激素替代疗法对跑步能力的影响也未被确认。流行的观点是，这种疗法具有有利与不利两种结果：一些女性发现它有所帮助，但是其他人却认为它影响了跑步水平。Runner's World 联合明尼苏达州圣保罗市墨尔波墨女性健康研究所，对采用激素替代疗法的女性跑者进行了问卷调查，结果显示：22% 的人感觉该方法对跑步产生了影响；大概两成以上的人认为该方法减少跑步困难的症状；21% 的人表示体能改善；17% 的人说可以跑得更快更远；但是 19% 的人认为这种方法对跑步具有不利影响。

应该强调的是，专家较为一致的观点是，是否采用激素替代疗法，关键应当考虑家族与个人的健康史。激素替代疗法一度被不受限制地用于防治中老年女性的骨骼病与更年期症状，但是后来人们发现了它具有致癌、诱发心脏病和中风的潜在风险。如果确实需要采取这种疗法，应当按照最低用药量和最短疗程进行；并且不同治疗方案的风险也各有差异，因此，请听从医生的建议。

训练记录

当人们问我"你的跑步偶像是谁"时，我就想起了玛丽·柯斯林。当我们初次见面，她已经 73 岁了。她和两个女儿以及孙子同在跑步队里，每周进行一次场地训练。当她跑 400 米和 800 米的时候，别的队员就会向这位高龄跑者呐喊助威："加油，妈妈！""加油，奶奶！"玛丽似乎成了在场每位跑者的励志符号。

在过去的几年当中，玛丽在她的家乡阿尔伯克基小有名气。常有一大票女儿或孙女辈的跑者慕名而来，与其交流请教，表达仰慕之情。"您是我们的偶像"、"我希望自己到了您的年纪依然可以跑步"、"羡慕您的健康、自信与快乐"，诸如此类，不绝于耳。

几年前，玛丽和我曾经在同一支跑步队里训练，我们去山里进行野营和越野训练。在一个周末，我偶然看到玛丽自己在营地附近跑了好长的陡峭山路。当时我就震惊了：有多少这般年纪的老人禁得起这种"自虐式"折腾？不要说是跑山，多少人能走路爬山？什么时候能多出几个玛丽般的人物？

女性对衰老的恐惧往往大于男性。统计数据告诉我们，其他条件相同时，女性拥有较男性更长的寿命。也许这意味着更多的女性会寂寞终老，甚至在忍受孤单的同时还要承受病痛折磨。不过，看看玛丽和其他不服老铁娘子的故事，我们应当重新认识人类的体能极限，也有理由对自己的未来心存乐观。